本书出版得到

香江国际集团主席杨孙西先生慷慨资助

谨致谢忱!

生 魂

大学之魂

南京大学精神传统文存

主　　编　洪银兴　陈　骏

执行主编　王月清　朱晓华

南京大学出版社

前　言

此书缘起于《南京大学报》名为"南大文存"的一个专栏。为迎接南京大学110周年校庆，校报编辑部辟出专栏，刊载南大各个历史时期先贤名师们关于校风学风、办学理念、治学追求等方面的专文，读者反响甚好。遂嘱校报同志搜集整理，扩充容量，以志校庆。

从鼓楼岗、四牌楼、沙坪坝华西坝到鼓楼、浦口、仙林校区的三区发展的当下，南京大学历经110年的风雨岁月，其科学研究、人才培养、社会服务和文化传承创新的事功卓尔不群，声名远播。

办学特色和办学成就的背后是相对稳妥的办学理念，一以贯之的价值追寻和代代熏习的校风学风。

校风学风熏习之处，是南大人特有的精神气质、生活方式、治学风格、思想情操、理想追求，是"诚朴雄伟，励学敦行"的校训所蕴含的南大文化的讯息。当我们总结成就和辉煌时，我们有理由透过留着岁月痕迹的文字，感知先贤们的理念、理想和诉求，感知养育南大人的精神传统，并在新的历史机遇和条件下，坚守理想，聚合共识，激发认同。

在本书中，编者选录了部分老校长、老学者、老院士的专文，其中，有各个时期掌校者对办学经历和办学理念的阐述，有学者们对学风校风和治学理念的哲思，也有学于斯教于斯的南大人对校园生活的感人追忆，更有师生们对传承文明、科学报国的宏愿与担当，可谓是对"南大之魂"的一次集中展示。然名家众多，实难一一收录。编者克服种种困难，终成此书，使诸位先贤名家的文字和心声不至于成为沧海遗珠。

南京大学的办学事业已经掀开新的篇章，南大要建设文理工医协调发展的学科体系，建设一流的人才培养体系，建设交叉融合的科技创新体系，建设高水平教师队伍，建设面向世界开放的办学环境和建设现代化大学校园，到本世纪中叶，南京大学要建设成为真正的世界一流大学。为了实现这宏伟的目标，我们不但要从昔日的成就中汲取成功的经验，从百年积淀的精神传统里汲取营养和动力，而且要把南大定位在世界一流大学的坐标中去寻找差距、开辟新境。唯有如此，才能不辱使命，不负先贤。

前哲流风，日新其格。纵目远眺，更宏大的愿景正向所有南大人呈现。和着时代的韵律，南大人前进的足音响亮而坚定。

洪银兴

2012 年 3 月

目 录

创办三江师范学堂折（节选） …………………………………… 张之洞/ 1
两江优级师范学堂同学录序 …………………………………… 李瑞清/ 4
江苏巡按使公署饬文·南高师筹备开校 ………………………… 韩国钧/ 8
教育与道德之养成 ………………………………………………… 郭秉文/ 10
略论四个平衡的办学方针 ………………………………………… 郭秉文/ 13
学者之精神 ………………………………………………………… 刘伯明/ 16
论学风 ……………………………………………………………… 刘伯明/ 21
评今人提倡学术之方法 …………………………………………… 梅光迪/ 27
美育的价值与青年的艺术感 ……………………………………… 杨贤江/ 34
所谓美育和群育 …………………………………………………… 孟宪承/ 37
论大学生之责任 …………………………………………………… 柳诒徵/ 44
自由教学法 ………………………………………………………… 柳诒徵/ 54
人格教育与大学 …………………………………………………… 杨杏佛/ 60
学风 ………………………………………………………………… 刘国钧/ 66
南高东大物理系之贡献 …………………………………………… 严济慈/ 71
常识之重要 ………………………………………………………… 竺可桢/ 74
南京高等师范学校二十周年纪念之意义 ………………………… 郭斌和/ 76
南高小史 …………………………………………………………… 陈训慈/ 80
南高精神 …………………………………………………………… 胡焕庸/ 90
民国以来学校生活的回忆和感想 ………………………………… 景昌极/ 93
南高的学风 ………………………………………………………… 张其昀/ 97
国立中央大学的学风 ……………………………………………… 张其昀/ 105
中央大学之使命 …………………………………………………… 罗家伦/ 109

炸弹下长大的中央大学	罗家伦/116
谈谈我国大学里的外国文学课程	范存忠/124
大学教育与中国前途	顾毓琇/128
三点希望	朱经农/132
大学教育之我见	潘 菽/134
科学精神与国家命运	秉 志/140
大学教授之任务	王家楫/144
目前大学教育中之基本问题	张江树/148
关于理学院的一些看法	吴有训/151
中国科学教育之将来	何 鲁/156
论大学教授与学生	程其保/158
志希先生在中大十年	杨希震/161
忆中央大学柏溪分校	赵瑞蕻/167
国立中央大学的传统精神	高 明/175
中央大学时代的回忆	施士元/180
在金陵大学的演讲	福开森/185
《金陵光》出版之宣言	陶行知/187
教学合一	陶行知/190
在金陵大学建校60周年庆典上的讲话	陈裕光/193
回忆金陵大学	陈裕光/196
南京大学历史回忆	陈中凡/209
高等学校应当成为"知识分子劳动化"的熔炉	郭影秋/214
纪念南京大学建校六十周年	郭影秋/219
回忆与展望	韩儒林/225
高校怎样才能建成"两个中心"	戴安邦/228
把青春献给地质事业	郭令智/231
把南大办成名副其实的社会主义新型大学	匡亚明/235
《大学语文》序	匡亚明/238

关于将50所左右高等学校列为国家重大建设项目的建议（835建言）…… 匡亚明/243
我国高等教育也能培养科学家 …………………………………… 冯　端/246
重理轻文与研究生培养问题 ……………………………………… 程千帆/249
文科教师的重任 …………………………………………………… 陈瘦竹/252
学风点滴忆当年 …………………………………………………… 王德滋/254
南大精神之我见 …………………………………………………… 魏荣爵/258
与青年朋友谈学习和工作方法 …………………………………… 任美锷/261
我的教学观 ………………………………………………………… 江元生/267
文理平衡，中西融合 ……………………………………………… 茅家琦/270
百年树人 …………………………………………………………… 冯致光/273
体会科学精神 ……………………………………………………… 闵乃本/277
以人为本，努力培养创新型人才 ………………………………… 吴培亨/280
改革　开拓　提高 ………………………………………………… 曲钦岳/287
南大精神：爱国精神　科学精神　开放精神 …………………… 曲钦岳/290
诚朴雄伟　励学敦行 ……………………………………………… 蒋树声/298
承前启后，把南京大学建成世界高水平大学 …………………… 蒋树声/303

创建三江师范学堂折（节选）

张之洞

窃照江宁省城，遵旨改设高等学堂及府县中小学堂各一所，业经前督臣刘坤一、护督臣李有棻将筹办情形先后奏陈在案。惟学堂一事体大思精，其中等级繁，而次第秩然，不可紊越，必须扼要探源，方有下手之处。查各国中小学堂教员，咸取材于师范学堂，是师范学堂为教育造端之地，关系尤为重要。两江总督兼辖江苏、安徽、江西三省。此三省各府州县应设中小学堂，为数浩繁，需用教员何可胜计，若未经肄业师范学堂，延访外国良师，研究教育之理，讲求教授之法及管理之法，遽任以中小学堂教员，必致疏漏凌躐，枝节补救，徒劳鲜功，且详略参差，各学堂学派学程终难划一。经督臣同司道详加筹度，惟有专力大举，先办一大师范学堂，以为学务全局之纲领，则目前之力甚约，而日后之发生甚广。兹于江宁省城北极阁前，勘定地址，创建三江师范学堂一所，凡江苏、安徽、江西三省士人皆得入堂受学。

查直隶督臣袁世凯，奏建师范学堂，定全省学额为八百名，延聘日本师范教习十二人。兹为三省予储师范学额自宜酌量从宽，现拟江苏省宁属定额二百五十名，苏属定额二百五十名，安徽省定额二百名，江西省定额二百名，共定额为九百名。其附属小学堂一所，定学额为二百名。所有师范生及附属小学生均由地方官出具印结，取具本生族邻甘结，保送考选入学。开学第一年，先招师范生六百名，三年后，再行续招足额，前三年教小学堂之师范生，约分三级：一年速成科、二年速成科、三年本科。以便陆续派赴各州县，充小学堂教员。第四年，即派置高等师范本科，精研教育学理，以教中学之师范生，备各属中学堂教员之选。现已延聘日本高等师范教习十二人，专司讲授教育学及理化学、图画学各科，并选派举贡廪增出身之中学教习五十人，分授修身、历史、地理、文学、算学、体操各科。学堂未造成以前，暂借公所地方，于本年先行开办练习教员之法，令东教习就华教习学中国语文及中国经学，华教习就东教习学日本语文及理化学、图画学。彼此名为学友，东教习不视华教习为弟子。在日本语此法名为互换知识。

俟一年后，学堂造成。中国教习东文、东语、理化、图画等学，通知大略，东教习亦能参用华语以教授诸生，于问答无虞扞格，再行考选。师范生入堂开学，则不必借翻译传达，可免虚费时刻，误会语气诸弊，收效尤速。

其购地建堂经费，已据江宁藩司筹拨应用。其常年学堂经费，如华洋教习、各学生饭堂、冬夏讲堂、及操场、衣冠、靴带、卧具、纸笔、灯火、奖赏、监督、提调、监学、庶务各委员、司事、人役薪工、及一切杂用之属，每年需款甚巨，已决定由江宁藩司于本年先协拨银一万两，以后每年协筹银四万余两，拟令安徽、江西两省，各按学生额数，每名年协助龙银一百元，不过稍资津贴，不敷尚多，所有全堂三省学生学费，自应专筹的款济用。查江宁银元局铸造铜元，最便民要政，行纳颇畅，甚有盈余。现已由该司详请添购机器，增建厂屋，大加扩充。即以岁获盈余，专供该学堂经费之用。此举为三省学堂根本、教员得人起见。虽江南财力支绌，不敢不设法筹措，勉为其难。

至学堂建造规模，及一切课程办法，经臣专调曾赴日本考察学校，熟悉教育情形之湖北师范学堂长，来宁精绘图式，详定章程，总期学制，悉臻完备合法。并于省城设立两江学务处，所派委司道等员，会同综理，加意讲求，督促兴办，以仰圣朝兴办学堂，造就人才之至意。

（原载《张文襄公全集》第58卷）

[作者简介]

张之洞(1837—1909年),字孝达,号香涛、香岩,又号壹公、无竞居士,晚年自号抱冰。清代直隶南皮(今河北南皮)人,洋务派代表人物之一,其提出的"中学为体,西学为用",是对洋务派和早期改良派基本纲领的一个总结和概括;张之洞与曾国藩、李鸿章、左宗棠并称晚清"四大名臣"。张之洞任两江总督时,十分重视湖北、江苏的教育,创办和整顿了许多书院和学堂。在南京,设储才学堂、铁路学堂、陆军学堂、水师学堂等。他还派遣留学生到日本留学。在学堂、书院的学习科目方面,也针对社会需要有所改革,添增了一些新的学科。后人将1902年前后相继担任或署理两江总督的张之洞、刘坤一、魏光焘等三人视为三江师范学堂的创始者。

两江优级师范学堂同学录序

李瑞清

记曰:"玉不琢,不成器。人不学,不知道。""木中绳则直,金就砺则利",非虚言也。虽有骐骥,不调驯之,奔蹄泛驾,不如驽骀;盲女喑童,收而训之,式语手视,比于全人,教与不教也。是以王者之民知,伯者之民勇,弱国之民私,亡国之民无耻。环球之上,自古以来,未有无学而国不亡,有学而国不兴者,故师重焉。师者,所以存亡强弱而致伯王之具也。李瑞清曰:古无师,有君若相而已。其时天下未平,教民求饮食、谋栖处而已,无学也。余稽之载籍,多阙,不可得而详。至于帝舜,使契为司徒,敷五品之教,于是始有教民之官。命夔典乐,教稚子,小学从此兴焉。虞有米禀,夏有序,殷有鼓宗。司徒者,司土也,职兼教养,故教于米禀、鼓宗,盖乐师云。学制至周而大备。周立三代之学,小学在公宫南之左,大学在郊。立之师氏以教德,立之保氏以教道,立之司徒施十有二教焉。五家为比,比有长;五比为闾,闾有胥;四闾为族,族有师;五族为党,党有正;五党为州,州有长;五州为乡,乡有师,有大夫,皆师也,属于司徒。小学则掌之乐师,有师职,无师学。师学之兴,自孔子。孔子门人盖三千,受业身通者七十有七人焉。孔子既没,七十子之徒各处四方授学,子路居卫,子张居陈,澹台子羽居楚,子贡终于齐,子夏教于西河,最称老师。孔子师学无专书,其说往往散见于论语。其后学者,颇采撷其轶言为学记,是为中国教育学焉。当是时,身毒有释迦牟尼,雅典有苏格拉底、柏拉图、亚里士多德,皆教育大家,或并孔子世,或后孔子。后世言欧洲学术者,莫不诵言希腊,苏伦言法学,毕达哥拉言天算,诺芬尼言名学,额拉吉来图言天演学。自时厥后,中国当秦时,燔诗书,坑卫士,以吏为师,民学从此阙,而希腊学术亦稍凌迟衰微矣。迄汉,朝廷尚黄老,政沿秦法,学立儒家,政学遂分。俗儒不察,往往缘饰诗、书,附会时政,以希苟合,所谓利禄之徒也。当时学者,董仲舒、贾谊、司马迁、刘向、扬雄、郑康成、许慎最著。司马迁为史学大宗;孔子微言得董仲舒而传;拾残补阙,古学不至坠地者,郑康成功也;许慎盖比于欧洲之达泰云。而耶稣基督以此时兴于犹太,犹太人恶之,遂杀基督,耶教于是大行。欧洲教育家颇因其说,有所损益焉。基督既没四百七十余年而罗马亡,千余年间,而欧洲教育亦浸衰,赖僧徒、骑士,不沦于亡而已,西人所谓之晦霾时代是也。是时正当中国齐梁之际,缙绅先生好清谈,放瓷自喜,滑稽乱俗,往往称老子,而佛学遂乘隙入中国,世并称佛老云。至于唐时,海内既平,太宗喟然叹兴于学,建首善京师,立二馆六学,由内及外,郡县分三等,各视其地以立学,崇化修理,以广贤才焉。然其取士也以诗赋,四方之士靡然争骛于文章矣。韩愈悼大道之郁滞,而嫉世人营于佛学,信因果,于是辟佛,作原道,述唐虞三代之意,以自比于孟子,当世莫知也。其后宋有程颢、程颐、朱熹、陆九渊之属。朱、陆为宋儒大宗,朱学尚穷理,陆学尚明心,其学咸不同,要皆探综佛学,因发明以序孔子之指意,而中国、身毒之学术合矣。东学遂通,然往往为世诟病,学者颇自讳,岂以孟子拒杨墨,韩愈辟佛故耶?孔子问礼于老聃,学乐于长宏,达巷党人,七岁而为孔子师,孔子不以为耻。夫子焉不学?石垒成山,水衍成海,学集成圣,盖贵通也。至于元,尚武功,务在疆兵并敌,无暇教育,学术后衰。及明王守仁创良知之说,颇近陆九渊,陆学复大明。世之言王学者则绌朱,言朱学者则绌王。是时,意有麦志埃、威里伯鲁那,德有哥比尼、加士亚格腊巴,法有门的伊尼,丹有泰哥伯里,英有培根,自此以来,欧西科学蒸蒸日兴焉。至明之季,利玛窦以耶教来中国,徐光启颇从之言天算,此西学入中国之始。

清兴，承明之令，朝廷推崇朱学，背朱者至以背道论，著为功令，六艺皆折衷焉。其试士亦遵朱注，其有异解及新说者，有司不得荐，辄罢之。乾嘉以来，天下承平久，士大夫好治经，言训诂，号为"汉学"，江淮之间最盛，学者多称郑康成，朱学少衰矣。自常州二庄子、刘逢禄习公羊春秋，喜言微言大义，黜东汉古文，自号为今文家，盖即西汉博士学也。邵阳魏子颇采刘逢禄之术以纪文，而世子言今文者由此盛。湖南罗泽南与曾国藩、刘蓉讲朱学于湘中，洪杨之乱卒赖以平。蒋益沣、杨昌浚、李续宾、李续宜，皆泽南弟子，其后均为名臣，此非其效耶？故自来言学术者，未有盛于本朝者也。显皇帝时，海禁大开，与欧西互市，于是西学遂东入中国。其时士大夫颇易之，以为殊方小道不足学。甲午以来，国势日蹙，有志之士，莫不人人奋袂言西学，留学英、日、德、法、美一辈，大者数千百人，少者亦数十人。中国率一岁之中，相望于道，颇苦烦费，于是京师设大学，各省皆立高等或中学。南皮张相国于江南建两江师范学校，中国师范学校之立，以两江为最早。聘日本教师十一人，综合中西，其学科颇采取日本，称完美焉。日本教育初师中国，实近隋唐，其后尤喜王守仁。明治变法，则一法欧西，王学益重。南虏琉球，西败疆俄，遂为环球疆国，侔于英、德矣。由此观之，有教育若此，无教育若彼，疆弱之原，存亡之机，讵不重耶？顷者欧美日盛，有并吞东亚，囊括全球之势，非以其有教育耶？然欧美教育之兴，实始于培根、笛卡儿；统系之定，自廓美纽司；澡垢曙昏，乃由陆克、谦谟、非希最为教育大家；近世学者，又多折衷威尔孟教育之学。数百年中，经名人数十辈积思参究，盖其成立，若斯之难也。两江本江南、江西地，本朝以来，名儒硕彦，飙起云兴。江宁程廷祚，扬州阮元、汪中，金坛段玉裁，高邮王念孙，常州孙星衍、洪亮吉、庄存与、刘逢禄，长洲宋翔凤。徽歙之间，则有汪绂、江永、戴震、凌廷堪、程瑶田、金榜之属。宣城有梅文鼎、方苞、姚鼐，起于桐城。江西则有魏禧诸子、王源、刘继庄、谢秋水、朱轼、李绂、裘曰修，或显或晦，皆笃学异能之士也。故中国之言文学者，必数东南。今学校肄业士，非诸先生子弟，即乡里后学，愿毋忘其先，溺于旧闻，一志力学，为中国之培根、笛卡儿耶？廓美纽司耶？陆克、谦谟耶？非希、威尔孟耶？国且赖之矣。余尝东游日本，见其学校，综其学科，表其程度，其教师弟子详记其年名，兹效其意著于编，使参观者有所考览焉。

（原载《清道人遗集》，黄山书社，2011年）

[作者简介]

李瑞清(1867—1920年),字仲麟,号梅庵,入民国署"清道人"。江西抚州临川人。1893年恩科举人,1895年进士,授翰林院庶吉士。后任江宁提学使,1905—1911年任两江师范学堂监督。其间一度被委任为江宁布政使、学部侍郎,官居二品。晚年寓沪。去世后,南高师校长江谦为褒扬李瑞清的功绩,在校园西北角六朝松旁,建茅屋三间,取名梅庵,并悬柳诒徵手书李瑞清所定校训:"嚼得菜根,做得大事"。

江苏巡按使公署饬文·南高师筹备开校

韩国钧

为饬委事，查前省立第二师范学校校长贾丰臻等详请转恳教育部在苏省设立高等师范学校等情前来，当即据情咨请教育部察核施行，并经电请讯予核复，各在案。旋准电开南京高师办法，已详本部第五四五号，希查照等因，同时并接教育部第五四五号咨开，据江苏第二师范学校校长贾丰臻等详称，苏省自光复后中等学校教员大为缺乏，请求设立高等师范学校等情前来。查设立高等师范学校一事，其统一办法目前骤难确定，故对于各省已设之校暂以国费维持。苏省原有两江师范学校，前因军兴中辍，现在大局已定，亟应由省续行开办，以储师资。该校长等所陈各节不为无见，除批示外，相应抄录原件，咨请查照办理，并希见复等因，准此。查南京高等师范学校去年叠奉部文，准就两江师范学校校舍改设，其二年度经费并经造就预算，咨由教育部核交财政部，列入二年度国家预算表册。徒以兵燹之余，财政竭蹶，迄未开办。本年缮造三年度国家预算表册，并将该校经费撙节开列，咨请财政部查核有案，准咨前因，自应由省委派校长先行筹办。兹查有江谦堪以委任为该校校长，合亟饬委，即仰该校长就前两江优级师范校校舍详加查勘，能否修葺一部分勉应目前之用。抑尚需另借他项公屋开办之处，统由该校长察酌情势，妥定办法，详候核夺，务尽本学年内筹备完竣，以便定期开校。一面将该校临时经常两费撙节，开具预算送核。所有该校长薪水自筹办所成立之日起，准月支银贰佰贰十元，仍将任事日期详报备查。此饬。

（南京大学档案馆档案）

[作者简介]

韩国钧(1857—1942年)，字紫石，亦字止石，晚号止叟。江苏海安人。人敬称为"紫老"。清光绪五年(1879年)中举。曾任吉林省民政使。民国成立后，历任江苏省民政长，安徽巡按使，江苏巡按使、省长、督军等职。

教育与道德之养成

郭秉文

如何能使学校为养成适于国民道德之机关，乃吾国今日教育问题中之最重要者也。昔日教育制度，以经学为课程之中心，经学者，为吾人高尚思想与言论之宝库，凡个人家庭与人民责任，皆不能脱此藩篱，受其淘溶者。能养成一种高尚之道德，及优美稳定之性质，而吾国之文明即持此种道德性质维系而不坠者也。旧教育制度既废，新教育制度代兴，旧经学与旧道德之教授法虽不能尽弃而不顾，而其影响必不能若昔时之重大，则无疑义。富于旧道德观念者曰：将来之道德何如乎？以现今之情状，不独保守旧道德所固有，且当合于近世之需要，与西方文明融会而广大之，为事之能乎否乎？在保守心过重之徒，以复古为志，思复置经学于小学校中，占重要之位置。幸有识见高超者，知已废者之不可以复也。而新教育制度之能力，若善用之，则其成效必出乎吾人之所料。

当新旧教育过渡时代，道德教授已视为学校课程中之重要科目，编为普通用之道德教科书甚富，不独改良旧道德之教授法，且足以助年幼之学生记诵经学。而孔子所乐称君子之观念，以学生程度之高低，施用各种摹绘情状法与譬喻开发法，俾其了悟于心，虽选辑之材料或不无可以批驳之处，而大体则甚妥适。

我国人在今日，几无不知道德之重要，皆以全力赴之。部中所公布诸法令，所谓教育第一之宗旨者，启发学生之道德也。学校课程中，仍注重道德教授，以道德为教授特种科目，则教育唯一之宗旨，自必以道德为归，是以吾国前途之幸福、希望，胥赖乎是矣。

虽然，养成道德之道亦多矣，岂限于学校课程中之道德一科目已哉。而他种科目，未尝不可变更其意思感情，使之趋于正确之途。中国之文学资料，有意撰，有稗官，有传记与诗赋，于养成人民道德之生活，均占极高之价值，不独关于智慧一方面而已也，且所以振触其感觉，导引其动力和其理想行为与志气之力甚巨。他若历史，则古人之理想功业跃现于纸上，读其书想见其丰功伟烈，有动于心，遂能铸成高贵品格，由是观之，历史为启发道德之重要分子，亦何减于文学哉！故历史教员与国文教员，若以有价值参考之所得，灌输种种模范于学生之心目中，庶几其动作行为有一正确之主张焉。抑更有进者，道德影响之推进，不仅以历史文学为限也，苟拟以道德观念，渐积于全校，则学校课程中无论何种科目，皆足以分奖劝学生道德之影响者也。

夫人既知仅仅教授正当行为之理论，不足以养成儿童之品行，然又确信有一种助力则无疑义，盖道德教训非具体而抽象者，若离真正生活而独特此注入学生之脑筋，必无甚价值可言，是以不得不利用他种有效之法而加意焉。所谓最重之原因惟何，曰教员之品格，从经验上而知学生之气质，由聪明豁达之教员默示感化，渐觉其向慕而变化者，则其效必较教员之口讲为真切。其他之原因，则由于学生之天性与感觉，凡善于训育之教员，必深悉己之行善风采与优美习惯影响及于儿童甚大。要之道德演讲，英雄故事，感神寓言，虽能感人之情，若非儿童本性优良者，其效必浅，故理想与感觉非有真实行为之表现仍不能成儿童能力与习惯之一部分。故吾人之于道德也，非独知之，且宜行之，是谓知行合一。今日中国之教育家，有知以上所述而原因之重要也，故于学校表现天性与感情之机会，设备甚为周至，学校之奖励运动以及游艺会等，皆养成社交之关系，法非不善也，但当稍变其道，而于养成习惯与品行，尤当三令五申而实践之。

（原载《中国教育制度沿革史》，商务印书馆，1920年）

[作者简介]

郭秉文(1880—1969年),字鸿声。江苏江浦人,中国近代教育家。1896年毕业于上海清心书院,1908年赴美国留学,获伍斯特大学理学士、哥伦比亚大学师范学院博士学位。1914年回国。1915年起历任南京高等师范学校教务主任、校长和东南大学校长。以民主与科学精神治校,提出"四个平衡"的办学方针,主张男女平等,与北大同时招收女生,提倡学术自由,鼓励实验研究,发扬科学精神,将南高、东大办成全国著名高等学府。1925年赴美国担任芝加哥大学哈里斯基金学院讲座教授,并任中华教育促进会会长。次年发起组织华美协进社,任社长。自1923年起连续三届当选为世界教育会议副会长。第二次世界大战后任联合国善后救济总署副署长。晚年创立中美文化协会,从事中美文化交流活动。

略论四个平衡的办学方针

郭秉文

就大学教育而言,应该力求(一)通才与专才的平衡,(二)人文与科学的平衡,(三)师资与设备的平衡,(四)国内与国际的平衡。兹扼要述之如下:

(一)通才与专才平衡

国立南京高等师范学校,正科分为文史地部与数理化部,此外又设立工、农、商、教育、体育等专修科。其注重体育,尤具卓见。后以高师为基础,扩展唯一综合大学,即国立东南大学,亦即国立中央大学的前身。正科注重通才教育,专科注重专才教育,两者相辅相成,不可偏废。但两者并非截然划分,一个综合大学的好处,在于通才与专才互相调剂,使通才不致流于空疏,专才不致流于狭隘。大学生都应该成为平正通达的建国人才。这就是南高、东大、中大一贯相承的学风。

(二)人文与科学平衡

大家都知道,民国十年左右,南高与北大并称,隐隐然后成为中国高等教育上两大支柱。当时新文化运动风靡全国，可是南高一些维护中国文化的大师，如刘伯明、柳诒徵等，创办了《学衡》杂志，主张发扬民族精神，沟通中西文化，对于西方文化，不要仅作空泛的介绍，而当更作深入的研究。学衡派旗帜分明，阵容坚强，俨然负起中流砥柱的重任，影响所及，至为深远。可是南高并非保守派，先后从国外物色延揽了五十位优秀学人，展开了中国科学的奠基工作，使南高、东大成为中国科学发展的一个主要基地。北伐胜利以后，北平著名大学如国立清华大学等，还借重了南高东大的毕业生，他们后来几乎都成为科学方面的名教授。

（三）师资与设备平衡

大学教育当然以师资为第一，但物质条件亦不容忽视。中国大学最早设有科学馆，恐怕要数南高、东大，建筑经费美金二十万元，是向美国洛氏基金募捐来的。东大图书馆的兴建，也是出于私人捐款。因为当时政府财政困难，东大学生宿舍，也是运用银行投资合作的方式而增建的。此外成贤街、三牌楼和大胜关附近，都有农场，钦天山、北极阁作为气象台台址，后湖即玄武湖作为水生植物和鱼类的实验池。因商科要注重国际贸易，所以特别设于上海。凡此种种规划，无非是要注重实验，而达学以致用的理想。南高东大以及后来中大同学，都能为社会所重视，不曾发生过就业问题，而且多能成功立业，彬彬称盛。

（四）国内与国际平衡

师范教育必须"寓师资于大学"。南高改组为东大，并非一般人所想的升格，或好高骛远，而是科学的教育理想的实践。因为中等以上的教师，应该是双料的学士、硕士和博士。这话怎么说？那就是师范生的学业标准完全要与大学生一样，并且希望能出类拔萃。此外还须加工加料，具备两种修养，一是教材教法的精研，一是器识抱负的培养。因此教师来源，不必局限于师范学校，应当着眼于全国大学的优秀青年，再加上一番训练和熏陶才好。南高东大有很多著名的教育家在里面，又延揽了国内外著名学者，来作短期或半年的讲学。国内如梁任公（启超）、黄膺白、顾维钧等，国际如杜威、泰戈尔、罗素、孟禄和杜里舒等，先后莅临，名家萃集，极一时之盛。欲广求知识于世界，务使同学们放宽眼界，开拓心胸，则爱国之心,油然而生。大学生应有国士的风度和志节,国士者,既要"以国事为己任"、"以天下为己任",又要具备吾校校训所倡导的"钟山之崇高,玄武之恬静,大江之雄毅"的修养。

吾平生为人为事,终是本于和平二字。平乃能和,和乃能进。美国总统艾森豪威尔倡导新共和主义,其口号为:"惟均衡乃能和谐,惟和谐乃能进步",东西哲学,深相符契。和平也是民族八德最后两个字,值得我们深长思考。

(本文根据张其昀记述的《郭师秉文的办学方针》一文改写)

学者之精神

刘伯明

吾国近今学术界，其最显著之表征，曰渴慕新知。所求者多，所供者亦多。此就今日出版界可以见之。此种现象，以与西洋文艺复兴相较，颇有相似之处，实改造吾国文化之权舆也。然其趋向新奇，或于新知之来不加别择，贸然信之；又或剽窃新知，未经同化，即以问世，冀获名利。其他弊端，时有所闻。凡此种种，衡以治学程准，其相悬不可以道里计。窃目击此状况，焉忧之，爰不揣浅陋，就管见所及，草拟是篇。窃愿与吾国学者共商榷之。

学者之精神，究其实际，实为一体。但若不得已而强分之，其中所涵，可分五端。

一曰学者应具自信之精神也。美国学者哀美荪十年前对一学会讲演，题曰《美国之学者》，略谓学者为百世之师，其思想感情超然于一时之好尚，故能亟深研几，毅然自持，而不求同乎流俗。世人虽蔑视或非难之，而中心泰然，不为所动。盖其精神已有所寄托也。

二曰学者应注重自得也。吾国古代哲人求学之语，愚以为最重要者，则谓吾人求学不可急迫，而应优游浸渍于其间。所谓资深逢源，殆即此意。自得者为己，超然于名利之外；不自得者为人，而以学问为炫耀流俗之具。其汲汲然唯恐不售，真贩夫而已。前者王道之学者，而后者霸道之学者也。敬卿有言："君子之学也，入乎耳，著乎心，布乎四体，形乎动静；小人之学也，入乎耳，出乎口，口耳之间，则四寸耳，曷足以美七尺之躯哉。古之学者为己，今之学者为人。君子之学也，以美其身；小人之学也，以为禽犊。"故真正学者，其求学也，注意潜修，深自韬晦，以待学问之成，而无暇计及无根之荣誉。东西学者，方其于冥冥之中，潜研深究，莫不如是。此读其传记而可知者也。

三曰学者应具知识的贞操也。夫死而女不嫁者，通常谓之守贞。然坚强不变，亦谓之贞。所谓贞禾贞石，皆涵此义。而道德上守正不阿，亦谓之贞。抱朴子云："不改操场于得失，不倾志于可欲者，贞人也。"张衡赋曰："伊中情之信修兮，慕古人之贞节。"皆此意也。然尚有所谓知识的贞操者，此谓主持真理，不趋众好，犹女子之贞洁者，不轻易以身许人。顾亭林自读刘忠肃"士当以器识为先"语，即谢绝应酬文字，凡文之无关于经术政理之大者，概不妄作。此其所为，虽近乎矫枉过正，而其视文学或亦失之过狭，然其谨敕不滥，不求取悦于人，亦今人之漫无标准汲汲于名者之所宜则效者也。

四曰学者应具求真之精神也。常人之于事理，往往仅得其形似，或仅知其概略，苟相差不多则忽略过，以为无关紧要。方其穷理论事，亦往往囿于成见，或为古义所羁而不能自拔。此皆缺乏科学精神之所致也。吾人生于科学昌明之时，苟冀为学者，必于科学有适当之训练而后可。所谓科学之精神，其首要者，曰唯真是求。凡搜集事实、考核证据皆是也。科学之家，方其观察事实、研究真理，务求得其真相而不附以主观之见解。"明辨之，慎思之"，其所用种种仪器，皆所以致精确而祛成见之工具也。科学之家，不惟置重于精确辨析，其惟事实真理之是求，若出于自然，动乎其所不知。昔柏鲁罗主世界无限之说，与当时教会所信者舛驰，尝谓其趋向真理不得不尔，犹灯蛾之赴火然。此即求真之热忱也。唯其求真心切，故其心最自由，不主故常。哥白尼之弟子罗梯克斯回忆其师对于往古畴人之关系，因有所感乃曰："凡研究者，必具有自由之心。"盖所谓自由之心，实古今新理发现必要之条件也。

五曰学者必持审慎之态度也。 吾人求真，固应力求精确，不主故常，然方其有所断定，必以审慎出之。 杜威谓真正反省，即使吾心中悬，而遽下断语；即使有所断定，亦仅视为臆说，姑且信之，以为推论之所资。 其与武断迥不相同。 吾人稍知天演论者，咸知达尔文《物种由来》一书出版于1859年。 但据达尔文所自述，其创此说，实在20年前，其言曰："1838年10月间，予偶感读麦氏《人口论》因前已知动植物中生存竞争，至为剧烈，自忖曰：物既争存，则适者当存，不适者当灭，此即新种之所由来也。 吾在当时唯恐为成见所羁，不敢自信，故即其大纲亦不写出以示人。 至1842年4月，予始以铅笔将吾说之概要写出，所占篇幅，计35页。 至1844年，始取此稿扩而充之，成230页。 但其发表日期则在十余年后也。"即此观之，真正学者不敢自欺欺人，必俟确有把握而后敢以问世。 此种精神，吾无以名之，名之曰"知识的良知"。 此亦吾人当以自勉者也。

以上所述，皆学者精神中之荦荦大者。 其他诸德，如谦虚等，愚意皆可概括其中，或可连类及之，故不赘述。

读者切莫误会，以为苟能闭门暗修，专心学问，则社会方面之事业可不过问，其意以为此皆渺不相涉，而无劳关怀者也。 夫学者研究学问与参与社会事业，二者性质不同，固当有别。 顾若以为其间有截然之界线，则为妄见。 吾人之心不可划为数部，或司思想，或主实行，间以墙壁，不使通气。 狭隘专家其致力于精深之研究，非于学术毫无贡献，第如以此为目的，而于所研究不问价值之高下，视为等同一齐，其汇集事实，一如收藏家之征集古董，其所得虽多，吾恐于人生无大裨益也。 岂惟于人生无大裨益，即其所汇集之事实，在学术上恐亦无大价值。 其所征引，纵极详博，然失之繁琐，令人生厌。 所谓德国式之学者，其流弊即在是也。 德人研究学问，专攻一门，不厌精详。 而学理与生活往往析为两事，故其头脑囿于一曲，不通空气，其结果则究学理者，仅凭冥想而不负责；而偏于应用者，则唯机械效率是求，而与理想背驰。 所谓德国之 Kultur，即其弊也（见杜威之《德国哲学与政治》）。 若夫英国式之学者，则异于是。 英人富于常识，重实验而漠视系统及逻辑的俸称。 英国诗所以发达，亦以其喜用具体的音象也。 英国学者大抵关怀当时之政治社会问题，非可以狭隘专家目之，其所产生之哲学家，自培根、洛克以降，率皆躬亲当时之政事。 而著名政治家之兼学者资格者，为数亦不少也。

愚意专门研究，虽甚要紧，然社会生活方面之事同时亦不妨注意及之。盖如是而后其所研究者之社会的意义始能明了。因世无离人生而孤立之学问，而学问又非供人赏玩之美术品也。吾人研究学问，固不宜希望收效于目前，然其与人生之关系不可不知。某君专究昆虫学，尝谓予曰，人所最蔑视而以为无关重要者，莫过于虫身上所生之毛，然其形状长短等，所系甚巨。不明乎此，因致虫害者，农民损失不胜计焉。故吾人治学，宜有社会的动机也。又学校卒业生，因求学心切，卒业后仍思继续求学，常以此就商于予。予恒语之曰，求学与服务社会非截然两事，学校中之所学者，经应用后，其意益真切而益坚，且可由之得新经验、新知识也。

或谓人类进化，趋重分业，学者治学亦其职业所在，何必强其预闻社会之事耶。吾谓此狭隘职业主义之为害也。愚意人生于社会，除专门职业外，尚有人之职业，为父、为母、为友、为市民、为国民，为人类之一分子，皆不可列入狭隘职业之内。故吾以为与其称为职业主义，毋宁谓之曰"做人主义"。盖人而为人，必有适当之职业也。社会中专门学者，固甚重要，然亦有学者非人。其无人情，唯分析的理智之是从，徒具人之形耳。曩者吾草一文，刊于《新教育》，其中论及此项狭隘职业之害，并举一事以证之。其言曰：某甲与某乙夙同学于某校，在校时交甚挚。某乙卒业后，即赴英留学，肄习法律，学成返国，在沪当律师，所入甚丰。某甲一日因事赴沪，忆及某乙，乃往访之。寒暄未毕，某乙即出时计视之。谓其友曰："吾之时间甚贵重，每小时值洋五元。君有事请速言之，勿作无谓之周旋也。"就其职业言之，某君诚大律师也，然其毫无人性人情，不得称之为人也。他如学化学者，毫厘之差亦必计较，迨他日与人往来，亦必较量锱铢，如试验室中之精确。此可谓之化学化矣。

故吾以为真正学者，一面潜心渺虑，致力于专门之研究，而一面又宜了解其所研究之社会的意义，其心不囿于一曲，而能感觉人生之价值及意义，或具有社会之精神及意识。如是而后始为真正之学者也。

(原载《学衡》，1922年第1、2期)

[作者简介]

刘伯明(1885—1923年),名经庶,字伯明。哲学家、教育家。专于道家老子哲学,治西洋哲学,精通英文,并通法文和德文,兼及希腊文与梵文。江苏南京人。早年受业于章太炎门下,求读于汇文书院,毕业后赴日留学,参加孙中山领导的同盟会,积极从事民主革命活动。英国侵占云南片马时用英文撰写讨英檄文,传诵一时。辛亥革命成功后,赴美攻读哲学和教育学,先后获硕士和哲学博士学位。自美回国,即倾心于教育事业,先受聘为金陵大学教授,任国文部主任,后受南京高等师范学校校长郭秉文之聘,任哲学讲座教授,1920年出任文史地部主任、行政委员会副主任(主任由校长兼)和训育主任。1921年改任校长办公处副主任(主任由校长兼),因郭秉文为谋划发展忙于外务,在宁时间不多,实际校务皆委其主持,郭秉文离校期间则由其代理校长职务,成为郭校长的副手和东南大学创建人之一。1921年7月教育部长范源濂核准组织大纲和招生计划,9月任命郭秉文兼任国立东南大学校长,1923年1月将南高师并入于东大,一赖南高之旧,一秉南高之风,设有国文部、史地部、数理化部、教育科、农业科、工艺科、商业科、体育科等,校舍面积370亩,继北大之后是为我国第二所国立大学。其间刘伯明作为郭秉文校长之副手,主持校务,为建树学风和创建东大日夜操持,成为当时"高标硕望,领袖群伦"的栋梁人物,终以积劳成疾,于1923年11月24日以身殉职,年仅38岁。

论学风

刘伯明

比年以来,吾国学风日趋败坏,学潮之起,时有所闻。考其原因:(一)由于前之办学者滥用权威,事事专断;继之者,则放弃权威,仅知迎合学子心理,冀扩张个人之势力,巩固一己之地位,而年少无知之学子日受其蛊惑而不知,其用心之可诛,品行之卑劣,以视滥用权威者,不可同日而语。其为人也,酷肖煽动群众之奸雄,苟能博民众之欢心,虽背弃天良,亦所不惜。此原因之由于学校内部者也。(二)缘于政治未入正轨,致舆情时甚激昂。欧洲大学自十三世纪以来,因宗教政治之压迫,内部亦时发生变动,停课之举亦偶有之。吾国东汉之党锢,明之东林,考其性质,殆亦类是。顾欧洲大学,在发达之初期,虽亦偶因细故发生风潮,其后则致力于学理之阐明,及政治宗教之改进,从无以一党一系之争牵入其中。其在吾国,则守正不阿,崇尚节义之精神,皎如日月,历久不渝。方之今之学潮,往往判若霄壤。此原因之缘于政治社会状况者也。有是二因,则学潮之起无有已时,而学风缘以败坏。今欲改良学风,导入轨范,必于上述两因详加考察,然后辅以其他要素,庶几吾国学潮得以消弭,而学风亦缘以稍有改进之望焉。 夫办学者之滥用权威及放弃权威，其失维均，吾已言之。 今欲折衷于二者之间，舍协商以外，殆无他道。 吾所谓协商者，即所谓共和之精神之表现也。 二人遇事协商，则惟理是从，一取一予。 滥用权威者，予而不取，近于专制；放弃权威者，取而不予，近于谄谀阿匼。 吾常谓有理性者相处，无事不可解决，所恃者即协商也。 特协商一事，非不学而能，必经长期之训练而后能为之。 苟办学者，秉大公至正之精神，与学子相周旋，其意之可采者采之，力求融洽；其不可采者告以不可采之理由，其真固执己见而不可以理喻者，则虽驱逐之不与共学可也。 惟于此彼办学者，须具有坚决之意志，守正不阿，与其迁就苟安，不生不死，宁可决然引去，反不失为有主义之办学人也。 审如是，则因循敷衍、漫无标准之学风，或能为之一振。 特为人师者，又必具有相当之道德学识而后可耳。

至缘政局之不靖，而发生学潮一节，鄙意政治一日不入正轨，学子之心一日不能安宁，此殆势所使然不可避免。 昔海羯尔在耶那讲学，适值拿破仑亲率士卒蹂躏该邑，常人于此，皆必为之震惊，海羯尔则喻诸生勿躁，此或仅超绝如海羯尔者能为之。 以此责诸常人，非人情也。 夫学校固为研究学术之地，大学尤甚。 顾环境不宁，则精神不专，而潜思渺虑，势所弗能。 然吾国政局如漫漫长夜，不知须俟诸何时方能睹一线曙光，一波未平一波又起，为学者如随之而转移，则求学如读日报，零星琐碎，漫无律贯。 此虽有教育之形式，言其实际则已无存，谓之教育破产可也。 无已，则又唯有折衷于二者之间。 一方求学，一方关怀政治社会情况。 但于此则中等学校及专门大学似应有区别，中等学校学生年龄稍幼，学识经验亦较浅薄，急宜致力于学不宜鹜外。 唯政治社会状况则宜留意及之，此皆公民之所应知。 而凡自治及共和之训练，又当于学生自治三致意焉。 若专门大学学生，则其责任较重，凡政治社会问题之关系较大者，宜本学理之研究，发为言论，其心廓然大公，不瞻徇任何党系之私意，唯以高贵之精神，崇伟之心理，与国人相见，斯真高尚之学风也。 若夫罢课一事，鄙意非绝对不能为，唯须慎重考虑，且仅能偶一为之，不可视为常经，其目标又至正大，而系夫全国之安危，而于其结果，又应稍有把握。 若仅激于一时之意气而率尔为之，外部偶有刺激，则学校内部以罢课应之，刺激无已时，罢课亦继续无已时，长处于扰攘纷纭之中，其思想亦被其影响，散漫无规则，以如是之学生，继前人未竟之业，而望其致国家于富强之域，吾恐如缘木求鱼，不可得也。

学生智识，较为发达，国家有事反应较速，以视常人，可称先觉。夫先觉者，感人之所同感而较深切，其表见也又较著明，不若常人所感之暧昧含混，唯其如是，故应本所感者发为文辞，播诸民间，为诗歌可也，为报章言论可也，如布种然，使之潜滋暗长，历时既久，动机自生。历观中外大改革其发动之机，胥在是也。若罢课，则仅限于学校，国人或视之若无睹，未几而灭。五四之举，幸有工商界为之声援，否则其结果必不美也。吾举此例，意谓救国之事，全国之人应共负其责，特教育界可为之先导，而又必有充分之准备，循序为之，持之以恒，不凭一时含混之热诚，此救国之代价，而吾人所应偿者也。

吾于以上所述，凡涉及教职员者，皆未道及，非以其无关紧要而阙略之，正以其关系重大，将欲分论之也。今之学生，愤国事之日，非常有越轨之举，虽常为意气所驱使，然亦教职员多所顾忌而不负责有以致之。故愚意欲消弭学潮，教职员方面亦应深自反省，而憬然觉悟政治社会方面责任之须共同担负，以此责诸学生，致令牺牲学业，而己则坐观成败，谓之不仁。瞻徇顾忌，裹足不前，谓之不勇。不仁不勇，岂能为学子之楷模乎？或谓为教员者，各有专业，彼方致力于学，自无暇关心政治社会事也。愚谓教员中，其专心致志于学问之研究者，洵不乏人，其忘情于政治，虽不可为表率，但情尚有可原，其他之以无暇相推却者，试一观其日常所为，则赌博者有之，冶游者有之，凡此有暇而独于注意国事无暇，谁其信之？不知政治社会之事，教员分内事也。教员不问，故受教育之学生出而问之，是教员放弃其职责也。

教员之责，以中等学校以上者为尤重。欧洲古来大学，其有贡献于当时之政治社会者，以德国大学为最。十六世纪之宗教改革，集中于伟登堡大学，而为之原动力者，即该大学教授马丁·路得也。十九世纪初叶之德意志，为数百诸侯所割据，互争雄长，迨拿破仑占据柏林，国民因处于积威之下，为日已久，相安无事，耶那大学教授菲希脱愤国人之不知发愤，自起而忠告国民，示以德国民族之历史及其责任，当时国人精神为之一振，一洗顽懦苟且之风，而德国民族之统一亦因之促进。未几（一八一〇年）柏林大学成立，专以培养爱国精神为宗旨，菲氏即往充教授，迨一八一三年战事发生，除二十余人外，全校学生俱往参战，此又菲氏讲学之效果也。

以上所述，不能尽学风所涵之义，尚有其他要素，姑就其荦荦大者，而略论之。

吾国古来学风，最重节操，大师宿儒，其立身行己靡不措意于斯，虽经贫窭，守志弥坚。汉申屠蟠所谓安贫乐潜味道守真，不为燥湿轻重，不为穷达易节，最能形容其精神也。洎夫叔世，士习日偷，益以欧美物质文明自外输入，旧有质朴之风，渐已消灭。其留学归来者，又率皆染其侈靡之习。昔之所重者曰清苦自立，今则重兴趣与安乐矣。前之自尊其人格者，深自韬晦，耻于奔竞，而今则不以奔竞为耻，其愈工于此者，往往愈为社会所推重。于是政客式之教育者出现于世，其所重者曰办事之效率，曰可见之事功，凡涉及精神修养高洁操行者，皆其所弗能欣赏，或且斥之为无用，不知其害之中于学子之意识者至深且巨。盖其估定价值，品第高下，即将据以为准。易言之，其人生观即于是养成也。今之学子，好高骛远，尊重名流，以为校长非名流不可为，主任非名流不可为，未始非上述之人生观有以致之。夫学校既为研究学术培养人格之所，一切权威应基于学问道德，事功虽为人格之表现，然亦应辨其动机之是否高洁，以定其价值之高下。若通俗所重之名利尊荣，则应摈之学者思想之外。老子曰，虽有荣观，燕处超然。此从事教育者应持之态度，而亦应提倡之学风也。

学校中有两种最难调和之精神，一曰自由，一曰训练（或称负责）。不惟管理方面有此困难，即学业上亦有之。兹就学业方面而申论之。旧有小学，偏重训练，所用教本，基于成人心理，儿童需要，概置不问。今则反是，偏重自由活动，而思想如何使之细密，精神如何使之集中，则不暇顾及。此重自由而轻训练之教育也。由此而至中学，以及中等以上之专门大学。昔之用年级制者，今则纷纷采用选课制、学分制，前者邻于训练，后者毗于自由。受年级制之裁制者，对于所学，索然无兴趣，其个性不易发展。而在选课制、学分制之下者，则能选性之所近者以习之，但人性避难趋易，益以所选范围漫无限制，则任性之弊随在可见，其所谓性之所近。或即一时之好恶，故又偏于自由。愚意偏重自由，其害或较偏重训练为深且巨。以其使人任性而行，漫无规则，而真正受教育者，即其心之曾经训练者也。

即有时选课之际加以指导，或规定范围，俾其遵循冀于自由之中参以限制。然考之实际，亦往往失之过专。专门大学之中，科中分系，中学之采用三三制，皆取其有伸缩之余地，而使学生任选一种以修习之。以为如是，则免浮泛空洞之弊，而人人可有专业。不知此仅养成有职业之人，其所修学仅能发展局部之我，其他方面概未顾及。其与真正之自由人性,全体之解放,相差甚远。此弊不唯见于专门大学,自六三三制风行以来,亦且见于中小学矣。

吾人苟欲致负责之自由,意不惟年级之观念应行打破,即计算学分之机械方法,最好亦能废除。此皆图行政上之便利,不可据以估计学业上之深浅也。惟于此,中学及专门大学似应分别论之。中等学校,无问其为升学,或为培养职业人才,一切教育俱应从人性之全部着想,教育目的在学为人。凡学为人,必使人性中所具之本能,俱有发展之机会,而学谋生不过发展人性中之一部分,以一部分而概全体,非人的教育也。是故新学制之中学,虽可施以职业教育,但同时须顾及全部之人性,凡涉及人文及自然两方面之科目,皆应明白规定,使选习之,即有伸缩,亦应限于确定范围以内,修习之际,则与以自动机会,勿使仅读讲义,使之自由参考书籍,躬自试验观察,如能不限以学分,或悬固定之格,则尤为近于理想。但此事,吾恐不易实行于中学校也。至于专门大学,则其事较易实行。愚意大学课程,前二年可使学普通科目,第二年终各生须认定一门以专治之,唯其有无专治一科之资格,须经各学系审定,其经审定及格者,则使之自由研究,不使受学分制之制裁,其上课与否,悉听其便。迨二年终了,苟欲得学位,则仿德国大学制,予以极严之考试,或用其他方法,审核其学业上之成绩,如两年内确有心得,则迳授予学位可也。如是,则一方与以自由,不使受机械之束缚,而一方又使之负责研究,其法如善用之,当较现行之制为妥善也。

二十世纪,商业最盛,其影响所及至广且巨。最不幸者,即今之学校,亦且受其支配。前所述之学分计算,即其一例。其他若管理上之重阶级,教员之按时计薪,展览成绩以相矜夸,登载广告冀增声誉,凡此皆商业原理应用于教育之明证也。然此犹可视为不得已之办法,若其视智识为出卖品,一仿希腊第四世纪之哲人之所为,或视学校为出卖知识之交易所,则最足令人痛心。试观今之学校,其能免此弊者,究有几所。而最近之种种私立学校,其发生之速,有如地蕈,试一察其内容,则鲜不以营业为目的。学生愈多,则营业愈发达,苟纳学费,靡不收受,入校以后,仅授知识,其性行如何,不暇过问。呜呼,此岂学校之本旨哉!美国社会学家华尔德有言,社会事业其不基于商业上供求原理者,只教育一种而已。而美国学者菲伯伦数年前著美国高等教育一书,于商业原理施诸教育之为害,又慨乎言之。不意吾国学校，适犯此病也。愚意学校精神存乎教师学生间，个人之接触，无论修学息游，为人师者，应随时加以指导，于以改造其思想而陶冶其品性，不仅以授予智能为尽教者之职责。准是以观，则设备建筑仅必须之附属物也。即推广事业，亦仅此精神之表现也。诚以根蒂深固枝叶自茂，不此之务，而以旁骛横驰为得意，吾恐范围愈扩大，其距暴烈之时期亦愈近也。反是而致意于个人之感化，精力之涵养，珊于中而彪于外，君子之道暗然而日章，小人之道的然而日亡，此之谓也。

以上所述，不佞以为乃真正学风应涵之义。而又自信，可以救吾国学风之弊。如当代教育同人，以为尚有脱漏之处而弥补之，则亦不佞所欢迎者也。

（原载《学衡》，1923年第16期）

评今人提倡学术之方法

梅光迪

吾国今日，国民性中之弱点，可谓发露无遗，为有史以来所罕见。投身社会与用世之士，愈能利用其弱点者，则成功愈速。盖彼志在成功，至所用以成功方法之当否，则不计及也，循此不返，吾恐非政客滑头之流，不能有所措施于社会，而社会亦为彼等之功利竞争场。其洁身自好温恭谦让之君子，唯有遁迹远飏，终老山林，或杜门不出，斋志以没，久且以社会之不容，无观摩继续之效，潜势消灭，此等人将绝迹于社会，而吾民族之真精神，亦且随之而亡，思之宁不悚然。夫不当之方法，用之于他种事业犹有可恕，独不解夫今之所谓提倡学术者，亦不问其方法之当否，而唯以成功为目的，甘自侪于政客滑头之流。吾于前其《评提倡新文化者》一篇中，已多及此，今兹再论之，亦欲继前期未竟之言也。

夫今之所谓提倡学术者，其学术之多谬误，早为识者所洞悉，青年学子，无审择之能，受害已为不少，若有健者起干而辟之，亦苏格拉底孟轲之徒也。然其学术之内容，非本篇所可及，故且言其提倡之方法，盖其学术与其提倡之方法，实有同等之缺憾，欲为补救，二者难分轻重。或曰唯其学术不满人意，故其取以提倡之方法，亦多可议之处，然则纠正其方法之失，宁非今日急务乎。

彼等固言学术思想之自由者也，故于周秦诸子及近世西洋学者，皆知推重，以期破除吾国两千年来学术一尊之陋习。然观其排斥异己，入主出奴门户堂派之见，牢不可破，实有不容他人讲学而欲养成新式学术专制之势。其于文学也，则斥作文言者，为"桐城谬种"，"选学妖孽"，又有"贵族文学"与"平民文学"、"死文学"与"活文学"之分，妄造名词，横加罪戾，而与吾国文学史上事实抵制则不问也。某大学招考新生，凡试卷用文言者，皆为某白话文家所不录。夫大学为学术思想自由之地，而白话文又未在该大学著为功令，某君何敢武断如是。彼等言政治经济，则独取俄国与马克斯，言哲学，则独取实验主义，言西洋文学，则独取最晚出之短篇小说独幕剧及堕落派之著作，而于各派思想艺术发达变迁之历史与其比较之得失，则茫无所知。钱斯德顿（G. K. Chesterton），今之英国论文大家也，其评未来派与新思想，有言曰，"可悲者，此等怡然自得不用思力之人，初本有一思想，然此一思想，既入此辈脑中，则永远盘踞，无人能打破之，亦无人能加入他种思想"（The tragedy is this: that these happy, thoughtless people did once really have a thought. This one isolated thought has stuck in their heads ever since. Nobody can get it out of their heads; and nobody can get any other thought into their heads.）。故彼等对于己之学术，则顽固拘泥，褊激执迷，对于他人学术，则侵略攻伐，仇嫉毁蔑。若假彼等以威权，则焚书坑儒与夫中世纪残杀异教徒之惨祸，不难再演。而又曰言学术思想自由，其谁信之。彼等既不能容纳他人之学术思想，他人亦可不容纳彼等之学术思想，语曰：以子之矛，攻子之盾。又曰，天道循环，无往不复。彼等待人如是，人亦可如是待之耳。

彼等不容纳他人，故有上下古今，唯我独尊之概。其论学也，未尝平心静气，使反对者毕其词。又不问反对者所持之理由，既肆行漫骂，令人难堪，凡与彼等反对者，则加以"旧"、"死"、"贵族"、"不合世界潮流"等头衔，欲不待解析辩驳，而使反对者立于失败地位。近年以来，此等名词，已成为普通陷人之利器，如帝王时代之"大不敬"、"谋为不轨"，可任用以入人于罪也。往者《新青年》杂志以骂人特著于时。其骂人也，或取生吞活剥之法，如非洲南洋青岛土人之待其囚虏，或出龌龊不堪入耳之言，如村妪之角口。此风一昌，言论家务取暴厉粗俗，而温厚慈祥之气尽矣。其尤甚者，移学术之攻击，为个人之攻击，以学术之不同而涉及作者本身者，往往而有。欧洲文艺复兴时代，士习至为蛮野，其涉及作者本身举动，非但形之于文字，亦且施之于身体，狭路伏伺、黑夜袭击，乃习见不鲜之事。自十七八世纪，法人提倡社交，以学者与君子合一（Scholar and gentleman），欧洲士习，渐趋礼让，再防之以法律（凡涉及作者本身，作者可向法庭起诉），故今之欧美学术界涉及作者本身者固无，即谩骂者亦绝迹也，而今之吾国提倡学术者方以欧化相号召，奈何不以今之欧美学者与君子合一者为法乎。

拉罗许弗科尔（La Rochefoucauld）法国十七世纪道德学名家也，其言曰："真学者与君子不借一事以自夸。"（The true gentleman and scholar is he who does not pride himself on anything.）爱谋孙（Emerson）美国文学史上第一人也，其《文化论》中有言曰："社会之灾疾乃妄自夸大之人。"（The pest of society is egotists.）吾国学者素以自夸为其特权，乡里学究尹唔斗室，其自许亦管乐之流也，文人尤然，今试取两千年来之诗文集观之，其不染睥睨一世好为大言之恶习者，有几人乎。至于书札赠序及唱和诗词，则多牢骚抑郁感慨身世之语，而尤反复于友朋之际，以为世不知我，知我者乃高出一世之人。于是己之身价，乃由友朋而更重。今则标榜之风加盛，出一新书，必序幸累篇，而文字中又好讲"我的朋友"某君云云，夫引让朋友，讲其名已足，何须冠以"我的朋友"数字。盖其心理，一则欲眩其交游之众声气之广，与其所提倡者势力之大，一则欲使其朋友有可称述价值，博魁儒大师之名，而己更藉以自荣。昔之学者借朋友以自鸣其不得意，今之学者借朋友以自鸣其得意，前者无病呻吟，有寒酸气，后者耀威弄势，如新贵暴富，有庸俗气，二者皆真学者与君子所不取也。语曰："君子不称己。"欧西自卢梭以来，文人所作自传其多（Confessiong 乃供词之意），识者病之，谓为自登广告，自开展览会，有伤于雅。今之吾国学者，于己之交游琐事性情好恶，每喜津津道之。时或登其照像，表其年龄如政客娼优之所为。夫学术之目的在求真理，而真理乃超脱私人万众公有之物，与求之者本身无关，学者阐发真理，贡献于世，世之所欲知者，乃其真理，非其人也。后之人追怀前贤，因其学以慕其人，故于其生平事迹遗像多有起而记载，保存之者。此乃社会报恩之意，若由学者自为之，则非但伤雅，亦于义无当矣。今之学者，自登广告之法，实足令人失笑，彼以照像示人者，盖谓我乃风采奕奕之英俊，或雍容尔雅之儒生，可使人望而生爱敬之心，不愧为领衲人物也。彼以年龄示人者，盖谓我乃如许青年，而成就已若此，乃不世出之才人也。自古帝王及草泽英雄之兴，多假借于神鬼，以倾动愚众，今则科学昌明，神鬼之威权已失，然群众心理，对于特出人才，独存一种神秘不可思议之观念，于是以特出人才自命者，仍欲利用此等心理以神道设教，今之西洋所谓超人天才，不过昔日"龙种"、"妖精降生"之别名耳。浪漫派文学盛行之时，文人毕以超人天才自居，一切求上恒人异，往往行踪诡秘，服色离奇，法人谓其意欲震骇流俗，使以超人天材目之。吾国近年以来，所谓"新文化"领袖人物，一切主张皆以平民主义为准则，唯其欲以神道设教之念，独牢不可破，其行事与其主张相反，故屡本陈涉宋江之故智，改易其形式，以求震骇流俗，而获超人天材之名。有自言一年能著书五六种，以自炫其为文敏妙者；有文后加署"作于某火车中"、"某日黎明脱稿"，以显其精力过人者。夫著述之价值，视其内容而定，初不关于如何脱稿，曾需几时何日也。昔人有惨淡经营数十年而成一书者，有非静室冥坐清晨脑健，不能构思者。若果为不刊之作，世人决不究其成书之迟速与起稿时之情形也。彼等又好推翻成案，主持异议，以期出奇制胜。且谓不通西学者，不足兴言"整理旧学"。又谓"整理旧学"，须用"科学方法"，其意盖欲吓倒多数不谙西文、未入西洋大学之旧学家。而彼等乃独怀为学秘术，为他人所不知，可以"大出风头"。即有疏陋，亦无人敢与之争。然则彼等所倾倒者，如高邮王氏之流，又岂曾谙西文曾入西洋大学者乎。幸彼等未读西洋浪漫派文学史也，否则其以神道设教之术，更当层出不穷矣。彼等以群众之愚昧易欺也，故一面施其神道设教之术，使其本身发生一种深幻莫测之魔力，一面揣摩群众心理，投其所好，盖恩威并用，为权谋家操纵凡民之秘诀。古昔开创帝王，一面假托神圣一面与士卒同甘苦。近世西国政客，一面居伟人英杰之名，一面取悦平民，丑态百出。于是乃使人颠倒迷惑，堕其术中，而己则为所欲为，玩人于股掌之上矣。今之学者，以神道设教，已如上段所述，其所主张鼓吹有一不投时好不迎合多数心理者乎。吾国近年以来崇拜欧化知识精神上，已惟欧西之马首是瞻，甘处于被征服地位，欧化之威权魔力，深印入国人脑中，故凡为"西洋货"，不问其良窳，即可"畅销"。然欧化之真髓，以有文字与国情民性之隔膜，实无能知者，于是作伪者乃易售其术矣，国人又经丧权失地之余，加以改革家之鼓吹，对于本国一切，顿生轻忽厌恶之心。故诋毁吾国固有一切，乃最时髦举动，为弋名邀利之捷径。吾非言纯粹保守之必要也，然对于固有一切，当以至精审之眼光，为最持平之取舍，此乃万无可易之理。而今则肆行破坏，以投时俗喜新恶旧之习尚，宜其收效易而成功速也。凡真革命家，当有与举世为敌之决心毅力，故或摧折困辱以死，苏格拉底、孔孟、耶稣之徒是也。或为世非笑，久而后成，科学发明及宗教改良家之类是也，即文学革命家如韩愈、华茨华斯（Wordsworth 为英国十九世纪初期诗界革命家），亦俟至数十或数百年，始见成功。若今之言文化或文学革命者，乃高据学术界之要津，养尊处优，从容坐论，有何一意孤行，艰苦卓绝之可言乎。此等无骨气无壮志之懦夫，同流合污之乡愿而亦自居于革命家，曰："顺应世界潮流"，"应时势需要"。其表白心迹亦可谓直言无讳矣。豪杰之士每喜逆流而行，与举世为敌，所谓"顺应世界潮流"、"应时势需要"者，即窥时俯仰、与世浮沉之意，乃懦夫乡愿成功之秘术，岂豪杰之士所屑道哉。今之"世界潮流"、"时势需要"，在社会主义白话文学之类，故彼等皆言社会主义白话文学，使彼等生数十年前，必且竭力于八股与"皋帝尧舜"之馆阁文章，以应当时之潮流与需要矣。夫使与世皆以"顺应"为美德，则服从附和，效臣妾奴婢之行，谁能为之领袖以创造进化之业自任者乎。

彼等既以功利名誉为目的，作其新科举梦，故假学术为晋身之阶。昔日科举之权操于帝王，今日科举之权操于群众，昔日之迎合帝王，今日之迎合群众，所迎合者不同，其目的则一也。故彼等以群众运动之法，提倡学术垄断舆论，号召徒党，无所不用其极，而尤借重于团体机关，以推广势力，彼等之学校则指为最高学府，竭力揄扬以显其声势之赫奕，根据地之深固重大。甚且利用西洋学者为之傀儡，以使依附取荣，凌傲于国人之前矣。昔日王公大人，以宏奖风雅主持学问自任者，名位交游，倾动一世。而后人有知其名者否。若王船山辈，伏处穷山，与世不相问闻，而身后之成功如何。盖学术之事所赖于群力协作，联合声气者固多，所赖于个人天才者尤多也。天才属于少数，群众碌碌，学术真藏非其所能窥。故倡学大师每持冷静态度，宁守而有待授其学于少数英俊，而不汲汲于多数庸流之知。盖一入多数庸流之手，则误会谬传弊端百出，学术之真精神尽失。今日言社会主义及他种时髦学说者，只熟识几十新名字，即可下笔千言，侃侃而谈，然究竟此种学说之真义安在，几人能言之乎。杜威罗素无论其能代表今世西洋最高学术与否，固有研究之价值者也。然一至吾国利用之徒，以群众运动之法，使其讲学，其学愈以流行而愈晦，杜威罗素之来吾国，杜威罗素之不幸也。

今之学者非但以迎合群众为能，其欲所取悦者尤在群众中幼稚分子，如中小学生之类。吾国现在过渡时代，旧知识阶级渐趋消灭，而新知识阶级尚未成立，青年学生为将来之新知识阶级，然在目前则否也，而政客式之学术家，正利用其知识浅薄无鉴别选择之力，得以传播伪学，使之先入为主。然青年学生最不可恃者也，以其知识经验，无日不在变迁进化之中，现时所信从之学说与人物，数年以后视如土苴矣。京津沪宁为全国文化重要地点，其学生亦为全国学生领袖，三四年前，首先附和各种时髦学说者，京津沪宁之学生也，今则知识经验较深，已不似往年之盲从。且各处学生中，其学级愈高者，其盲从愈少。故彼时髦人物，至今已不得不望诸接触较迟之内地学生，与夫知识浅薄之中小学生矣。吾料再俟数年，全国智识增高，所谓最新人物，已成明日黄花，无人过问。然则提高其自身之程度，急起猛追，与青年学生以俱进，殆为彼等不容缓之事乎。

彼等固谓人生随时代而异者，故人生一切事业皆无久远偿值只取一时便利而已，《旧约》中有一语曰："吾人且及今醉饱，明日将死矣。"（Let us eat and drink, for tomorrow we shall die.）彼等之人生观直可以此语括之，故彼等以推翻前人为能，后人亦当以推翻彼等为能人。之所以特立独行，落落难合者，以有不朽之念存于中耳。今既挟一与草木同腐之人生观，则唯有与世推移、随俗富贵耳，又奚必众醉独醒、众浊独清乎。

夫国人谈及官僚军阀莫不痛心疾首，以为万恶所从出，独对于时髦学术家无施以正当之批评者，然吾以为官僚军阀，尽人皆知其害，言之甚易动听。若时髦学术家高张改革旗帜，以实行败坏社会之谋，其害为人所难测。即有知之者，或以其冒居清流之名，不忍加以苛责，或以其为众好所趋，言之取戾，然终不之言。则其遗害日深，且至不可挽救，吾愿国人无为懦夫乡愿，本良知毅力以发言，则此代表国民性中弱点之学术界庶有改造之望耳。

（原载《学衡》，1922年第2卷）

[作者简介]

梅光迪(1890—1945年),字迪生,一字觐庄,安徽宣城人。十二岁应童子试,十八岁肄业安徽高等学堂,宣统三年(1911)考取第三届庚子赔款留美生考试。同年赴美入威斯康星大学,民国二年夏,自威大转入芝加哥的西北大学,四年夏,又转往哈佛大学深造,专攻文学。梅光迪受业于白璧德门下,最有深契。1920年回国任南开大学英文系主任,1921年任东南大学洋文系主任。创办《学衡》杂志,以"阐扬旧学、灌输新知"为职志。撰文介绍欧西古代重要学术文艺及近世学者论学之作,期国人于西方文化有更真切深透之了解,而融新变故,能寻得更适当的途径。1924年赴美国讲学。1927年回国后任中央大学代理文学院院长。后又去美国哈佛大学工作。1936年任浙江大学文理学院副院长兼外国文学系主任。1939年文理学院分开,任文学院院长。1945年在贵阳去世。

美育的价值与青年的艺术感

杨贤江

（一）

美育的意义是什么？我们简单解释起来，可以说是美的陶冶，审美心的养成。爱好美、识别美，这是美的欣赏力；创作美、设计美，这是美的发动力。美育所要陶冶的能力，就指这两种而言。

在西方古代希腊的教育上，很重视美的价值。他们教育的理想，就在乎调和身心的美的发达。近世新人文主义者席勒更视美为包括真与善的广泛的概念。这是美育万能论的一派。

中世纪时，基督教势力深入人心，以禁欲崇神为生活基础，所以美育大受挫折。文艺复兴后，虽稍被重视，但到了18世纪启蒙时代以后，更受世人的轻蔑。像斯宾塞就是低看美育的人。这是美育反对论的一派。

据我看，像前派以美育为万能的，固然未免失于过分的重视；但像后派以为美育一无价值，当然也有不是的地方。所以我要在这里约略说明美育的价值，且分作四方面来说：

（1）从道德上看：一个人有了高尚的审美心，足以使志趣纯洁，品格优美；自然他的道德力也增高了。

（2）从人生目的上看：真、善、美的自身，都是同等的为社会文化而为我们心身所要求的；所以"美"自有它独立存在的价值，绝不是为了别种方便才有价值。它的价值，就在使我们能脱离现实社会的束缚，另在一个理想的境地得著喜悦，以扩大人生的活动。

（3）从美术上看：由美育而发达的一般美术思想，自能帮助美术品的创作，因此发生上述的价值。

（4）从经济上看：美的生产品的销路很大，于经济上的利益自必很多。

这样看来，美育的价值，无论是当作目的，当作手段，终是明白存在。而在现代物质文明进步的时代，人间精神上享受幸福的机会很少，于是美育更有提倡的必要了。

（二）

青年时代在人的一生，正像春天的花，再绚烂是没有的。所以青年的心，须得最滋补的养料来培壅，使能发荣滋长，为宇宙人生增添无限乐趣。

进化论（Evolution Theory）的创始者达尔文（Charles Rebert Darwin，1809—1882）是英国的大博物学家，著有《Origin of Species by Means of Natural Selection》、《The Descent of Man》（即《物种起源》、《人类起源》——编者注）等书，想来久被诸君认识的了。这个学界伟人年老的时候，还写了一篇自传（Darwin's Auto-biography）。在这篇自传里，有几句话是他自述青年时的艺术趣味，并叹惜后来这种趣味的消灭。我读了不觉心里大受感触，我并以为他的话确是对于青年强有力的一种感兴（Inspiration），所以我要翻译出来，请青年诸君玩味玩味：

我在三十岁或三十岁以前，有好多种的诗给我大大的快乐。在学生时代，极欢喜莎士比亚（Shakespeare）的著作，以历史剧为最。而且我已说过，从前对于绘画很有趣味，对于音乐更有绝大的趣味。

但到了现在，已有许多年数，没有耐心去读一行的诗了。近来也曾想读莎士比亚的书，可是觉得非常乏味，竟要使我嫌恶。就是对于绘画及音乐的趣味，也都消失了。更像有无限的悲痛。

青年诸君！我们正当富于生气丰于热血的时期，该当有艺术的修养，来发皇扩大我们的心情呵！我们好比含苞待放的花，正需有温和的阳光和适度的雨露来催促呵！所以我们不能不听从这位学界伟人的很有意味的话，我们须得常常刺激诸般的趣味，因为我们倘要保持活泼泼的生机，必须有艺术的栽培啊。

(原载《学生杂志》，1921年第8卷)

[作者简介]

杨贤江(1895—1931年)，字英父，浙江余姚人。1917年毕业于浙江第一师范学校，师从李叔同等。五四运动前后曾任职于南京高等师范学校，为南高师最早传播马克思主义者。在他的影响下，南高学生创办了《少年世界》月刊和《少年社会》周刊，介绍苏联十月革命等情况，由恽代英、杨贤江任编辑，李大钊、蔡和森、王若飞均为刊物写过文章。1921年，被商务印书馆聘为《学生杂志》主编，任职六年。杨贤江是中国共产党早期党员之一。他参与了五卅运动和上海三次工人武装起义的组织工作。大革命失败后，他转道日本，在日本进行革命活动的同时从事着社会科学和教育科学的研究及翻译工作。1929年秘密回国，继续从事革命斗争。由于长期在白色恐怖下斗争，环境恶劣，工作繁重，积劳成疾，于1931年逝世，年仅36岁。

所谓美育与群育

孟宪承

一

这文题目里的"美育"和"群育",是教育讨论上两个新标帜,两个比较新的名词。在普通文字里,人提到它们,总当是种教育的理想或主义。我们知道,教育具社会的功能,教育标准,要依着社会客观的需要而定,不能凭个人主观的兴趣或态度。因此与其称"美育"、"群育"为主观的教育理想或主义,不如认它们是两类客观的教育目标。此际要探究的,就是除了它们以外,教育是否还有别种目标?如有的,各类目标相对的地位是怎样?只为这两个名词,不幸还没有共同了解的意义,大家虽然是唱和同声,其实命意各别,反成了空空洞洞的玄谈。所以我先要把这些名词的意义说明,再求上列问题的解答。

先说"美育",若含糊着说,便不知道怎样一个高尚纯善的东西。分析地说来呢,一点也没有什么神秘,不过有人把它当作美术解了,有人把它当作美学解了;实在应有的意义,就是美的教育。

美的教育有二义，第一，特殊的"独立设施"的一种教育目标；第二，普通教育中的一种目标。如吕澄先生说的"悬美的人生以为正鹄之教育……必完全独立，而后获尽其用"，我看就指第一义说的。李石岑先生说，"美育之力，隐隐代德智体三育而有之"，是指第二义说的。好多人很囫囵很笼统地提倡"美育"，无从知道它们是指特殊的美的教育，还是指普通教育中美的目标。至于教育学者所谓"美的教育"，多指第二义，拿普通教育中艺术的创作和欣赏做它的对象，是有一定课程、一定教学法的一个目标。

吕先生因为没有承认这"美育"的第二义，所以很透辟地说，"普通教育，既未能与美育合其目的……所有美术科目，任其自与其教育目的相调和，正不必强蒙以美育之名，而至于非驴非马"。其实将两种不同的意义说明了，即知普通教育，自有其"美育"的目标，正不必斩以"美育"之名，而斥为非驴非马啊。

次说"群育"，当然就是社会教育。但是这社会教育一个名词，还需要解释；须知不是教育部那社会教育司的"社会教育"，那个指的是通俗教育，这里要指的是团体生活的教育目标，如道德的习惯和服从，公民的活动和协助，宗教理想的传习等等，凡道德、公民训练、宗教等都包括在内。

有人说，"我尝主张，中国人于智育体育德育以外特别注重一门，名为群育"，这话就外行了。"群育"视"德育"，不过是更广泛些的一个名词，德育以外，哪里别有一门群育呢？ Moral 的本义是 Mores，是种社会化的习俗。道德行为，是在社会进化上，合于他的生存而选择的一种行为。这两个字，从海巴脱、斯宾塞，以至杜威、裴格莱，都是相互通用的；裴格莱更在书里郑重说明两个字义的相等。从前人离了社会生活，把德育作为一种形式课程，好像一个学校，教人泅水，种种泅泳的动作，都教完了，一下了水，还是活活地淹死。

所以除了社会刺激的正当的反应，社会生活正当的参加，没有"德育"可讲。这层杜威在《教育中道德的原理》内，已说得很明白。有人要问："若道德不过是社会的习俗，那么古今多少哲人，反抗着社会化习惯，独辟一种道德观念出来的，怎么说呢？"

那要知个人为甚要创辟一种道德观念，岂不是要拿来做改造社会的一种工具？

忘了这点，便成了犬儒斯多噶的愤世，中古僧侣的避人了。况且在小社会里，道德确是固定的习惯；等到大社会的组织分化了，复杂了，自由了，才有个人创辟的可能。这样说，连个人创辟的道德观念，也是社会生活所影响。这层杜威、塔夫资在合著的《伦理学》内也说得很精审。我不嫌词费，要将这些理论略述一点，因为我们向来对于这层，没有看得十分清楚：以前抛了"群育"，单把直接教育的修身科，书本上的人伦道德，作为"德育"，所以把"德育"误解了；这会又要除掉"德育"，单把学生课外集会、游戏、表演等，作为"群育"，恐怕把"群育"又要误解了！

二

现在要赶快答以下的问题：普通教育，除了"美育"或"群育"以外，是否还有别种目标？如有，各类目标相对的地位是怎样？

如李先生说，"美育"是教育全体的理想，那是把"美育"作为笼罩一切的教育目标的。

他那"美育隐寓德智体群诸育"之说，私意以为未尽妥当。教育目标的用处，原在分析、特定（specific），不在隐寓。若以隐寓言，那么提倡体育的人可以说，体育中间包含"武士道"、机智、"形态美"的训练、团体协同训练等等，隐寓德智美群诸育了！

主张把"美育"作为统罩的或过重的教育目标，我看持有下列两项理由：（一）"美育"给我们精神最后之满足，而"教育第一义"，即在诱导人生使之向于精神发展之途以进；（二）"美育"给我们道德上一种涵养和感化，如蔡先生说的，"纯粹之美育，所以陶养吾人之感情，使有高尚纯洁之习惯，而使人我之见，利己损人之观念渐消沮"。

否认"美育"为统罩或过重的教育目标的人，对于以上两点，先有疑问。第一，在现在的时代，社会讲教育，是否以精神发展为唯一正鹄？第二，"美祇为美"的运动，原在使艺术中不掺杂理知和道德分素；所以艺术家，也尽多非科学、非道德的。美情涵养，是否必常有道德的效果？他们所以否认这教育观的理由有三：（一）这目标是主观的。"吾人生活于此自然美人类美艺术美之中"，实不能一刹那间不受美之刺激，但是人生环境的刺激，不限于美；对于美的刺激的反应，也人各不同。成年人感受的美，儿童未必同样感受；艺术家欣会的美，凡眼未必能同样欣会。这样主观的一个东西，不能作为教育全体客观的目标。（二）这目标是畸形的。人生活动，职业的居了大半。"美育"是种"暇逸教育"，不能概括教育的全部。（三）单提这目标，是不合现在中国的时代和社会的。西洋美育论，是实利主义过盛的危言，是文明过于机械化的反响。若现在的中国，资财但见消亡，生计濒于破裂，教育家若不肯忘情于社会，也该快设法用教育来改造物质的环境，图谋物质的乐利了。教育家眼看着可怜的中国人，祷祝他们能"希求兴趣之人生"，却不由得垂涕而道地向他们说：你们快先"努力正大之人生"，是要紧啊！

讲到"群育"，真可说是教育上的时代精神了。杜威《教育信条》开头便说："我相信，一切教育，从个人的参加人类社会意识出发的。"社会的效能，已成为教育讨论上最流行的标语。我们相信，教育单使个人达到他的完全发育是不够的，必要使他和社会的环境，有活动的、谐和的关系；单是个人效能不够的——智能体格极发达的人，也会做极有害社会的事——要他充分地贡献于社会的效能。这不是说，个人和社会的幸福有什么抵触，个人和社会，不要同时平衡的发展。没有人能充分地贡献于社会，而自己未先充分地发展他独有的才性的。也没有人除了活动的参加社会生活，另外得到一种个人的发展的。社会教育论，所以比较的无弊。

进一步说，像司谷脱（Scott）所著《社会教育》——这是一本好书——直说教育无所谓个人的。他首章阐明个人的社会关系，甚至说"除了物质观念上，个人是细胞的统一体以外，所谓'个人'，乃一抽象语。真的自我，全含着精神的，社会的分素，绝不止物质的细胞。……我们自己，找不出'我'的那一部分，和'他'——人类或上帝——没有关系。连我们最秘密的思想，都非例外：我们才有思想，就要说出来；才知道他是思想，他已形成种言语——或默的，或表出的。这言语就是社会生活的产物了。所以人的存在，是社会的……他没有一息不在社会里。就是独居的时候罢，我们的思想，还忙着别人。就是想着自己罢，也是想着自己和一个社会情境——实在的或想象的——的关系。"个人且不存在，哪里还有个人的教育？这是社会教育论彻底的话了。

社会教育论，尽管代表时代的精神，但是要把他自己作为笼罩一切的教育目标，就不是没有他的诤友。看鲁迭格怎么说，"在实际生活上，个人不像那样隶属社会。人们的环境，动植物、无生物，占一部分。人们的接触，也就不限于社会，并且有时专为自己的享乐，如音乐、绘画、文学、哲学等，并不想着社会利益，也不一定于社会有利益。文明愈进，个人的价值愈高……从人生说，社会为了个人存在，不是个人为了社会存在的……社会组织，是个人生活完全实现的一个工具罢了。这工具是人生一个根本的需要，但是人生还有其他一般重要的需要。要人生不限于社会活动，教育目标，也不能以社会为限"。他这番话，也是坚定不移的。

这样说，任举一种目标，要概括教育全部，总有些牵强。就是依着时代和社会的需要，提出来特别宣扬——如社会教育——也还要明画地，补充地说，方不致误会。

三

我们现在该说明教育全部的目标，作个结束。

普通教育全部的目标，是数不尽的，一个活动，有一样历程；一样历程，对着一种目标：

综分几类，本不容易。（一）最早的分法，就是分为男子教育、女子教育。人类在部落时代即如此，儿童到成年，就男女分途训练生活的职务了。（二）后来因有征服者，有被征服者，阶级分得严，就有依据阶级的武士、僧侣、政阀、文人、工商等教育。（三）近世教育普及，才照着被教育者年龄成熟、知能发达的自然顺序，分出个系统来，称幼稚园教育、小学教育、中学教育、专门学校和大学教育。（四）还有具特项目标的学校，如语言学校、音乐学校、职业学校、预备学校、函授学校等，复说不尽。（五）到人们最早在教育心理学上发生思考的时候，乃按着被教育者身心的能力，来分教育目标的种类，为道德教育、知能教育、体格教育，等等。（普通人开口总说"三育"，没有知道"三育"是较旧的，不完备的教育目标分法。）（六）现代承认游戏在教育上的价值，又把教育分为游戏教育、劳动教育。（七）近来人又在社会学上思考，明白学校以外，教育的机关还多着，唤学校设施的为"直接教育"，其他家庭、商店、图书馆、博物馆、剧场、新闻纸等等为"副教育"。以上列举了一大篇棼如乱丝的名词，无非说，教育目标的分类，没有一定规范，全看拿什么标准来分就是了。

今日科学的教育学者，所不住地努力的，是要抛开主观的、笼统的、偏见的信仰，去寻求客观的、分析的、合理的目标。教育精神呢，总是要个人适应社会的环境的。他的范围呢，"遗传和环境的产物，加上直接教育和副教育的结果"，才算教育全部的目标。试举几个分类如下：

（一）司脱雷氏（Strayer）说司氏分教育为：1. 体格教育；2. 知能教育；3. 道德——社会教育；4. 职业教育；5. 暇逸教育。（二）鲍比特氏说鲍氏分教育目标为：1. 职业效能；2. 公民教育；3. 体格教育；4. 暇逸作业；5. 社会交际。（三）美国中等教育改制委员会说该委员会是全国教育会指派的。它所提报告，把中等教育目标，分为下列七项：1. 健康；2. 基本知识；3. 家庭职分；4. 职业；5. 公民训练；6. 暇逸的善用；7. 道德的品格。上列三说，大体相同，我们所谓"美育"，都属暇逸教育一类；我们所谓"群育"，都属社会或公民教育一类。他们的分类法，都还有可以斟酌的地方。如第一说五项中，知能教育，不就在职业教育、暇逸教育等里面吗？第二说的公民教育和社会交际，也嫌重叠。第三说的基本知识，专指中等教育一项特定目标，是不错的，不过也未尝不可包括在职业、暇逸、公民等之内。至于公民、道德品格、家庭职分等，同是社会教育，也毋庸区分。

因此我觉得史奈钝教授（Snedden）的分类，比较的最简赅、最恰当。他分教育目标为以下四类：

（一）体格教育，健康、膂力、寿命、耐劳等；（二）职业教育，生产的作业能力；（三）社会教育，团体生活的要素，如道德习惯、公民活动等；（四）文化教育，理知和美感的兴趣之刺激和发挥，如科学、文学、艺术、旅行、常识等。史奈钝把教育目标的研究，当作"教育社会学"的正当领域，有极详密的探讨。

我们要穷原竟委，可看他著的《教育社会学纲要》，这里不能多引了。有了这样一个大纲在面前，我们看着什么新"理想"、"主义"，好像有了个系统似的，都能给他一个正当的地位，不会漫无分际，看着树干，忘了森林；也不肯茫无标准，听着这个，抛了那个。譬如"美育"，我们知道只是文化教育的一部分；"群育"就是社会教育，在普通教育中，都有相当的地位，却不是教育目标的全部。

读者千万不要误会：我不是说"美育"和"群育"不应尽量提倡，只是提倡的时候,求语言上、观念上的正确,要顾着一个系统,应得如此说。我也不是说这系统就是固定了,不好再变,原还是要随着时代和社会改变的,我们在这个时代和社会,应得如此说。

(原载《新教育》,1922年第4、5卷)

［作者简介］

孟宪承(1894—1967年),字伯洪,江苏武进人,教育家。1916年毕业于上海圣约翰大学外文系。1918年入华盛顿大学专攻教育学,1920年获教育学硕士学位后赴伦敦大学研究生院深造。1921年回国,受聘于东南大学任教授。"五卅惨案"后,他联合一些教育界人士,发起创办光华大学。此后曾任国立第四中山大学秘书长、国立中央大学教育学院院长等。1929—1933年在浙江大学任教,并在杭州创办民众实验学校,研究和推广民众教育。抗战期间,先后在浙江大学(1938—1941年)和湖南国立师范学院任教。抗战胜利后重返浙江大学,兼任文学院院长。1949年杭州解放,军管会委派其为浙江大学校务委员会常务委员,参与主持浙江大学校务。1951年被调上海,出任华东军政委员会教育部部长、华东行政委员会教育局局长。后任华东师范大学校长,1956年被评为一级教授。主要著作有:《教育概论》、《教育史》、《西洋古代教育》、《大学教育》等。

论大学生之责任

柳诒徵

其途愈隘，其地愈高，其名愈尊，其责亦愈重，此在世界各国皆然，而今日吾国为尤甚。以中国三千五百数十万之方里，四五万万之人口，仅得国立大学二三所，学生之数至多不过数千人，平均计之，大约十万人中乃有大学生一人，古称千人为英，万人为俊，至于十万人中之一人，直无此十百倍于英俊之名词以名之。学者试思，吾之地位与其他之十万人相若也，而其他之十万人纳捐税，竭脂膏，以充国用，以立大学，以建校舍，以购图书，以置仪器，以延师儒，以教吾一人，岂徒为吾一人无学者之头衔，无博士之徽号，不能活动于社会，不足光宠其宗族，故不惮牺牲十万人之乐利，以奉我一人乎！由此思之，大学学生之责任为何如，以余所见，当分三部论之。

一则对于今人之责任也。

大学学者对于今人之责任，约有二事：一曰改革，二曰建设。今日吾国之当改革，尽人所知，无待余言，然余以为数十年来倡改革者，不一其人，而愈改革愈纷乱愈腐败者，以改革之不得其道也。徒从外面责人以改革，不从根本责己以改革也。今之腐败之徒，固有多数非学者之督军总长议员绅士，然如杨度、权量、曹汝霖、陆宗舆、陈锦涛等，非皆学者而以改革自命者乎？结团体，发电报，争国是，攻政府，皆彼辈所优为。而今日学者之老师也，一经权利之场，顿背向来之志，而攻人者一转而为人所攻矣，故吾谓今日之患，不患在多数非学者之督军总长议员绅士，而患在一般号称志士之学者亦不可靠，督军总长议员绅士无学问无知识，转瞬即成过去之人物，无足虑也，一般号称志士之学者，有世界之知识，有崭新之学问，以助其竞争，权利自便，私图之力，其为祸尤毒于无学问无知识者。不观今之经营财政办理银行者乎，以外国之新法，助其虐民之具，操纵市价，吸收货币，国与民交困，而银行学者高车驷马，华屋美妾，拥资千百万或数十万，漠然不知民生疾病为何事也。中国旧法若刀斧，欧美新法若机关枪炮，以刀斧授之，恶人所杀伤者数人已耳，以机关枪炮授之，恶人则其所杀伤不可胜计矣。故论法之当改革刀斧，诚不如机关枪炮之精利也，然用此机关枪炮者，不从御敌复仇着想，而转杀其同胞，则非议改革者所及料矣。中国大多数之人，虽无意识，然以数千年文化之影响，其于道德观念，实深」知识，故对于主持改革者，不观其言而观其行，其言文明，其行腐败，则对于文明之言亦视若腐败而无价值。辛亥以来，多数之人未尝不趋向改革也，只以主持改革者所行不能免于腐败，结党争权，敛金据位，与其所持国利民福之帜，相背而驰，而一般人始灰心失望，谓此辈无异于旧官僚，与其慷慨激昂，为改革家所利用，结果不过造成少数人之名位权利，毋宁伈伈俔俔蹈常习故，惟旧官僚之命是听，故守旧者之得势，非守旧者造成之，实革新者造成之也。今日人民已富有此等经验，则未来之改革家即当力鉴前辙，谋根本之改革，毋先谋革他人，须允求革自己。今日在学校以得文凭取学位为目的，即他日在国家争地盘猎高位之根本；今日在学校以占便宜出风头为手段，即他日在社会为党魁欺国民之根本。中国社会之腐败，如烈火炉，非百炼之精金，一入其中，即行溶化，故在求学之时，满贮爱国之热忱，确乎其为高尚纯洁之士，至于投身社会，尚难免不为外物所诱而有动摇，使在学之时，根本已不坚定，或已习于社会巧诈之法，知责人改革者，往往名利兼收，而从自身彻底改革者，其处世无往而不艰困，因之避难就易，醉心于社会之名人而仿行之，则异日更不堪问矣。吾为此言，非好为苛论，薄待学者也。今日国家社会之败坏，已如洪水横流，滔天绝地，非有志士仁人，具大愿力，不能挽此沉沦，而其他社会中人，万无可望。止此，大学学生尚为国家一线生机，以过去之学生劝现在之学生，故不惮言之痛切如此。以前文论之，十万人中得一高尚纯洁绝无自私自利之心之学生，为改革社会国家之根本，其势仅如十万枯株中有一树发荣滋长，其多寡之相悬若何？使并此一株之根本，尚不坚牢，其现象不知若何矣？

　　心地改革之后，必须负第二步建设之责任。旧社会之学者，清廉自矢不忮不求者，亦未始无人，然束缚于旧观念，一事不为，徒自鸣其高尚，纵有消极之效，绝无积极之效也。学者须知，今日之中国虽亦号称国家，而以较并世列强，则此泱泱大地尚属洪荒草昧，在在皆须开辟之时。且洪荒草昧有天然之阻力，无人为之阻力，其开辟尚易为功，唯此等准洪荒草昧之国家，已有种种旧习惯旧思想为建设之阻力，其开辟乃更较羲皇黄帝以前之洪荒草昧为难，吾侪生丁此时，遂不得不负此重大无伦之责任。今日号称民治矣，究其所治者几何？他勿具论，即吾所称三千五百数十万之方里，有精密之地图乎？四五万万之人口，有精确之统计乎？欲造成此三千五百数十万之方里之精密地图，四五万万之人口之精确统计，须几何人几何时乎？抑一切不问，待彼皙肤黄发深目高鼻之人为我为之乎？往者事由官举，则以吾之理想，但得一千八百有思想有知识有能力之县知事，即可责令同时举办。今则非其时也，官权既不可行，民复不知所以行使其权，所谓自治者，相率以自乱耳。故在今日，必须有数十百万真能了解自治之义之学者，散布于各省各区域之县市乡镇，平心和气，吃苦耐劳，愿尽其一生之心力，测量其田土，调查其人口，修浚其河渠，开辟其道路，经营其实业，推广其教育，始可稍稍具有民国之基础。而今之数千大学学生，实属不敷分布。假令此数千大学学生，复不愿担负此艰苦之责任，惟麇聚于各都大邑，求其高位多金，则此数千万方里真不知须至几百年后始可开明发达与欧美日本相等也。且各地方之自治，有旧人物旧习惯以为之阻者，特就内地言之耳。其边远各地，文教所不及，民智尤鄙塞，而利源之富、形势之重，又为外人所醉心，有已经席卷囊括为其外府者，有方在经营规划行即割据者，吾辈学者不能诿为不知，任其若存若亡也。果有志士，必须率吾边氓，兴吾地利，固吾疆圉，保吾主权，其辟草莱，垦硗确，化榛狉，通瓯脱，固艰于内地千百倍，而外人之挟势以陵我者，必不容吾发展而有反客为主之势，其龆龁咋噬甚于内地之土豪地痞千百倍，则负此责任者又当若何乎。今之学者，恒患无事，吾则谓今之中国，特患无人，无人则无事可为，聚千百万之口，若指以争食于一二都市，有人，则全国待兴之事何限，全国需用之人何限，以人兴事，以事养人，无一事不需若干大有用之人才，亦无一地不需若干大有用之人才也。 又如各国之于外交，皆恃舆论为后盾，不独主持于国内，兼以鼓吹于异邦，不独宣传于临时，兼凭议论于平日，我之二十一条交涉及巴黎和议、华府会议种种失败者，固由外交官吏海陆军人不能卫国，要亦舆论无所凭藉，缺乏对外之力之故。国中新闻记者，仅以短浅之目光，作滑稽之言论为能事，对于大政治大交涉，已不能上督政府，下阎民意，而对外时之职务，尤非所知，组织新闻团，偶涉异邦，即自矜诩，初无常驻之机关，养成中国言论势力于平日，其不能敌各国，固不待交涉结果而后决也。 吾意今日欲立国于世界，必须有多数有学问有道德之新闻记者，大兴吾国之新闻事业，其散布国内各地者，固需数千百之大学学生，以高尚之学识，发弘正之议论，不为党囿，不为利屈，专一唤起国民监督政府，而自治其全境，而对于欧美各国，尤需有数千百人散布各国之重要都市，常年发行新闻纸，以表示吾国之意见，发皇吾国之民德，遇他人之诬蔑则辩护之，遇他国之排斥则预防之，刺取各国政府之消息，联络各国党会之首领，在在以国家为心，不为一党一派一团体或一地方之人所利用，尤不为他国政府或团体所利用，如此始可谓之国有人焉。 若徒稗贩外国之报章杂志，沾沾自喜，或遇大事之来，徒为叫嚣呼号之论调，事过则又忘之，岂得谓之学者？是故大学学者，不必谓吾异日为外交官，然后负国家外交之责任也，吾即从事于言论界，亦负有国家重大之责任，负此责任者，其人愈多，其于外交始愈有力，非少数人所能为功也。 虽然，内治外交之责任，皆其大且要者也，吾以为凡百小事，亦皆须大学学者建设。 吾民以外交之失败，尝齐心同声，抵制劣货（疑为"敌货"之误）矣，究其成效如何，则抵制一次，徒以坚劣货之信用一次。 例如学校所用油印之蜡纸，未尝无国货也，而劣货则经用而透墨，国货则易裂而不透墨，抵制之声浪一歇，劣货之使用依然，此凡在学校中人，当皆知之。 夫蜡纸，一微物也，吾国亦未尝不能制也，而较之劣货则优劣正成反比例焉。 以是知吾国之工商，仿造外货，第能粗具形模，即以充用，初不求其精善，可抗劣货而上之。 推之一火柴之药品，一牙粉之原料，以至包牙粉之纸，制火柴之杆，大抵取给予外人，徒以集合攒凑，出自国人之手，遂大张其广告曰国货，以此制人，宁不羞死？然而欲图改善，则非大学学生发愤研究，殚心制造不为功。 彼普通之工人或商人，固不能有极深研几之力也，故吾谓大学学者之负建设之责，不必皆趋于大且远者也，即最小最近之事，亦当引以为责，分头并进，各殚所能，总期吾国无一物仰给予人，且令他人仰给我焉，则学者始可谓能尽其职矣。

二则对于前人之责任也。

大学学生对于前人之责任，亦有二义：一曰继续，二曰扩充。凡吾所谓改革建设者，对今人而言也，易言之，亦即为对于前人继续扩充其事业。盖人生之真义，即为绳绳相续，以赴最后之所期，而一时代之人物所持以为建设之具者，无非袭集前人种种之遗传，变化改良以扩充其境域而已。吾国国境之广，年禩之长，均前人之所开辟遗留，以为后人之根据，吾辈之承其后者，亦必继续扩充前人之事业，复以遗于吾辈之后人，斯即吾辈一生责任之所在也。夫吾前人所以能开辟留遗此土地胤姓者，非惟野心武力也，非惟侥幸饰伪也，其所恃以抟结维持此广土众民者，有其精神焉，有其学术焉。晚近之人，惟失其精神学术，故不能自立于大地，而前人之业垂尽于若辈之手。故今日大学学生，欲改革今日之腐败，建设未来之新国，仍当导源于前人之精神学术，以拓此日进无疆之基。若徒恃一时之人之智力，谓昔之人无闻知，是犹童稚自绝于父母师长，逞其孩气，徒塞其智德之源也。近之学者，多持整理国故之说，于继续前人之精神，则罕言之，其实整理国故者，即继续前人之精神之一法，而其昭然卓著之义，无俟整理者，则惟待后人之继续进行。例如，孔孟之言忠恕仁义，程朱之讲居敬穷理，阳明之言知行合一，此非隐埋晦塞残缺不完之说，非后人整理不能得其途术也，惟后人视为口头禅，或视为陈腐迂阔之谈，一若无关于学问，而学问者乃成为身心以外之学问，孜孜考据者虽日出而不穷，而前人之精神乃徒留于纸面，不复见于今日之中国矣。故余谓今日学者，第一要务，在继续前人之精神，不可徒骛于考据校勘之事，奉考据校勘片文只字之书，为中国无上之学，而于圣哲所言大经大法，反视若无睹，甚至颠倒其说，谬悠其词，谓忠恕为推知，谓乞丐为墨学，炫奇立异，以夸于众，是岂得谓善读古书乎？往者学校阶级未严，课程未尽画一，学者不待入大学，已多诵习前人之书，一知半解，犹略有得。今则编制益精，分析益清，普通中小学校所欲造成之人，只期其能得生活上之知识技能，绝不知有所谓前人之学说，纵划分若干钟点，为教授数小册之中国历史、数十篇之中国文章，其于前人立身处世之精神，真如风马牛不相及矣。故继续前人之精神，仅有大学学生可负此责外，此必不能望之于一般仅识之无之国民。然今日学者，对于前人之文字，颇有视为具有研究之价值者，独于前人立身处世之精神，不惟不愿继续，且有极口痛诋，以为不适于今日之世界者。夫不适于今日之世界者，独今日中国争权夺利欺诈苟偷赌博腐败吸食鸦片之类耳，不此之责，而因今人之腐败迁怒于前人，吾不知从古圣哲所言何常不适用于今日。例如，大学所言絜矩之道，是否为人类所必须，岂今之世界不同于古而人皆愿受己之所不欲乎，此则余所百思不解者也。大学学生，即将来全国之领袖，于前人之言行，能实践焉，于前人之哲理，能精研焉，则造成风气，当不徒欧洲文艺复兴之比也。

虽然，继续前人之精神，非谓对于前人之责已尽也。恃此精神，方可为扩充之用，群德个性，交策并励，而前人未竟之业，尚需继续开拓焉。以余之理想，觉中国之事业，在在需人进行，即中国之学术，亦在在需人开拓。姑以文字历史而言，苟欲加以整理，亦非合多数人之力，扩充其研究之范围不办，例如遼古地质、原始人种，皆求之于书籍不得要领者也。他国之人，言之凿凿，吾国独恃搬演周秦以来真伪不明之书，此则吾辈无以对今人，亦无以对古人者也。世称苗族为吾国土著，而汉族乃自巴比伦昆仑而来，则研究苗族之言语文字历史习惯以及考究莎公巴克之遗迹，亦吾学者分内事矣。吾国先民势力之伟大，不徒著于今之国境也，东自北美、日本、朝鲜、琉球、菲律宾、苏禄、南迄亚齐、三佛齐、爪哇、马六甲、胥壶、彭亨、暹罗、缅甸、安南、柬埔寨、西暨波斯、大食、五印度、帕米尔、北极里海、黑海、阿速海、贝加尔湖之外，皆吾民历史区域。吾人欲发挥先烈，表彰国徽，必须分任此调查研究之责，寻其遗物，搜其金石，习其语言，稽其风俗，沟通其史籍，比勘其踪迹，推究其族姓迁流之始末，而吾国民之过去事实乃可渐成为完史，否则仍踽踽而不备也。然此事业，须若干人若干岁月，非吾所能断言，而此责惟大学学者任之，则吾可断言也。即不远及域外矣，今日我族之中，如满蒙回藏之语言文字历史不可不知也，居庸关之石刻，掌中珠之译文，无圈点之老档，其待研究者又不知凡几矣。今人徒存势利之见，但习一二种现行文字，以为天下学问尽于是，不复他求，余谓中国学者苟有志于负学术上之责任，则其区域之广，正不容画畛以自封。不观于各国学者乎，梵文者，已死之文字也，而罗臻路、脱外巴、米由拉等，竭毕生之力以治之；赫泰书者，亦已死之文字也，而郝更黎、舍斯、高留等，亦竭毕生之力以治之，伯希和读吾敦煌竹简，毛理斯读吾西夏佛经，则更可谓斯事与彼漠不相涉矣，而渠等之志趣兴味若何？吾侪席先民之遗产，承诸族之远源，乃不知发愤讨求，表章其内治外竞之勋，宁不可羞？此吾所以谓学者对于前人当负扩充之责者也。

三则对于世界之责任也。

今之学者，对于世界应负之责任有二：一曰报酬，二曰共进。何以谓之报酬，即学术上之贡献是也。吾人今日所治之学术，自得之于中国先民者外，皆食世界各国学者之赐也。远自哥白尼、培根、牛端，近至爱迪生、倭铿、柏格森诸人之学说，络绎委输，以启吾族，吾族所以对之者，其仅仅尽量吸收翻译仿效而已乎，抑将有以为之报也？以商业论，入口货多，出口货少，则其国必为他国经济上之奴隶，然吾国自晚清以来，虽曰输入恒超过输出，而其实际尚可以丝茶豆麻诸物为彼煤油纱布之报，独至学术界，则输入之与输出几乎无比例可言，何吾人但食人之赐而不思还以一席也？然昔可诿曰，中国初事教育，普通学生学术幼稚，如乳儿之于乳母，有食之而已，今则学术渐进，崭然以学府著者，为世所耳目矣，则吾人于科学上所发明，于社会上所研究，于文学上所创造，皆当尽其量以谋贡献，不可徒如敝帚自珍也。近人谓华府会议，无中华民国之名词，仅有支那之名词，是诚可耻之事，然支那之名词，果有非常之学者未尝不可使之增重也，个人之力初不必藉国力以为援，如太谷儿之哲学文学，有震动世界之力量，则印度不足为太谷儿羞，太谷儿实足为印度荣矣。假令吾国在国际会议席上，固赫然与世界强国平等，然一翻世界之学术史或教育宗教文艺美术诸史，阒然无一支那人名，或有之亦不过过去之老子孔子玄奘杜甫诸人，则此国乃诚虚有其表耳。今之强国，固恃有无畏战舰、弩级战舰、坦克大炮，以壮其门庭，然按其内容，则靡国不有殚精竭虑以求裨补世界文化之人，纵令毁其武装，摧其外交，灭其资本，而其发明家磊磊天地间，不随其武装外交资本而去也。反观吾国，则其他之数种既不逮矣，其可自致于精神者，乃亦同其沉寂，岂吾族之脑力皆出白人下乎？吾意食人者恒愚，食于人者恒巧，查礼士好年之制橡皮也，荡其财产，罄其器物，负债累累，受万众之毁骂揶揄，经若干之失败挫折，而查礼士好年秉其愚忱，独从事于一物，而其功遂广被于五洲。吾人惟不及其愚，故不愿趋入此途，使吾独苦而赐世界以福，不惟制造物质，推之研究哲学文学美学名学社会经济，无不皆然，人持此说，吾从而推扬之，尽可名于一时，乐其一生，何必更自苦者。然吾愿未来之志士,务戒此巧,而不惮如白人之愚,变销场为产地,则世界将引领以望吾矣。

　　复次,则共进之义,视报酬为尤重。今日中国之有待于改革固也,而世界各国之有待于改造,特视吾国情形不同,未必无商量之余地也。盖就文化上言之,白人之大有造于世界者,吾诚敬之重之,而就国际上言之,则白人之为祸于世界者,吾亦不能为之讳也。欧战以来,获胜之国莫不标举人道正义,以饰其佳兵矣,然而埃及印度之叛乱,踵相接也,安南菲律宾之羁轭,势自若也,世无伟人,故亦不敢助之张目,然而冤愁愤抑无所控诉者,岂独吾最邻近之一朝鲜乎?今之世界,无所谓人道正义则已,有之,则必放诸四海而皆准,不得谓彼不可如此,我独可如此也。以吾国之积弱,自谋不暇,何能更为越俎之谋,然吾常熟思之,世界之上不利人之国家,不夺人之土地,对于异国,殚国力以扶助,并不为经济上之侵掠者,独吾中国耳。吾国有此历史,吾民即有此美德,吾国大学学生即应倡此美德以指导世界。世界者,人所共有,何独让他人之指导?而吾辈不能一伸其喙乎?今之欧人,以大战之恐慌,亦汲汲然虑西方文明之破产,而欲求东方文明,以供其参考而为救济之剂矣。吾东方人不惟不敢自任,且退然自克曰,吾东方无文明,所有者皆舶来品耳。吾意一国一族之精神学理,虽经异国人之研究译述,必不能如己族之自得自觉之深,故东方之文化所附丽之文籍,未尝不见于世界之文库书楼,而其独到之精神,则仍须国族之自行传播。吾即让步曰,彼如五都之市,百物皆备无须野叟之献芹,然以昔之天主教东来为比例,当时吾亦无须乎彼,而彼强聒不舍,遂积渐而有今日遍布全国之伟观。吾曹学者,何不效彼所为乎?且墨翟、宋牼,皆吾先哲之卓有思想者也,吾辈诵述其说,岂仅对于国内而已乎?昔之世界,交通不便,视齐楚犹今之欧亚也;今之世界,交通日盛,万里户庭,则齐楚欧美焉,亦法先哲者所常有事也。吾尝独居深念,感国际之不平,辄憾今之出席华盛顿会议者,何其目光如豆乃尔,抱定一山东问题,并香港亦不敢齿及,而世界之亡国,更非脑筋之所系属。既而思之,未来之世变无穷,今日初非定局,吾辈学者但须励精淬志,先整顿其国家,后推及于邻属,则待吾辈翼之以共进者,机会甚多,唯恐学者无此志耳。且国际道德,尤其涉于外者也。更进而求其内部,亦未必尽善尽美,无俟乎改进也。资本家劳动家之轧铄,靡国不然,而其积习之奢淫野蛮,非吾礼教之邦之人所敢钦服者亦不胜偻计。例如大学旧生欺压新生,有种种野蛮举动,甚至以相斫为能,非负伤痕若干者,不足为豪杰之士,而女子之事惟游荡跳舞,争奇斗靡于衣饰,致令男子以负担之重不敢有家室,而离婚苟合堕妊等事,相因以生,似皆不得谓之文明也。 昔人曰:心诚怜,白发玄,情不怡,艳色媸。 今人为各国富强所震撼,往往视其白发亦如绿鬓青丝之可羡,恨不令吾国相率而白焉,苟平心观之,吾国固须取人之长,亦未尝不可药人之短,相携并进,以同造未来之尽善尽美之世界,则大学学者之责任,益无既矣。

总右所举三目六项,皆对人之责任也。 对人之责任明,而对己之责任不待言矣。 曾子曰:士不可以不弘毅,任重而道远,仁以为己任,不亦重乎? 人惟不仁,方视世界国家于己无异,而惟汲汲焉以个人之生计问题、职业问题、婚姻问题,为须取得大学学者之资格而后解决,否则广宇长宙之重责,皆在一身,唯有努力强学,开拓万古之心胸,以肩其任,而个人之问题不暇计矣。 吾国学者恒言:平生志不在温饱;又曰:先天下之忧而忧,后天下之乐而乐。 是虽迂儒之言乎? 然鄙见以为今日吾民族生死存亡之关头,即在此迂阔之谈能否复见于学者之心目为断,吾大国民、吾大学者,勉之! 勉之!

(原载《学衡》,1923 年第 6 期)

[作者简介]

柳诒徵(1879—1956 年),号劬堂、知非,江苏镇江人。历史学家、古典文学家、图书馆学家、书法家。被誉为中国近现代史学先驱,中国文化学的奠基人,现代儒学宗师。17 岁考中秀才后,曾就读于三江师范学堂。毕业后任教于江南高等商业学堂、江南高等实业学堂、宁属师范学堂、两江师范学堂、北京明德大学等,并一度主持镇江府中学堂校政。1914 年 2 月,受聘为南京高等师范学校国文、历史教授;1925 年东南大学学潮后一度离去北上,先后执教于清华大学、北京女子大学和东北大学;1927 年任江苏省立国学图书馆馆长。1929 年起,任教中央大学,并任南京图书馆馆长、考试院委员、江苏省参议员。抗战期间,先后任教于浙江大学、贵州大学和重庆中央大学,兼任国史馆纂修。1948 年获评第一届中央研究院院士。新中国成立后,执教于复旦大学。

后任上海市文物管理委员会委员。曾主编《江苏省立国学图书馆图书总目》、《江苏省立国学图书馆现存书目》。学术薪传乾嘉学派,融世界近代新思潮,学贯中西,在二、三十年代的中国史坛,与北方任教的史家陈垣、陈寅恪并称"南柳北陈"。

自由教学法

柳诒徵

学校教育之进展，恒有由束缚而趋于自由之势，吾国由三舍积分变而为书院讲学，他国由年级制变而选科制，皆此义也。今日病学校之拘束而思有以革新新者，颇不乏人，不妄于数年前妄与友好私议一法，谓似适于今直趋势。怀之胸臆者盖久，未敢以楮墨传布。知之者病其懒惰，谓无论其当否，宜竭其一得之愚，以求教于海内外之教育家。适社友责撰论，遂草此以塞责。

学校所以教人也，而今之学者乃多患学校之不能施教，限以时间，制以科目，载以单位，囿以一学期或一学年。吾有心得，或片语可罄，或二三小时不能毕，乃皆限之以五十分钟。不足者强益以危言，未罄者或期以异日，此已大不自由矣。揣摩心理，引起兴味，我求童蒙，而非童蒙求我，教师去留，至听学生为政，强颜以传道授业解惑自居，实则以谋生而不可惜贩损其人格。未试而呵范围，已试而求通过。或评骘而肆揶揄，或拥戴而希介绍，怪幻百出，恶能直言正色以讲学。又其甚者，某校为某系，某校为某派，非其系若派者不能插足其间，则有学术而无地位以教人者，不知若干焉。海上归来之博士，成功毕业之学生，非有徒党奥援，亦复怀才莫试。故昔之学者可以隐居讲学，开门授徒，今则不能自由称师，此就教者方面言也。

学者方面，亦感痛苦，所欲学者，或少予而靳之；所不愿学者，或强迫而餂之。兴会未至，必正襟危坐而听，问难未终，则联袂闻钟而去。算草甫演，继之以国文、化学才试。扰之以音乐。时间之支配，学分之填凑，非功令所限，即课表所拘。学生习焉，固不以为非。第熟思之，则耗时与失效，均所不免矣。天资有高下，体质有厚薄，或短期而已了，或长年而莫殚。今乃强覆同价，断鹤续凫。驱一级以楷生，期数门之毕。于是敏者制其超轶，钝者迫其追随。虽行选科制者，亦不能尽革斯弊，而年级制无论矣。往尝谓今之学校，即无以发天才，又无以助下驷，独可为中材迁就。然就中材而论，亦幸而学校考校不严，督责不遍耳，使如今之所定课程标准，一一希望学生实得而兼优，则生吞活剥，兼营并骛，大足以伤脑力而促其生。故好学者往往孱弱多病，而康强逢吉者，课程人率平平，束缚弛骤之害，中于优秀分子，非施教之本意也。至若群盲翕集，独见莫伸，裹胁而闹风潮，挟持而易师长，则不自由，学额有限，考生孔多，虽竞争不能录取，欲重试必待明年，则不自由。家贫费绌，疾病大故，借贷穷而必须缴纳，假期多而莫获补修，则不自由，凡此种种。尤更仆难罄。

校长者，师也，而其实不过师若弟之媒介。延师而授以徒，招生而属之师，如是已耳。由是媒介，而师若弟无直接之关系。生徒渴望之良师，校长不之聘请；生徒反对之劣师，校长为之保障，则无法以处之。教员已担任之某级，校长改属某师；教员不愿担任之某级，校长强属此师，则亦无法以处之。构成风潮，往往由是，譬之工厂，校长为经理，为工头，教师则工头所辖之工人，学生则厂中定制之货物。一格以机械之方式，而感情道义为人类联系之元素者，转由此而消沉，弟所从之师，非其所心悦诚服也；师所教之弟，非其所乐育之英才也。不过工厂中偶然相值，工欲得其劳资，货欲得其售价，而为短时间之接触，且以杂出众工，非由一手，工不识货，货不感工，泛泛然若路人，不加仇视已幸，何从发生感情道义哉。

虽然，校长之办学校，亦至难矣。草创新立，或可自由。而接办已成之学校，则必不能径行其志。教员有固有之系统，学生有已成之风气，易甲则乙怒，去赵则钱哗，形格势禁，有一筹莫展者矣。即使委蛇其间，渐渐诉合，而教员之来去，生徒之进出，理想与事实，往往相左。此校之名师，为他校所钩致，而他校之师，不能为我礼罗，则得人难。悬格以求学生，而应试者之程度逐年低落，不得不勉强充数，则招生难。中等者以升学为虞，高级者以谋事相责。广求位置，造成系派，则人以学阀相讥，第知学问。孤立无援，则人以无能为病，以故野心者争为校长，而高尚者恒不乐为校长。

吾所胪举者外，尚有最大之困难，则经费是也。学生与日俱增，经费不能与年偕进。由县而省，由省而国，学校不能不增级，学生不能不升学，教师之待遇不能不加，一切之设备不能无款，而计及财政，则无论紧缩之时，无可为计，即使幸而宽舒，而平均支配，仍不免削足适履，捉襟见肘之虞。遂使办教育者，他无所图，穷年累月，惟是奔走呼号而争经费。政府当局，何尝不曰保障教育经费独立。然由今之道，无变今之为。以学龄儿童与赋税收入对勘，其增加之比例，则需要与供给之不能相应，殆有年甚一年之势。换言之，即求学而无学校以容之者，必有年甚一年之现象也。

语曰：穷则变，变则通。穷而不知变，非计也。今之言教育者，或注重于整顿学风，或殚心于改革学制，或提倡职业而谋变更课程，或注重经费而争分配赔款，皆穷而思变之象。然头痛医头，脚痛医脚，无彻底改造之计划，徒从局部着想，未能大有裨益于各方面也。欲求各方面之自由，而教者与学者各得分愿，殆必放弃今制，参酌古今中外研究学术之成法，而扩大其范围，庶几可达自由之目的乎。

按教育之原则，小学教育，为国家对于人民必须赋予之国民教育。外此则人才教育，非国家所必须担负，而可听人民之自谋者也。人民无能力自谋，故有赖于国家之提倡。使人民自知向学，且竞争向学，而富于学术足胜师资者，又日见其多。则国家对于所教所学，第须指导规定，不必一一经营而隐若有所限制也。由此前提，而知教学之可以自由，而择地立校限额授徒计时按年之为，殊属无谓。不妨一切改革，别开一新途辙，而其效可与学校相等，且有过之无不及者。此非无稽谰言，盖就学理与事实双方观察，有此改革之可能也。

曷为而立学校，无以师资故。使为之师者既已孔多，且有学校不足以容之之势，则国家不必代人民求师矣。师之教人，曷为而必于学校，以无设备故。然自理化生物必须设备者外，其他多恃书本授受，非必学校以内有此书，学校以外即无此书也。明乎此，则书本教育，必群聚于一校一室，亦可谓多事矣。学有难易，人有好尚，交互错综，使之调剂平均，固亦有联络调和之妙。然古之学者，春秋教以礼乐，冬夏教以诗书，以此为时习之限数，已不至于偏倚，何必一时而易一课，一日而习数科。假定某级学生，应习国文、历史、算术、音乐、物理、生物各若干时，听其自由专习国文若干日，专习算术若干日，其获益何尝逊于规定某时以各科相间者乎？今人所盛称之道尔顿制，即已打破钟点制，而渐趋于自由学习矣。惜尚未能放弃一堂并习之旧制，而更谋各个自由，故其法犹未彻底也。

基于上述之原则，而知学校之利有三：曰师资、曰仪器、曰图书。而学校之病，在束缚驰骤。使具此三利，而尽去其束缚驰骤之弊，不更愈于今日乎。故吾所私拟之自由教学法，即根据此义而分疏之。

一、课程：由教育部制定，某种学生必习若干科目，且学至若何程度，颁行国内。使知画一。其某时学某科、某年学某科，不必规定，敏者一年或数月了之，可也。钝者积若干年始获学完，亦可也。

二、师资：不必延师于学校，第由教育部检定师资，某人可胜中学某某科教员，某人可为大学某某科教授，予以凭证，使其自由授徒。凡授某科学术者，得予学生以某科修业完了之证。

三、学生：自国民小学毕业后，听其自由求师。从甲习国文若干日月，从乙习算数若干日月，悉听其便。或一日而从数师，可也。或经年止从一师，亦可也。其习一学程，束脩若干，由教育长官规定，听学生直接纳之于师。弟愿加丰者听，师愿减免者亦听。

四、仪器：国家停办学堂，以其经费设立科学仪器馆于都省市县适中之地或一地设立数所，凡经检定认可之教师，得率其徒来馆实习。实习费若干，由学生直接纳于馆员。

五、图书：都市省县亦立图书馆一所或若干所，仟师若生自由阅览，不收费。但有损失，则责令赔偿。

六、音乐美术及体育：都市省县亦立音乐院美术院，如科学馆。师生得就此教学，纳费准之。设体育场，准图书馆，不收费。

七、考试：学生从师学毕某级学校之必修学科，得应某级学校毕业考试。其考试由考试院及教育长官主之。 某某科及格，某科不及格，得令重习某科，声请补试。 胥及格者，予以毕业文凭。

八、职业：职业教育，不必习普通科目，惟重实习。 由国家指定若干农场、工厂或公司银行。 学农者师农，学工者师工，学银行者师银行员。 其理论学科，听各求师。 欲应试者，试之如普通学生。

如下所述，其利有六。

一、节省时间：教育与学者，皆可切实人事，无虚耗之光阴。

二、节省经费：以教育经费，直接使学生父兄负担。 一切学校中之职员薪工，皆可省去。

三、免除风潮：弟自择师，必所愿从，自无风潮。

四、杜绝学阀：野心家不能利用教师学生。

五、提高学术：教师必以实学授徒，使无实学，自无人来请业。 学生必以实学应试，使无实学，自必不能及格。

六、增进道义：学生由此敬学亲师。 为师者不干人求馆，不媚徒固位，人格自然高尚。

或虑各地风气不齐，人才多寡不一，准此法行之，必有某地师资太多、某地教师缺乏之虑。 又或习某科者太多，教某科者绝无，则供求未必相应。 不知此无足虑也。 人自为谋，则盈虚消长，有如货物之息耗。 甲地教算数者多，乙地授算数者少，则为算数教师者，自知赴某地设帐，不必为之过虑。 今日营营扰扰求馆谋事者，曷尝拘守一地哉！ 至如天文人类等学，国内近乏专门之人，不妨由国家提倡，专招有志斯学者，游学外国，归而教人。 其数不数，则使之流转教授。 学生闻风而来，亦必不惮负笈以求此一科之专师也。

或虑学生分求多师，所费不赀。 不知有力之家，固愿为予弟供费，贫苦无力者，因子弟之按年求学，负担殊不易易，今不拘以学年，而惟试其及格，则青年子弟，尽可别治他业，从容求学，以分父兄之负担。 如必须三年毕业者，此生以半日谋生，半日从师，可以学至五六年，则正予寒士以方便，不必虑学者之无力也。 至于疾病大故，中途辍学者，更可得益。 不必计较年限，抱病入校。 或舍弃亲故，唯恐知自利。 其为自由，岂不溥哉。

或谓斯制固善,奈他国未有行之者何！曰外国学校,时时改良。杜威、道尔顿等,固皆病学校之絷缚,而思予人以自由,第因未尝计及悬格考试,故不能充其学说。兹幸吾国实行总理遗训,厉行考试制度,何妨自我国倡之,而令他国仿效乎。

（原载《学衡》,1931年第75期）

人格教育与大学

杨杏佛

学校之不谈德育久矣。自江苏财政委员会有议裁国立自治学院之举，人格教育四字始出于办学者之口，而为国人所注目。张君劢氏以人格教育为自治学院之所特重，因谓自治学院，有一日之长。难者则谓人格教育为一切学校所公有，自治学院不得而专利。两者之言皆是也。自治学院于世风日趋卑下之际，知重人格，诚为独到之见；而难者以一切学校皆当重视人格，亦理所当然，无可非议也。顾今之所争不在学校之应否重视人格而在学校之有无人格教育。人格教育至几为一校所专利，则寻常教育家之忽视人格可知。民国十三年来，政治道德，社会道德，一落千丈，国人久不知人格为何物矣。吾人大索十日，乃仅仅见之于苏省财政会议席上：西狩获麟，诚不祥之物，宜乎主张裁撤自治学院者对此益感不安，而反对裁撤者对此亦默无一言也。然而十三年来国家祸乱之消息皆当由此两字参之。此两字虽为一部分教育家所厌闻，吾人固不得不犯颜一论之也。人格教育在旧学制中未尝无纸上之提倡，伦理修身诸课程皆教人如何为人之学也。其弊在徒尚空谈，墨守旧说。教者为违心之论，学者亦姑妄听之，所谓伦理修身诸学遂成课程表中之装饰品，社会亦以具文视之。民国成立，学制学风日趋美化。功利主义职业教育之说盛，人皆明生利之重要，职业之可贵，初不知功利职业皆不过人生工具之一也。旧日虚应故事之伦理修身诸课，至是多为专门以上学校所删弃，去虚伪，省光阴，此举诚近今学校改革中之一大进步。人格教育绝非书本与讲演所能奏效，此为一般教育家所公认。故废修身伦理，未必遂轻人格教育。特既废书本讲演之人格教育，而不能以生活熏陶之人格教育代之，学者无所适从，其弊遂不可胜言耳。

人格与职业

国人之出处苟且，寡廉鲜耻，至今日为极。贵为阁员，曾为代议士清为校长，宜可以为民表率矣，而考其出处，察其操行，多有不可告人，为匹夫匹妇所羞为者。说者见此辈挟有西国学位，其所嗜好，又皆力模西国资本家，遂谓为欧美拜金主义与职业教育之流毒。不知欧美虽拜金，其取金有道，虽重职业，其就职有方。最近美国之石油贿案，一经发生，阁员下狱，凡牵连之官吏，无不按律治罪，视中国人士苟有公款过手，无不吞蚀自肥，贵为总统，贱为仆役，几无一能免，而社会反视为当然者，其拜金道德相去何可以道理计。近人提倡职业教育，几于视职业为道德，奉成功如神圣，以一时之侥幸成败，定人品之终身优劣，举数千年安贫乐道之风，毁灭无余，以为非如此不能与西人竞富强，岂知富强之基即由此毁。西人不可一日无职业，然法占鲁尔，德之矿工宁冻馁不肯为敌服务。彼岂不知业之可贵，乃甘自荒其身，则以有大于职业之国民责任在也。孰谓职业之中，不能表现人格哉？中国连年政争不已，是非不明，皆人才急于求用，重职业而轻人格所致。无论大奸巨猾，一登高位，则天下之学者英雄莫不奔走其门，愿供驱使。但有利禄无不可招之才，但有金钱无不可致之名，故权奸宵小，益复肆无忌惮，而社会之正气荡然无存矣。向使重职业者亦重人格，政治家不为奸人划策，实业家不为奸人理财，教育家不为奸人沽名，乃至小工小商皆不肯苟且谋食为奸人用，则国中虽无锄奸革命之师，正言民气已足夺武人权奸之魄，何至贿赂遍于天下，奸诈深入人心，以数千年敦尚礼教之邦，其民德反视后进之欧美有愧色哉！

人格与新旧道德

吾人论今日民德之卑下，辄以处兹新旧过渡时代，旧道德已失其效用，新道德尚未树立为解释。不知道德或有新旧之分，人格则亘古今中外初无二致。所谓人格者，有理想崇尚之格而能虔诚实行之谓也。分析之，实含有三要素：（一）理想之标准，即所谓格或道，此为理智的。（二）愿崇奉此格或道之牺牲精神，此为感情的。（三）此精神从日常生活中之实际表现，此为实行的。阳明主张知行合一，所谓知者实指理智之标准，所谓行者即合情感与实行之表现而言，二者合一，斯即今人所谓人格养成也。美哲学家罗意斯（Josiah Royce）著忠之哲学，以忠为解决一切道德学问题之本，而其所主张者，则为忠于所忠。所忠理想之标准也，忠则情感与行为之实现也。易言之，亦即人格之陶铸。故孟子之杀身成仁，陶渊明之忧道不忧贫，方孝孺之死节，罗素之非战下狱，其时地与信仰虽各不同，而为人格之表现则一也。今之新旧道德问题，皆理想标准之变迁而已，无论其人为主张忠君之宗社党复辟党，或为信仰共产之社会党安那其党，其必有忠其所忠知行合一之人格，然后乃可有为，乃不愧为人，则为一定不移之论也。道德标准之不同，对社会言对时代言则可，若对个人，则无论其今吾故吾之差别如何，其在某一时代必有当时自认之理想标准，苟所言行与此相背，即为自相矛盾丧失人格之流，虽罗列千秋万国之道德标准，无以自解也。此就知识阶级有主义而不能实行者言之，若未受教育之社会，本无理想之生活标准，自不能责以奉行何物，此辈但知勤劳衣食求偿其物质之欲望，既不能为大善，亦不能为大恶，其知识行为，去上古之原人仅一间而已。今日为国中祸乱之原者，不在不知有格之愚陋阶级，而在知有格而不能为人之知识阶级。主张旧道德者所犯乃为不忠不孝，欺伪诈骗；主张新道德者所犯乃为不爱国，不平等，残忍自私。以其所言，迹其所行，皆为其主义之罪人。故就表面观之，知识阶级似新旧派别分歧，主张各异，若进叩其内容，则皆暮夜乞怜白日骄人之伪君子，其手段虽不同，而人格破产则一。呜呼，孰谓中国不统一哉！

人格教育与大学

世风如此，不特无以立于世界竞争之日，即在闭关时代，亦五代金元而已，求其不祸乱相寻分崩扰攘得乎？故谋救国者，首在正人心，此非迂腐之谈也。法大革命揭橥平等自由博爱三义，美独立战争亦以人类平等主权在民相号召。既张大义，群起赴之，富贵不淫，威武不屈，卒底于成，虽政治革命而实人格奋斗也。天下未有无人格之民，而能得政治独立者。使福禄、倍尔、卢梭而为华歆、扬雄、李克用之流，华盛顿、富兰克林而为操莽袁世凯之辈，岂有今日庄严灿烂之美法共和国；故吾谓张君劢氏以人格教育立自治之本为独到之见也。惟自治人才不限于自治学院，今之大学中学之学生，皆未来之民国领袖也。而以地位论，大学之责任尤重。古圣王之设乡校，实为州里立清议之基，后世太学书院，其是非亦足左右天下，降及明末，复社之书生，猷足使阮大铖畏惧，至纳贿乍怜以求一顾而不可得。太学书院非有生杀进退之权，而天下人敬畏之，乃胜于朝官贵绅，则以当时学者，皆有卓然树立之人格也。社会受其熏陶，而顽夫廉，懦夫立，其影响亦何大哉！今则何如，教育家奔走权门，沾余沥而自喜，学校校长学生剧秦美新，以军人官僚之小惠骄人。昔之阮大铖以士林之一顾为荣，今之士林以阮大铖之一顾为荣，而其自命则固社会清流青年模范也。

大学人物之人格如此，军人官僚可知，社会人士又可知，故欲挽狂澜正风俗当自大学有人格教育始，而大学之人格教育又当自校长教职员之敦品励学以身作则始。曾国藩谓"风俗之厚薄，视乎一二人心之所向"。此所谓一二人者，当然非寻常之贩夫走卒，而为负有扶翼名教责任之知识界领袖也。欧美社会，一言一动莫不以其地之大学校长与教授为模范，其尤贤者则为全国所景仰，乃至为举世烟斯被里纯之渊泉，如赫胥黎、汤姆生、爱立娥（哈佛大学前校长）、华特（康乃尔大学前校长）之类，虽百帝王不足抵其势力也。试问中国今日大学之校长教授何如？野心者奔走权门，藉教育为政治之工具，自好者苟全性命，以学校为逐世之山林，本无教育之心，何能收感化之效？亦有少数学校以科学文学成绩自豪，以为学生得此已足，不知学问不过知识之利器，可以为善，亦可以为恶，苟于对己对社会对国家对人类之责任无深切之了解，与忠诚之奉行，则其所学徒济其恶而已。故无论何派人物，必有服从主义不私小己之精神与操守，然后可以感人，可以济世。论者每叹今日学风嚣张、社会堕落，不知其症结实在学校领袖自丧人格也。

然则中国之民德岂遂江河日下，无可挽回乎？是又不然。中国为数千年重士之国，虽近年思想多变，然其敬学爱德之根性仍在，诚得少数士林领袖坚苦卓绝，居高提倡，使天下之人皆知重气节，崇实学，则奔竞依附之风自绝，吾人所崇拜想望之两汉风俗欧美民德皆不难立致也。光武继新莽篡夺之后，以帝王一人之力，犹能使东汉节义为百世法，况当共和之世，以全国大学肩教育之责乎。惟大学之责任既如是其重，则大学校长之人选更不可不慎，欧美之大学校长，多为著作等身望重士林曾任数十年教授之学者，绝少五十以下之人。实至名归，水到渠成，故无竞争之可言。吾国昔日之书院山长亦必择道高德崇之文学泰斗为之，绝无侥幸获选者。今人见学校师生不能相感，学风日敝，颇有主张恢复书院制者，不知得人则书院学校皆能收潜移默化之功，不得人则书院学校皆为师生通同作伪欺骗社会之所，区区形式之变更岂能转移风俗哉！吕新吾《呻吟语》中有云："君子当事，则小人皆为君子，至此不为君子，真小人也；小人当事，则中人皆为小人，至此不为小人，真君子也。"余最服膺其言，以为深明风俗升降之枢机。大学校长之人选所以当慎重者，正以全校大多数之教职员与学生，乃至其所居之社会为君子为小人皆由其一人之趋向决之也。世间真君子少，真小人尤少，故改善风俗未必遂难于败坏风俗也。有有人格之校长，全校必皆努力于人格之修养，不待赏罚劝告也。有无人格之校长，则全校之人格，必自然堕落，亦不待威胁利诱也。上之感下，如响斯应，势所必然也。

以吾所言，校长之人选似若甚难，或且虑全国之大，将无一人人选，此实杞忧也。吾所认为合格之大学校长，但能重廉耻，有专学，而为国人所信仰者足矣：大学为最高学府，无学则不足为士之模范，大学又为全国之师表，不廉不耻，则无所不取，无所不为，何以劝德，何以励俗，而所谓学问廉耻者从何识之。自不得不就其平日行为能否得士林与社会之信仰断之也。十室之邑，必有忠信，中华民国之大，岂不能得敷十大学校长哉。呜呼，今日何日，非江浙战云弥漫全国之时乎？以十三年之苟安自私，优柔寡断，而酿成今日灭门之祸。聚两省五千万之人民不能得乞命之和平，但有流离奔避死伤冻馁而已。人格何在，民权何在，生命财产之安全又何在？佛兰克令曰，"舍自由而求安全者，必两失之。"此江浙之民，亦全国之民也。时至今日，而犹不提倡人格教育，吾恐共管之说，不待人迫，吾民将自甘之如饴矣。顾亭林谓，"仁义充塞，而至于率兽食人，人将相食，谓之亡天下"。今其时矣，国人其猛省！大学平素以最高学府自居？衣食于民，其速起为全国树立人格之先声，勿使东林复社地下笑人也。

（原载《杨杏佛文存》，平凡书局，1929 年）

[作者简介]

杨杏佛(1893—1933 年)，名铨，字宏甫，祖籍江西玉山，生于江西清江。经济管理学家、社会活动家、中国人权运动先驱、中国管理科学先驱。1920 年任东南大学教授，经常与共产党人恽代英接触，还利用业余时间到中国共产党创办的上海大学讲课。后转赴广州，任孙中山秘书。1926 年 1 月，国民党上海特别市党部执行委员会秘密成立，被选为执行委员，主持策应北伐军工作。1927 年春，中国共产党在上海发动工人起义，起义胜利后，当选为临时政府常务委员。"四·一二"反革命政变后，认清蒋介石面目，以中国济难会名义极力接济和营救革命者，被国民党当局撤职。"九·一八"事变后，为反对国民党政府非法逮捕和监禁爱国人士，与宋庆龄、蔡元培等著名人士于 1932 年 12 月在上海发起组织中国民权保障同盟，任总干事，组织营救了许多被关押的共产党人和爱国人士。1933 年 6 月 18 日，杨杏佛与其子杨小佛驾车外出，被设伏的国民党特务枪杀于上海亚尔培路。

学　风
为纪念刘伯明先生作

刘国钧

　　在过去的二千余年中，中国的政治，可说，都是以"士大夫"做中心的。国家的盛衰强弱都和他们有直接关系。所以士风的隆替便成为国势的一种标准。而在国家多事的时期，所谓士大夫也者，也往往能表示一种特殊的精神，反抗当时的恶势力。汉朝的太学，明代的东林，尤其可以看为这种士大夫精神的代表。所谓士大夫就是平常话里所说的"读书人"。读书人却能以国家乃至天下的安危为他们的责任，可见读书人的重要。现在，"读书人"的名称虽变为知识阶级；依然有很多的人，相信要把中国从混乱中理出头绪来，从危中转到安全里，只有靠这班知识阶级的努力。我个人虽觉得在现代社会中，与其称他们为知识阶级，不如称他们为知识分子来得更安当一些；但绝不否认他们所负责任的重要。我觉得他们不过是社会上知识比较充足一点的分子；不当在各种阶级之外再独立的成一个单位。他们应当深入一切的阶级，领导大众去尽各个人的责任。所以他们的领导地位是不可忽视的，尤其是在有数千年尊重读书人历史的中国。

因此，他们所表示的风气是我们应当特别注意的。在现代，养成知识分子的机关，没有比学校更为重要；学校内的教员和学生乃是知识分子中的中坚人物。这是人人所知道的。那么，在这个国家遭遇非常事变的时候，我们对于一班学子所表现的风气不应当加以慎重的注意么？

然而谈到现在的学风，便不禁使我们怀疑今后的知识分子能否担负得起这拯弱扶危的大任。现今的中国，谁能说不是在存亡绝续之交呢？内而农村破产，土匪横行；外而强邻肆虐，不崇朝而失地数千万方里！因循一载，不能解决。政治方面，虽有打倒贪官污吏土豪劣绅的呼声，但何曾收相当的效果。财政方面，虽然也有许多整顿的计划；但在事实上，却是竭泽而渔，真有"取之尽锱铢"的样子；而支出方面，更不免令人有"用之如泥沙"之叹！在这重重痛苦底下的中华民族怎样不想自救自拔！而生在这时代的青年更怎样可以不加倍的努力。但是事实告诉我们：国家的前途尽管黯淡，民族的运命尽管危险；而社会上沉沦的依旧沉沦，酣嬉的仍旧酣嬉，呼号的空自呼号，悲愤的徒然悲愤。就是许多有为有守的青年学子也不能自免。这是何等的使人痛心短气的现象！

回想十数年前，五四运动勃发的前后。一班在学校的青年们，意气何等激昂，自视何等重要！他们的呼声是"解放思想"，"重估价值"，"打倒旧礼教"，"创造新文化"。蓬蓬勃勃的气象竟像怒潮般卷遍了中国大陆。然而自现今看来，结果竟怎样呢？再看一看当时躬与其事被人视为领袖的许多人物，十几年来所行所为，究竟实现了几多当时的理想；恐怕就是他们自己也不敢十分肯定罢！拿现在比当初，十几年后，现在一般知识分子所成就的，又应当怎样呢？

前途既这样艰难，责任又这般重大，我们怎可不借此机会来自己检查一番！

思想的混淆和浅薄恐怕是现在学风的最大缺点。许多学生乃至所谓学者们的言行相违，议论矛盾，便是思想混淆的证明。只知呐喊而不能实行，只知附和而不能了解，只知宣传而不知研究，便是浅薄的证明。唯其混淆，所以没有定见；在行为方面便是徘徊，烦闷，甚至于自趋颓废。唯其浅薄，所以容易武断；在行为方面便是轻率的举动，盲目的崇拜，甚至于鲁莽灭烈的破坏。思想方面有了这样的病根，于是知识便失去他的效用：混淆和浅薄的知识，有时还不如无知识！

医治这种毛病，自然最好莫过于论理的思想，科学的方法，和养成对于无论什么事都要求充足证据的习惯。这似乎是老生常谈。然而很不容易做到。据心理学告诉我们，就是我们直接观察，也都不免于几分错误，何况记忆，何况推理？所以求得正确的事实，是得着正确结论的最重要的根据。同时也必须要极端的慎重，用极大的努力。但是如今从事于研究学术的，尤其是研究社会科学的，有几多人能无愧怍的相信他所用的事实是正确的呢？教者学者都凭着书面的记载；很少的人肯追究这种记载之是否事实。再看实际从事的方面，统计局的统计有几多是完全真确的呢？各种发表的调查报告又有许多是完全符合事实的呢？许多机关以及名流学者所拟议的方案和计划，又有几多是根据准确事实做成的呢？不求事实而处处用模棱的态度，乃是思想陷入浅薄和混淆的原因。

　　由思想上的缺陷便生出虚假的行为。现代的青年似乎一方面太勇敢了；同时一方面又太懦弱了。猛烈的宣传，激昂的口号，紧张的情绪，这是在一种大运动发生时，任何人所能观察得着的。然而隐在这种勇气的后面，似乎有一种随便嬉笑的态度。所以过了不久，兴奋状态消减，而泄泄沓沓的情形又恢复了。甚或至于被恶势力所征服。那么，起初的勇气，不过是神经因受刺激而兴奋，后来由兴奋而疲劳，由疲劳而麻木而已。这简直是生理的反射作用，毫无丝毫理智作用在其间。这种现象发生在未受教育的民众尚有可说。但不幸而屡屡发现于所谓知识阶级中，实可使人寒心。因为这十足的表明，知识在这班人中间，不但没有成为使他们改造环境的力量；并且在这些人自己的行为上也没留相当的影响，人们既失去了控制环境的实力，所以无事则矜夸，遇事则张皇，事过则忘却。我们试平心静气的看一看历年来各种以知识分子为中心的运动是不是这样？有几多算是例外？我们常怪有知识的人们不能改革社会的恶势力，而反为他们所屈服，所同化。其实我们若就他们所受的教育说，何尝能怪他们自己呢？他们所受的教育，有几多不是全凭书本子的知识呢？有几多地方是能养成独立的思想，自由的探讨，和分析问题，搜罗事实，而自己求解决方法的风气呢？更有几多是能养成独立自尊的人格的呢？最奇怪的，便是有些人将他的信仰极力的向人宣传要人信仰，但不许人怀疑探讨和批评，仿佛这样一来，就要失去那信仰的尊严似的。其实这些人自己也只是听信了别人的话而未经自己的研究。这真是古人所说的"入乎耳，出乎口"，"口耳之间"的学问，怎样可以希望他能使人敲开社会的难关而解决社会的问题呢？青年人的思想本是高尚的，他们的情绪本是热烈的。他们能从书本上得着好社会、好人生的理想；但是他们的知识不足以作为使这理想实现的工具。所以他们一旦出了学校，和冷酷社会相遇，往往失败重重，无法可想，终至失去他们的自信而为社会所屈服。有理想而没有方法，这是青年学生失败的大原因。新文化运动之不能有更大的成功，未必不由于此。

因为有理想而没有适当的方法，所以不能有坚毅不拔的精神；其实所谓理想有时也不能健全。现在的教育，根本说不上有什么目的。虽然一般的教育家乃至自命关心教育的名流学者所倡导的教育方案很多；但是实际的效果在哪里？放眼一看所谓知识分子的现象我们真有点短气。记得徐干中论有一段文字。他说：当时的学者"勤远以自旌，托之乎疾固；广求以合众，托之乎仁爱；枉直以取举，托之乎随时；屈道以弥谤，托之乎畏爱。多识流俗之故，粗诵诗书之文，托之乎博文；饰非而言好，无论而辞察，托之乎通理；居必人才，游必帝都，托之乎观风。然而好变易姓名，求之难获，托之乎能静；卑屈其体，辑柔其颜，托之乎温恭。然而时有距绝，击断严厉，托之乎独立；奖育童蒙，训之以己术，托之乎教诲。金玉自待，以神其言，托之乎说道。其大抵者，苟可以收名而不必获实，则不去也。可以获实而不必收名，则不居也。汲汲乎常惧当时之不我尊也；皇皇尔又惧来世之不我尚也。心疾乎内，形劳于外。然其智调足以将之，便巧足以壮之，称谓比类，足以充之，文辞声气，足以饰之。是以欲而如让，躁而如静，幽而如明，跛而如正。"于是徐先生乃慨然决定道："斯乃巧人之雄也，而伪夫之杰也！"我们如其刻薄一点，不可以说，这就是为今日的名流写照么。徐干以为这种现象是由于为名。所以他又说："名者所以名实也，实立而名从之，非名立而实从之也。"不幸如今仍有许多人不懂得"实立而名从之"的道理；极力的在表面上用工夫。领袖倡之，群众和之。这种情况之下所产生的人生或社会的理想如何可以健全呢？于是浮华不实的风气养成，而真实的人才永难出见。

在现在这样严重的局面底下，这样浮薄脆弱的人才如何可以当这民族复兴的大任。试看历年以来学校中学政治法律经济的人数之多，再返看国中现象，以这几方面为最恶。便可憬然悟到由今之道无变今之俗，国家的前途恐尚不止于像现在的艰难！这决不是变更学制，或限制文法学生所能挽救。我们当从根本着想。我们应当痛自检举，痛自忏悔。我们应当放下一切颓废浪漫的习惯，拒绝一切名誉金钱的诱惑，舍弃一切空事呼号的行为，摆脱一切笼统含混的思想。我们应当认清我们的责任，实事求是的向前去干。我们应当彻底的认识事实。唯有根据事实，才可以有适当的理想；唯有根据事实，才可以有适当的方法。对于所欢迎的事实，不要使他夸大化；对于不愿意有的事实，也不必去躲避。我们只是以披荆斩棘、忍辱负重的精神，去研究事实，了解事实，处理事实。我们对于任何事件，不但要有主张而且要有实现这主张的方法。我们不当唱高调，更不当畏葸。我们注重知识的增进，但我们更注重人格的修养。如其我们能在学校内有这样的训练，受这样的陶融，那么，我们或者可以担负国家大事的人格。然后我们才可以希望做一个俾斯麦或加富尔，列宁或基玛尔。否则也可希望成为一个菲希特或巴斯德。总之要使国家能重兴，民族能得救，必定要从养成诚朴笃实艰苦卓绝的学风起。这或者不是太迂腐的见解罢。

（原载《国风》，1932年第9期）

[作者简介]

刘国钧(1899—1980年)，字衡如，江苏南京人。图书馆学家。1920年毕业于南京金陵大学哲学系，留校图书馆工作。1922年赴美国威斯康星大学留学，加修图书馆学课程。1925年获哲学博士学位，同年回国，历任金陵大学教授兼图书馆主任、北平图书馆编纂部主任、西北图书馆馆长等职，期间主编《图书馆学季刊》。1930年回金陵大学后任教授兼图书馆馆长、文学院院长等职。1937年随金陵大学内迁成都。1943年去兰州，任西北图书馆筹备主任，1944年任馆长，1949年任顾问。1951年到北京，任北京大学图书馆学系教授，1958年起担任北京大学图书馆学系主任。1979年被推选为中国图书馆学会名誉理事。他长期从事图书馆工作和图书馆学的教学研究工作，注意理论与实践的结合和图书馆事业发展的新趋势。他的许多研究成果，如图书分类、图书编目、图书馆自动化技术等，都对中国图书馆事业的建设和发展起到了推动作用。主要著作有《中国图书分类法》、《图书馆学要旨》、《图书馆目录》、《中国书史简编》、《刘国钧图书馆学论文选集》等。

南高东大物理系之贡献

严济慈

南京高师，东南大学，名成过去，仅见史乘。溯自民四成立，迨乎十六年校名更易，其寿命不过十二寒暑。存年短促，树人大计，惜未克竟。惟在此一纪期间，其所成就，亦已丰宏，我国学术界直接或间接受其影响者，至深且巨。吾且述其物理系对于我国今日物理学界之贡献，以证理言。

南高初建，即设理化部，民八扩之为数理化部，实乃孕有数理理化两系，民十东南大学成立，物理一科始于数理化学离析，而成为独立学系。胡师刚复于民七入主南高物理课务，增立学程，添置设备，筹办工场，制配仪器，经营惨淡，不遗余力；用是课程与实验双方并进，一切规范，俱极严整。当时科学教师，徒作书本解释之弊习，为之洗革无余，而科学重实验之风，于焉树立。唯时美国洛氏基金团来校参观，力加赞许，并称我校物理系成绩卓越，堪为全国各大学之理科冠，当即慨然解囊，捐助我科学馆建筑费之半数，计银十万元。

我南高东大物理系毕业同学，总计不下百余人，大率从事中等教育与建设工作，善教善为，时誉至隆。间有留学异邦，继续研讨者，成绩亦多斐然，学成归国，致力高等教育者，现有张绍忠、倪尚达、郑衍芬、吴有训、方光圻、葛正权、严济慈、章昭煌、何增禄、赵忠尧、施汝为、张宗蠡、王恒宇、霍秉权等十余人。年来国内物理学研究之勃兴，尤以吾同学之努力独多。盖近六年来国内物理研究结果，著为论文，寄往美法英德各国杂志发表者共计五十三篇（参见拙者"二十年来中国物理学之进展"，载科学第十九卷第十一期），除去西人班威廉（W. Band）、雁月飞（P. Lejay）与其同事之作十八篇，所余卅五篇中，出于我南高东大同学之手者凡卅十一篇，几属包办，敢云盛矣！又国人在物理学上之贡献，近渐为欧美人士所称许，如本年我国物理学家有被德国哈莱（Halle）自然科学研究院举为会员者，有被法国物理学会举为理事者，而考彼学历，固亦皆我南高东大物理系之毕业同学也。

南高东大物理系之所以能人才辈出，果何故欤？细推其原因，盖有三焉。

一为物理系主持之得人：胡师刚复为我国物理学之先进，二十年前，师在美国研究X光与光电子，研讨所得，在近代物理学上，至为重要。X光与电光子，时正韧始，师若继续探讨，其为该学上之权威，当不在英之白勒克（Bragg）、法之实勃劳依（M. de Broglie）、德之谢克办（Siegbahn）与美之康东（A. H. Compton）等氏下，乃胡师不急于个人之成就，而视造成国内物理学之完善基础，俾后生有求学处所，为当务之急，高诣卓识，令人可敬。故当师之设帐白门也，充实课程，改善设备，自批习题，亲阅报告，教诲之勤与负责之诚，良非粉笔一抛即挟书以去者所可并论。

二为理科课程之完善：南高东大时代，攻习物理之同学，于物理课程外，例多选读化学算学之基本功课。当时执教者，化学有张准王琎孙洛诸师，数学有何鲁熊庆来段子燮诸师，饱学丰知，诱掖有方，曾列门墙者，类能道之。故我物理系同学于数理化诸科克获坚实之根底；其卒业出校也，类多腹笥充盈，鲜病浅陋，以视今日一般大学生之徒具一二奇装艳服，满口新名词者，似有别矣。

三为学校校风之纯良：吾人学舍，邻台城，近玄武，地旷景幽，最饶诗意。弦育余闲，浸淫此间，谦淡中和，自成士性。而尊师敦品，朴静治学，蔚为校风。学行进殖，殆赖是耳。

南高东大，已成为历史上之名词矣。今日之中央大学，固已承其遗绪，发扬光大，领袖江南矣。愿其物理系之精锐，曾多越江北上，立业旧京。盖其教授叶企孙先生曾于十三年夏，离宁北来，主持清华理科；其毕业生吴有训先生，亦于十七年辞去母校教职，讲学清华；嗣后接踵而至者，更有郑衍芬、施汝为、赵忠尧、沙玉彦、何增禄、朱应铣、陆学善、余瑞璜诸同学；当时清华物理系之教职员，几全属我南高东大之师友。我母校旧日家风，遂尔移被清华，清华物理系之得有今日，未始非我南高东大师友之力也。溯往证今，我南高东大对于吾国之科学界，实将有不可泯灭者在焉。

（原载《国风》，1935 年第 7 卷）

[作者简介]

严济慈(1900—1996 年)，字慕光，号岸佛(厂佛)，浙江东阳人，著名物理学家、教育家。1918—1920 年先后在南京高等师范学校商业专修科和工业专修科学习，1920 年起转入数理化部学习，并兼修东南大学学分，1923 年 6 月毕业于南京高等师范学校数理化部，同时获东南大学文理科物理系学士学位。后赴法国留学，在巴黎大学获硕士学位、博士学位，1927—1928 年任第四中山大学教授，1928—1930 年在法国巴黎大学光学研究所和法国科学院大电磁铁实验室从事研究工作。1931—1949 年任北平研究院物理研究所研究员、所长，并兼任镭学研究所所长，1945—1946 年作为访问教授应邀赴美国讲学，1948 年当选为中央研究院院士和中国物理学会理事长。1955 年 6 月被聘为中国科学院数学物理学化学部(后为数学物理学部)学部委员，并当选为技术科学部常委、主任。曾任全国人大常委会副委员长、九三学社中央名誉主席、中国科协名誉主席，中国科学院主席团执行主席，中国科技大学名誉校长等。

常识之重要

竺可桢

　　立身处世之道，王秉柳三先生言之已详。今吾所欲言，则为"常识"。视甚浅显然一事之成败，往往视常识之完缺为断。一国之领袖。若无常识，则其结果，可以灭国亡种，而不自知。

　　大学教育之目的，在于养成一国之领导人才，一方提倡人格教育，一方研讨专门智识，而尤重于锻炼人之思想，使之正大精确，独立不阿，遇事不为习俗所囿，不崇拜偶像，不盲从潮流，唯其能运用一己之思想，此所以曾受真正大学教育者之富于常识也。

　　南高东大中大，一线相承，以逮今日，不过二十载。虽为时甚暂，而在吾国仍不失其特殊之地位，以淳朴之学风，为深沉之探讨，江易园校长，倡导于上，束身作则，立训唯诚，诸教授如今日到会之王伯沆秉农山柳翼谋诸先生，各以所学，启迪后进，俾各专一艺，寝馈其中，师生融融朝夕一室，析疑问难，诚挚无间。南高东大毕业生中之研究物理学生物学历史学，而迄今能卓然成家者已不乏人，所谓种瓜得瓜种豆得豆，绝非偶然之事。然而政治兴趣，则甚恬淡，社会领袖人才，亦殊于学术地位不称，则以昔日南高东大学子之多，不以热衷进取为怀也。吾非欲吾南高诸子，平昔一恬退相高者，一日获高位，居显要，赫奕一时，以自夸耀。诚以国家阽危，至于此极，救亡图存，责在士夫，而素有训练，善能运用思想之大学生，急应起而领导群众，作中流之砥柱也。

大学教育之收效最著者，厥唯德国俾斯麦尝论之曰，德国大学学生，不出三途，其过于勤勉者，有损身心，中途夭折，其生存者，则或为专家，作学术上之发明，或为领袖，统制全欧之政局。现今德总统希脱拉著《我的奋斗》，自述其成功之历史，其中关于德国将来教育之重要之结论，谓将注重于体育之培养，常识之灌注，而专门智识之研讨，犹在其次。希氏尤服膺于英国大学以绅士为鹄的之教育政策。吾人聆俾斯麦希脱拉二人之言论，亦可以知德国大学教育过去之成绩与将来之潮流矣。

前中央研究院同事林语堂先生近作英文名著《My Country My People》一书，风靡海外，其述祖国，谓中国人对于偏重分析之科学方法，索然寡趣，而颇长于常识。但科学无他，乃有组织之常识而已。今日我国工商业之所以失败，正唯其缺乏常识。即国事蜩螗，亡国之祸近在眉睫，亦正唯政府人民之缺乏常识。即以近事言之，棉麦借款，岁负钜息，而减折转售于人，是为经济上缺乏常识。九一八之变，于今四年，而外辱踵起，不敢言兵，其无备如故，是为军事上之缺乏常识。大学校长，不置图书，但事建筑馆舍，耗费至数千百万之巨，是为办学者之缺乏常识，则常识亦甚难言矣。

（此文是竺可桢在南高二十周年纪念餐会上的演讲词，原载《国风》，1936年第8卷）

[作者简介]

竺可桢(1890—1974年)，又名绍荣，字藕舫，汉族，浙江上虞人。中国当代卓越的科学家和教育家，著名的地理学家和气象学家，近代地理学的奠基人。1910年公费留美进入伊利诺伊大学农学院学习，毕业后转入哈佛大学研究院地理系专攻气象，1918年获博士学位。1920年秋应聘于南京高等师范学校。1927年任东南大学地学系主任，1928年任中央研究院气象研究所所长。1933年4月，他与翁文灏、张其昀共同发出成立中国地理学会的倡议，并于翌年成立学会。1936年4月，任浙江大学校长，历时13年。建国后，担任中国科学院副院长、中国科技协会副主席、中国气象学会理事长、中国地理学会理事长等职。1974年因病在北京逝世，享年83岁。

南京高等师范学校二十周年纪念之意义

郭斌和

国立南京高等师范学校成立于民国四年九月十日，为国立东南大学国立中央大学之所从出。今年民国二十四年九月十日，为成立二十周年之日。其事重大，世乃漠然视之，相忘于无形。南高校友有悲之者，聚而言曰，他人之忘吾校，亦固其宜，吾辈既不愿自忘其校，奈何亦默尔而息乎。遂议定就国风杂志刊印南京高等师范学校二十周年纪念号，而征文及余，南高校友，且深爱南高者也，乌可以无言。则请言此次纪念南高之意义。

南高自成立至今，已二十年，改为东大中大已十三年。然吾辈犹惓惓不忘，必欲纪念之，则南高必有其可纪念者在。南高之可纪念者果在，曰在南高之精神，南高之精神何由见，曰视乎南高之毕业生。语云，十年树木，百年树人，人才养成，本不易易，然二十年来，南高毕业生中能自树立不因循者，已不乏人，此诸人者，有共同之精神，见于面，盎于背，一望而知为南高生焉。此共同之精神为何，曰以余观之，笃实而有光辉一语，足以尽之。吾为此言非效流俗人之所为，阿其所好，以相标榜。社会人士之深知南高生者，类能道之。夫笃实而无光辉，其蔽也愚，有光辉而不笃实，其蔽也妄。吾南高诸人无他求，求不为愚人，不为妄人而已矣，敢揭四事以申吾说。

保持学者人格 南高成立在五四运动之前四年，当时学风淳朴，士耻奔竞。宣传游行津贴利用诸术，尚未发明，同学大半来自寒素之家，布衣布履，生活淡泊。校长教授如江易园、刘伯明、柳翼谋、王伯沆、秉农山、竺藕舫诸先生，高风亮节，超然物表，同学受其感化，益敦品励学，笃志潜修。五四以还，学潮澎湃。学府中教师学生之怀野心者，辄倾心接纳，互为鼓吹，以猎名位，独南高仍保持其朴茂之学风，屹然如中流之砥柱，同学于其教师，别择至严。教师中品端学粹者，备受敬礼，学博而制行有亏者，即不为学生所重视，其结交豪绅，奔走权门之徒，则直为清议所不容，彼时意气如云，激浊扬清，不免稍过，静言思之，其能无今昔之感乎，南高风气既如此，故同学于学问上有师承，而于地位权势上则无系统，十余年来，在各方稍有成就者，大抵皆无所依傍，艰难困苦独自奋斗得之，今日老同学相见，每以白手成家四字相解嘲，成家与否不可知，白手则事实也，唯其无所依附，赤地新立，故迄今同学中不产生要人名流，他人或加怜悯，吾同学则谓赵孟能贵者，赵孟能贱之，南高之不产生要人名流，乃南高之幸，以此自慰，且以此自傲焉。

尊重本国文化 南高时代师生讲学论道，对于本国文化自始至终，采取极尊重之态度，此可于当时师生合办之刊物，如史地学报、《学衡》杂志、文哲学报，以及后来由南高旧人主办之史学杂志、地理杂志、方志月刊之通论及专门论著中知之。当举世狂呼打倒孔家店，打倒中国旧文化之日，南高诸人独奋起伸吭与之辩难，曰中国旧文化决不可打倒，孔子为中国文化之中心，决不可打倒，风雨如晦，鸡鸣不已，南高师生足以当之。

认识西方文化 南高师生一方尊重本国文化，一方复努力认识西方文化，就其所得发为文章，纠正时人对于西方文化肤浅偏颇之见解，此类文字散见于《学衡》杂志，刘伯明先生于《学衡》第三期曾为文批评梁漱溟所著东西文化及其哲学，以为梁书以近代之科学与德谟克拉西概西方文化实为不根之谈。盖西方文化以希腊文化与基督教义为根本，科学与德谟克拉西则皆导源。希腊仅为希腊文化之一部，基督教之教义为西方文化主要元素之一，以耶稣言行为中心，不可与神学及教育相混，宗教基于感情及想像亦非科学所得，侵犯其言至允，要之西方文化其主要原素有三，即宗教、人文、科学是也。当时南高师生对于西方文化自始即有此认识，如对于一切宗教运动苟出真诚，绝不鄙视，有时且著论拥护之，对于人文则梅迪生、吴雨僧、汤锡予先生等，竭力提倡希腊文拉丁文之研习，希腊哲学文学之研究与其名著之翻译。梅吴及胡步曾先生且介绍美儒白璧德、穆尔之人文学说，加以发挥，以为此学说以人为本，兼有宗教科学之长，而无其流弊，其批评西方近代文化更能穷原竟委，洞中肯綮。足供吾人之参考。吾南高诸学子，今日知于琐碎之考据、轻薄之小品以外，别辟蹊径，以宗教家之精神，宝爱中西真正之文化，考据、义理、词章三者并重，俨然有一面目者，盖濡染已深，渊源有自，非一朝一夕之故矣。

切实研究科学 科学精神在不计利害，实事求是。昔人所谓明其道不计其功，与君子谋道不谋食，实即科学家为真理而求真理之精神。不过科学家之道，指自然界之道而言，对象虽异，精神则一。热衷之徒，只能侈谈科学，以自文其陋，而不能实际研究科学。至其行事，一以自身利害为主，更无所谓科学精神与方法也。南高同学之学自然科学者，大都能甘于寂寞，穷年兀兀，作实验室研究室之工作。成绩优异，蜚声外邦者，颇有其人。如数学、物理、化学、生理、动物、植物、人类各门，每门均有特出之人才，国内各大学及研究所几莫不有南高校友之踪迹。二十年内之成绩已如此，再越十年二十年，其成绩当更有远过于今日者，此非笃实而有光辉之明效大验乎。

以上所言足申吾说，高等教育以文理为主，吾文但就文理立论，以概其余。至南高校友十余年来在社会上事功之成就，亦甚重大，要皆为南高精神之表现。此次纪念南高成立，其意义即在于纪念此笃实而有光辉之南高精神，保持此精神且发扬光大之，是则吾全体南高同学之责矣。

（原载《国风》，1935年第7卷，文章略有删节）

[作者简介]

郭斌和(1900—1987年)，字洽周，江苏省江阴县杨舍镇(今张家港市)人。著名语文学家、外国文学研究专家。1917年，考入南京高等师范学校英语系。1927年，赴美国哈佛大学研究院深造，师从白璧德深研西洋文学，获硕士学位。1933年,回母校国立中央大学任外文系教授。1937年8月,抗战爆发,任国立浙江大学教授,直到1946年。历任中文系系主任、外文系系主任、师范学院国文系系主任、文学院代理院长、训导长、代理校长等职。1946年,再回中央大学任外文系教授,1952年中央大学易名为南京大学,遂任南京大学教授,直至1986年12月退休。在南大(中大)外文系,曾开设欧洲文学史、文学欣赏、Etymology、文学批评、莎士比亚与希腊拉丁文学、英美文学与希腊拉丁文学、精读、作文、翻译等课程。

南高小史

陈训慈

  距今二十年前，在南京北极阁下两江师范学校之旧址，因苏省教育界诸先生之建议，创设南京高等师范学校，其后蜕化演进，实为今日国立中央大学所肇始。夫当前之盛事，今人所习见；往事之沿变，世俗所易忽。今中央大学既有宏大之规模，方亟亟于迁校新建之举；举其千余年之历史上文化地位犹将轻弃之，则此南京高师十年间进行之事实，或更非当局所措意。虽然，南雍弦诵之后事，两江草并之规设，或与学校迥异，或亦作始太简，其与今制之关系犹不甚密，兹可勿论；若南京高师则固确然为今日中央大学始基之所自，不唯其图书设备犹多沿用至今，而其精神的遗产保留于今之中大优良之学风者，尤有非言语所能形，资力所可致者，岂可以前事之渐湮而遂忽之乎？

  十二年前，吾人毕业南京高师文科，曾以"校史"之作，为奉贻母校之礼物。凡明季南监迄清季两江师范之往事，皆有溯述，而于南高自筹备迄归并于东南大学之经过，尤备详之。此文因同人之殷属，得自师友之咨求，由余任执笔之役。南京校友以际此南高二十周纪念，抵书嘱有所言。余维昔年生活之追忆，足资今日之观感者正多，将欲撮述一二，辄病其琐细无当。无已，即据旧作加以重订删节，以成南京高师之始末。按事纪实，期于无忤，纵使"听者藐藐"，亦窃比于"劳者自歌"之旨耳。

渊源——两江师范说略　南高之直接渊源，厥为清季之两江师范学校，兹虽不及详述，自不能不略及之。初南皮张文襄公之洞在鄂时已奏请变法兴学，既任两江总督，益奖进教育，遂就南京北极阁下明国子监旧址，创设三江师范学校（光绪二十八年即一九〇二年），其后改名为两江师范（光绪三十一年）。先后主校务者，多为硕学时彦；文襄尝延缪筱珊荃孙、方玉山履中、陈伯严三立诸公先后任总稽查，杨钱侯观圭为第一任监督，宣统间监督为李梅庵瑞清，设科有理化农学博物史地手工等科，后亦附设中小学。今之南高院与教习房，即当时所建之校舍，而今建科学馆原址已毁之口字房，则在宣统初增建者。约当宣统初年，两江师范计有职员二十人，教员三十二人，学生三百七十一人（已毕业者亦三百余人），常年经费十余万两。是校毕业者多出仕中小学教员，传播新学之功实多至武昌起义，南京振动，经营十年之两江师范，遂以停办闻（参据宣统元年两江同学记，并有问自柳翼谋先生及武霞峰先生者）。

南高之筹备　辛亥革命间两江虽归停顿，但监督李公犹留南京，校舍亦有人照料，未遭损害。顾共和建国之初，设学未遑，而癸丑之役，宁垣军队云集，校舍始被军队所驻，房屋遭毁，设备荡然，损失达四十万金。迄民国三年，韩公紫石国钧巡按江苏，颇重设学，于是苏省省立学校校长贾丰臻等建议即两江旧址，设立南京高等师范学校；齐公耀琳继任，复将此事呈部批准。是年，教部即委任婺源江易园先生谦为校长。又请袁观澜希涛、黄任之炎培、沈信卿恩孚就前省议会着手商榷，后在原校舍设筹备处，袁先生主持筹备之事尤力。所有驻兵，于五月七月二次撤尽，房舍先后修理竣事。内部则江校长于四年一月，即委江浦郭鸿声先生秉文为教务主任，松江陈主素先生容为学监主任，并派郭陈二先生赴京津保济各处考察，六月又赴日本考虑，以资借镜。而点收器具及进行修理，则由事务李仲霞先生文粲任之。迄八月间而校舍已告修竣，曾为兵队侵占之学府，至是乃渐复其旧观矣。

南高之成立　筹备之事略竣，遂以四年八月着手招生，暂定先设国文部、理化部与国文专修科，计共录取新生百二十六人。四年九月十日，举行开校式，于是国立南京高等师范学校正式成立。当时适值欧洲大战开始后一年，西方各国方大兴兵戈，而东方之一古国方从事于此教育上之一新建设，要尤有足纪者。而自此迄于今兹，适为二十周岁也。

范围之扩充与设科之增加 南高初设之时，仅有二部一科（专修科初定二年或三年毕业，后亦改四年），后乃陆续增设，至民国七年秋以后乃有二部七专修科；本部为国文史地部、数学理化部，专修科则有国文专修科（四年设），体育及工艺专修科（五年设），农业商业及英文专修科（六年设），教育专修科（七年设）。学校组织分教务、斋务（即学监）及庶务三处，各设主任。学生亦由百余人增至四百人（七年）。复以附属学校有裨于师资实习，乃仿两江之旧例，谋添设小学部中学部。民国六年二月十七日，附属小学举行开校式，同年九月二十四日，附属中学正式开学，此实为高师整个范围之扩充。民国七年春，江校长以病辞职，由教务主任郭秉文先生代理校长职务，至八年始正式继任（陶知行继为教务主任）。七年六月，又成立校友会（设议事会，分七部，有校友会杂志一册）。今将各部各科招生毕业之先后人数略志之，以见南高扩展之趋势，亦足推知后来东大中大各科系之渊承也。

（一）国文部（后改文史地部） 四年九月开校时始办，八年扩充称文史地部，四年五年八九十年共招生五次，合计一六九人，自民八至十五年共毕业六次，计一五五人。

（二）理化部（后改数理化部） 四年开校时始办，八年扩充改名数学理化部，四五八九十年共招生五次，计一六九人；八年九年十二三四五年共毕业六次，计一三四人。

（三）国文专修科 四年开校之始，为应实际师资之急需，曾招生一次二十八人，后即停招；六年毕业时凡二十六人。

（四）体育专修科 五年四月增设，五七九十年共招生四次合计九十八人；七年十年十三十四年四次毕业共六十九人（各专修科初为三年毕业，后亦与本部同为四年毕业）。

（五）工艺专修科 五年七月增设，五六八九年招生四次，合计九十三人；八年九年十二三年四次毕业，共五十四人。

（六）农业专修科 六年七月增设，六七九年共招生三次，合计七十六人；九十十二二十三十四十五年皆有毕业，（因后行学分制，各科有不及三年而毕业者）合计七十五人（十四五年毕业共仅六人，系因病或事在十三年未修足学分者）。

（七）英文专修科　六年七月增设，六九十年招生三次，合六十七人；九年十三四五年皆有毕业，合计四十七人（十五年毕业仅二人，系因事未修足学分者）。

（八）商业专修科　六年七月增设，六七九年共招生三次，合九十三人；九年十年十三年毕业三次，合计八十二人。

（九）教育专修科　七年七月始增设，在各部科中创设为最后，七八九年招生三次，共一百〇七人。十年十二三四五年皆有毕业（十五年毕业仅二人，系上年未及修满学分者），合计一百十七人（教育科招生查旧册仅得三次，而据毕业同学记毕业人数转比招生数为多，盖多英文科等科转入教育科者）。

就上所列，可见南京高师自四年成立，以迄十年（十一年夏招生，仅有东南大学预科生，而停招高师新生），先后七年间，共招二部七科新生二十一班，合计八百余人。而毕业学生，自六年夏为始，迄于民国十五年六月最后一次毕业，共计七百五十九人（此数或因重复或延长而稍有出入，未能绝对准确；自须以学校所存旧卷为准也）。毕业以后，分布于全国中等以上学校任教师者为最多，十年树人启导教育之效，可以推知也。

盛时之概述　南高之极盛时期，当在民国九十年间（九年毕业学生甚多，计六科各一班共一三九人，其后惟十三年超过之。招生八科各一班共一七五人，在历届中为最多。）。当时校舍增建，连中小学农场，占面积共三七五亩，房屋二百余间，学生五百十一人（九年秋情形），而教职员则共约九十余人。然国家于此所负担之经费并不多，依七年度预算仅十四万九千元，连附中（二万九千元）附小（一万三千元）合计亦不过十九万元有奇（八九年间虽加列临时费若干，为数亦不多）。学校虽负担学生之学膳宿费（当时学生仅纳书籍费杂费等），而耗国帑不过此数，亦可见教授待遇与行政各费之撙节矣。以言组织，则初设总务处及教务、学监、庶务三处。至民国八年秋，学监主任陈主素先生辞职，十一月刘伯明先生继其任。十二月校务会议决定组织系统之变更，九年一月取消学监处，特设校长办公处，请刘伯明先生为副主任（实即副校长，当时谋扩充大学，郭校长向外接洽之事较繁，校内事多刘先生处理），庶务处改称事务处，教务处仍其旧，皆承属校长办公处。盖自是以后，南高乃有一重大之变迁，此变迁之趋向，即扩充其规模蜕变而成为大学是也。

蜕变之趋势 南京高师成立之初，延师颇重专才硕学，学科亦倾向专门研究。先后所设专修科之多，海内各高师（如北京、武昌、成都等高师），殆无出其右者。自民国九年以后，各科学程增设尤多且专，益浸成大学之规模，而选课分系之制为其枢纽。 方九年一月改变组织系统之际，当局于选课制已加讨论筹划，旋于是年九月实行。 自是各部科本已有分系之倾向者，遂各明分为若干系。 学校于施教与训育，亦渐变已往由上管束之意味，而奖掖学生之自觉自动。 至学生方面风气之转变，亦有足述者。 南高学生向多埋头修学，及民八五四运动起，南京各校学生亦成立联合会，而高师学生会实为其中坚。 参与群众运动与社会服务，风习渐趋活跃（而不流于嚣浮，如于罢课多数主张反对）。 当时高师学生分会，已有自治之工作，至八年十二月三十一日，遂正式成立自治会。 自治会分科任事，成效颇佳，其最可注意者，则为学艺科中之各研究会（校友会原有学艺科，各科学生所设之各研究会属之，至是即改属于自治会，校友会旋即于次年一月取消）。 此种研究会，皆为各科学生自动组织，征他科同学有同志者之加入，请教授与外间学者为指导员，研究讲演之外，竞出刊物。 初多油印自相观摩，继则多由书局出版，虽学生时代之作述，不无未成熟之作，然蔚然成帙，亦颇有开创风气之效者（有数理化杂志、史地学报、农业丛刊、体育季刊、国学丛刊等，皆商务承印；又有教育汇刊文哲学报则由中华出版，别有自印之工学丛刊等）。 此期间之学生活动，此为最要，亦最有足称者。 盖当日之经费规模，自远不逮今日，惟学术研究空气之浓厚，则殆过今日焉。

东大之筹备与成立 南高规模之扩充，既日渐有倾向大学之势，于是筹备大学之事，遂由理想见于实现。 九年四月九日，高师校务会议，通过筹备大学之议案，遂拟具大要计划，由郭校长与江易园、袁观澜、蔡子民、黄任之、沈信卿诸先生联衔向教育部正式陈请。 时范静生先生源濂长教部，深表赞同，阁议旋即通过。 是年十二月六日，东南大学筹备处正式成立。 十年七月，教部核准东大组织大纲；复以前议商科移设上海，爰在沪别组筹备处，议与暨南大学商科合办。 至是东大筹备之端绪略定，遂于八月招考大学预科生百五十余人，而同时南高仍续招文理二部体育科英文科学生共百十九人。 盖学校当局一部分当时之观念以为师资之造就，高师原有其特殊之使命；而贫寒优秀之士求学之机会，亦惟高师可资其普及。 故东大虽在筹备之中，而南高仍拟并存。为谋专门学术之提高，新创大学；为谋师资之供给，续办高师，此过渡期间之理想也。

南高之归并 顾此并立之理想，于是实颇有困难，而学校当局为谋精神之贯注，亦渐有集中新制之倾向。于是南高学生方面，念将来东南各省中学升学者必须纳多量之学膳费，又恋恋于历史渊源之校名之取消，遂颇持异议。校长陈词，初谓二者为极密切之二校，继则解释两方学生之误会，而微露完全改组为大学之为既定事实。十一年夏招生，仅有大学预科生，而停招高师新生，归并之趋势尤显。惟南高多数学生，旋即体念国家教育之方针，以为改组之后，正亦南高精神之发扬光大，故不复斤斤于名义之争。至十一年十二月二十日及十二年一月三日，评议会教授会两次联席会议，正式决定将国立南京高等师范学校归并于新成立之"国立东南大学"（议定归并办法四条）。十二年六月南高举行毕业典礼时（毕业学生一百〇八人），郭校长复正式宣布南京高师之归并于东南大学。秋季开学，校门前之二校名牌，其揭南高者亦不见。于是南京高等师范之名义，自四年成立，历八年而告一段落，以其物质与精神上之一切，扩而为一大学，其后复蜕化更名，以成今之中央大学。绳以名称，虽若南高之消迹，而准事论实，则正为高师之发扬光大也。

南高之余波 南高在十一年即停招新生，十二年宣称归并，然实际上则南高学生保存其旧有之学制办法与固有之良好风气，犹继续三年之久。十三年夏，八科皆有毕业学生，共达一百五十六人之多；十四年夏凡五科毕业生计九十人，而十五年夏间，则一部分因事因病休学之学生，补续修习至是始告结束者，文埋教育英文各科各有数人，计十七人。至是而高师制度之学生完全结束，南高始完全蜕化而为东大。至高师学生之继续修习新知，以符合于大学之定章，则由校务曾制定"南高毕业生入东大补修学程办法"四条，凡四年间修习学分皆予分别计算，修习非过多者，大抵者续学一年之时间，方取得大学毕业之学位。此种学分制与名义上之计虑，自非甚足重；然有已毕业三五年而再来东大续学一年吸收新智以增益其教学之经验，盖小往往于劝教进学著不少之佳效焉。

不愉快的回忆 南高十年之往事，富有实质与生趣，吾等求学四年期中之生活，至今犹留无限愉快的回忆，固有非文字所能形容者。惟在民国十二年中，连续有两种不幸事件之发生，其一为副校长刘伯明先生之逝世，其一为口字房之遭火，后者为重要物质上之损失，前者则为一精神上之打击，其于学校与社会之损失为尤大也。时南高学生犹未尽毕业，规型犹在，而此二事乃竟为其不祥之结束，是诚追述前事所不忍忽也。

刘伯明先生之学问与道德，并世论者多耳熟能详（本杂志一卷九期二十一年十一月刘伯先生专号可参考），而其温和高雅之态度，实为与刘先生曾相接者终生所不能忘。刘先生早年任南高教授（约在民国五年间，初为兼任，八年始专任），后复兼训育主任及文史地部主任，后复在副校长（九年一月以后，时称校长办公处副主任）。其施教（教授哲学等）于智识传授之外，独重人格之感化。及学校改组扩充之中，郭校长常南北奔走，不遑宁居，刘先生实际主持校务，为全校重心所寄。庶政蝟集，而讲学不倦，竟于十二年十一月二十四日以积劳病故。综刘先生一生精力，悉瘁于南高之充实与扩展，且倡导学风，针砭时俗，为时论所推；全校学生，爱戴无间。犹忆吾人送葬之日，不期而集者无计，悲笼校园，嗟声载途，人格感化之深，求之今日大学，信不易得也。

刘先生逝世后，学校当局与学生正已预定十二月十四日开会追悼，不料"祸患荐臻"，而全校精华所萃之口字房，竟于前二日失火。凡曾在南高求学以至初期之东大学生，莫不以此校东之口字房为听讲诵习实验之中心。方形建筑，为室百余，其东首则为图书馆，虽规模远逊今日，而读书之精神甚笃。失火之事，在十二年十二月十一日之晚十二时以前，师生聚合谋救而无效；十余年之学舍（原为宣统年间两江师范所建，形制多仿东邻，四年南高成立修成，以乏资增建新宇，久为高师讲诵之要地），图书设备，一旦荡然。犹忆当年深晚起视，全校哭泣之景象。至刘先生追悼会时，校长郭先生对余烬而悼哲人，亦不禁声泪俱下。此二事者，十二年时在校之老同学，必与余有同感，留深切之印象。其后即口字房原址以建科学馆，图书馆亦事另建，于是物质之设备转扩，而口字房中师生讲习至诚契接之精神，似不可复见矣。

自是以后，国家多故，东大遂续谋发展而不懈；然政治之推移，且将学校卷入漩涡，于是有十四年三九之不幸事件。又三年而国民革命作，学校复因军事影响而受波折。至十七年五月，始正式更名为国立中央大学，本文旨在纪念南高，所述以南高始末为范围，于十一二年之情形虽连类略及，惟于东大成立以后之演进事绩，概置不复述之。

余话——南高之所遗留于吾人者与南高学风之光大　南京高师自民国四年九月成立，迄于十二年一月决定归并于东南大学，前后凡有七年有四月之历史；若推民国三年之筹备，以迄十五年六月南高学生之最后毕业，为时亦不过十二年有半。然南高之渊源，固上溯于千四百余年前之萧梁五馆，五百余年前之明代南雍；而其直接之前绪，则承沿清季两江师范之旧业，至其流脉推衍，则自扩为东南大学以至蜕成今日之中央大学，固亦已有十年之成绩，而其前途且方兴而未有艾。所谓源深者流长，在全国大学中固不易得此丰富光荣之历史也。南高之名称与规制，今虽不复存在。然南高之实质，不惟未尝消失，且更见光大。不唯今之"南高院"（旧称一字房）系后进之追慕，一部分校舍与设备犹为今日所沿用，可谓为物质的遗存；抑其尤可贵者，厥为精神上之遗产，即优良之学风是也。学校改组以还，南京旋复宅建首都，时异势移，论者谓中央大学之学风颇复殊昔。然其间融化旧粹，发扬新猷，亦自有足称，且为国内其他大学所不易觏者。此则积绪深厚，其沾泽殆有不可跡寻，而收莫与比伦之效者矣。作者曩岁学于南高，后复曾忝中大讲席，回首前尘，依恋在抱。辄于缕述往事之余，紬绎吾校当时优美之精神，略陈梗概。大抵南高当日所处之自然与都市环境，朴而不华，实而不浮；以语波澜之壮阔，虽远逊于今日之首都，而衡诸环境之陶冶，容有胜于现时之繁华。肤略以言当时共通之佳风，曰诚、曰爱、曰勤、曰俭，殆皆为今时所不能逮。（一）以言乎诚，则上下相接，往往出之真诚；虚矫不发诸当局，浮动稀见乎学者。教授于授课之外，颇多"身教"之功；至诚感孚，其效以渐。同学之中，虽少殷勤周洽之作态，常存诚挚之真情。（二）以言乎爱；则真诚互感，互爱斯生。师生之间，时多课外之联络，或访谒请益，或同乐谈话，相处既迩，相接常频。而同学之间，概以级别（自九年行学分制后虽同异稍多，但分级无改，以至于结束始已。），同级之间，弥见款洽。饮食起居，休戚与共，守望相助。即异科各级之间，亦赖自治会与各研究会之媒介，颇多往还互助之乐。（三）次则为勤，勤于治学，固为当时极普遍之学风。如选课初行，毕业仍循年级，而同学选习，率好增其学分，厌其智欲。星期休沐，什九犹留斋舍；深夜电息，时见烛光继射。推之于公众服务，亦有人勇于负责，不囿小我；而生活上之操作，如洒扫习劳，尤为常见。（四）次则为俭，尤为大多数生活之共态。今日中大学生虽自营膳宿，然学费非钜；学生岁费，大宗实为其他日用，正与其他大学相同。高师之设，由国家供其食宿，故来学子弟，强半清寒；间有富者，习与俱化，节用惜物，感染成风。故当时求学费用之低，初非全由免费，而实在于生活之简朴（例如自定日报，甚为罕见，衣履自制服外，多数布衣，此非皆由时代使然，盖当时北方海上之大学，已多浮奢成风也。）。及今回忆，膳堂中在"咬断菜根，方知人世至味"大字揭示下之菜食，犹有余味；而宿舍中白毯布被之洁朴，莫非脑际愉快之印象。凡上所云，纵或不无因人而各异其程度，因时而稍变其气质，然自民国四年迄十二三年间之南高同学，一般之风尚如此，多数同学所共忆共信，自非一人凭臆之言。此种遗产，与学校四年师授自学之所得，同时浸渍吾南高八百余人之生活中，以分布于全国，迄于今个人犹受用不尽，而各地中小学学生之受其感染以益智进德者，殆尤未可言尽。而其更伟大之影响，则此种无形之精神，迄今犹保其若干分于中央大学之学风中。中大之时代与环境既殊，范围又扩，其不能与昔无异，自无足奇。但就余所接所识之中大同学言之，固多忠实勤朴，较之平沪之大学生，显有不同，而出校后服务社会，其负责务实，殆尤有共通之优长。即此前后共通之优点，推原其故，固不能不深切感念此十年树人功成而去之"南高"之陶铸作育，以留贻后人于无疆也。往事如烟，来日大难，泚笔话旧，百感交集。南高之留贻于后人者，自不在有限之校舍与设备，而为朴茂优良之学风。吾人惟祝此南高之精神，既已沾溉深入于其承教之数百人，尤将更发荣滋长于中大无限之将来，以有造于吾国之学风与国运中兴。昔刘伯明先生主持南高，辄兢兢以振作学风为言（先生论学风一文见学衡十六期，本刊一卷九期转载）。吾人之所以纪念南高者，亦惟自勉于无堕此纯良之风习，益愿与国人共起抉发今日一般学风之缺弊，而致力于转挽颓波，以振道良好之学风于全国也。

（原载《国风》，1935 年第 7 卷）

[作者简介]

陈训慈(1901—1991年)，字叔谅，慈溪官桥村（今余姚三七市镇）人。陈布雷弟。1924 年毕业于国立东南大学，历任上海商务印书馆编译所编译、中央大学史学系讲师、浙江大学史地系教授。1932年任浙江省立图书馆馆长，任职期间，推行社会教育普及与学术研究相兼顾的办馆方针，实行通年全日开放制度，又先后创办《文澜学报》、《浙江图书馆馆刊》、《图书展望》、《读书周报》等。七七事变后，联络浙江大学、浙江博物馆等，创办《抗敌导报》，呼吁抗日。抗日战争中，为保护浙图藏书，主持组织抢运馆藏《四库全书》及古籍善本，避至富阳、龙泉，又组织抢运宁波天一阁9000多册藏书到浙南。新中国成立后，历任第一至六届浙江省政协委员，民盟浙江省委顾问，浙江省文物管理委员会主任委员，浙江省博物馆图书资料室主任，浙江省历史学会理事、顾问，浙江省地方志学会顾问等职。90寿辰时捐献《丁丑日记》手稿及148封各界名人信札给浙江图书馆。逝于杭州。工古文词，尤精历史，著有《五卅惨史》、《世界大战史》、《晚近浙江文献述概》等。

南高精神

胡焕庸

南京高等师范创立于民国四年，迄于今盖二十年矣，此二十年中，适值国家鼎革之秋，人事更变，乃较任何其他时期为特繁，南京高师，成立不过二十年，而其校名之递改，乃已有五次之多。

初民国九年，即南京高师成立之五年，已有改组高师为大学之议，其次年，东南大学组织成立，乃与南京高师同校而并名，及民国十五年，高师学生全部毕业，学校名称始正式改为东南大学；民国十六年改称第四中山大学，十七年二月，复改称江苏大学，同年五月，始改今名，称中央大学。

自南高以至中大，学校名称，虽经数易，而学校内容实一线相承，绝少变异；凡治学于此者，不论时间先后，都具有同一之好尚；自社会旁观之批评言之，则此校自南高以至中大，亦具有同一学风；此前后一贯始终不渝之好尚与学风无他，即所谓孜孜为学之精神是也。

向者，南高学生亦尝因埋头攻读，不与外事，一度为俗人所诟病矣；然今则国内各大学以及专门研究机关，殆无处不有南高毕业生之踪迹，世界学术界，亦颇有南高毕业生，列名其间，南高孜孜为学之精神，今日盖已有相当结果，以表显于社会矣。

近年中原板荡，国事日非，论者颇欲以迅速简捷之法，以挽救国家之危亡，于是投笔从政者特多，不论治农治工治商之人，均一一舍其所学，以求能入宦为荣，人多职少，争竞排挤之风特炽，扰攘纷纭，终亦无补于国是；惟南高学生，以无此好尚，插足其间者特鲜。

吾人苟非愚顽，莫不知今日之世界，固一科学竞争之世界，不特生活物质之建设，须有各种自然科学为之基础，即如社会人文事业，有如政治经济诸端，亦莫不有其深邃之原理，以为其设施之根据，易言之，盖莫非专门学术之事也；今日而言从政，岂如往昔胸无点墨或鬻缯屠狗之徒所能奏效；学术与政治，原有其十分密切之关系，亦惟大学问家，方得成为大政治家，学术救国云者，岂果为狂人之虚语也哉？

本年秋，适为南高创立二十周年之期，旧同学之一部，不以母校校名之更替，而忘其怀旧之忱，群谋有以庆祝而纪念之，纪念之方，不拘形式，乃假国风杂志发行纪念专号，各抒己见，共图母校精神之发展，余不文，爰举孜孜为学一点，用以自勉而勉人，未识诸学长以为然否？

（原载《国风》，1935年第7卷）

[作者简介]

胡焕庸(1901—1998年)，字肖堂，江苏省宜兴人。1919年考取南京高等师范学校文史地部，1923年毕业后，即赴江苏省立第八中学（今扬州中学）任史地教员。1926年春，回南京补读东大学分，并获东大理学士学位。同年，赴法国巴黎大学和法兰西学院进修。1928年9月，从法国回国，任中央大学地学系教授，并兼任气象研究所研究员，成为竺可桢在这两个单位的得力助手。1927—1937年的10年，是中央大学地理系（包括此前的地学系）蓬勃发展的时期。在这10年中，特别是1930年以后的7年，在地理人才的培养方面，他起到很大的作用。不仅担负起气候学和自然地理的几乎全部教学任务，包括地学通论、气候学、天气预报、地图投影以及亚洲和欧洲自然地理；而且，还从事地理教学基本建设，如编写教材，编绘挂图，组建中国地理教育研究会，创刊《地理教育》等。1941年,中央大学研究院成立地理研究部,出任主任。中华人民共和国成立后,曾前往华北革命大学政治研究院学习1年,又在治淮委员会技术委员会工作3年。1953年,调往上海华东师范大学地理系,从而开始了长达40多年的教学和科研生涯。

民国以来学校生活的回忆和感想

景昌极

记得民国肇造那年,我才九岁。有一天,黄昏时候,掩在房门角落里,两脚踏在门框和桌杠上,脑里忽然起了一阵幻想。觉得将来能够得着一个窗明几净的环境,让我从容地展卷吟诵,那是何等快乐。想至此,不禁神魂飞越,同时心里起了一种预记,仿佛说,将来我纵然到了三四十、五六十岁的时候,总也不会忘记今日幼年的心情吧。而且当时还有一种坚决的自信心,觉得自己这种心情并不幼稚,再过几十年也不会自觉为幼稚。果然,不久就开始过学校生活,一直到现在二十多年中,还不时想起那天的情景,并且很想把从那天以后的种种反省,随时记述下来,再供他日的反省。可是,一想到自己学业方面的成就有限,就不禁因惭愧而搁笔,而留以有待。

恰好今年是南高东大中大一线相承的二十周年纪念,老同学们偶尔相聚,闲话当年,俯仰今昔,都颇有些感慨系之。相约各自写篇文章以示不忘母校。关于母校从成立到现在的历史,变化等等,已经有几位同学担任纪述,我便乐得借此机会,把我个人廿几年来对于学校生活的回忆和感想,略述一些。自然,在我的学校生活中，在南高的四年，是承前启后，形成我一生志趣学业的最大关键。

我在十一岁的春天，进家乡—江苏泰州—私立的伍成高等小学。进去后，因为国文成绩不差，升了一班，省去半年，经过两年半的功夫，在我十三岁的夏季便毕业了。那年暑假，差不多和南高开校同时，考入南京第一中学。又经过四年学业，考入南高文史地部。到第三年上，南高行选科制，我们好些同学，每学期相约多选几个学分，结果只有三年半的功夫便把四年的学程学完，廿岁的冬天，又毕业了。总计我进学校的时期整整十年。前后用费不过六七百元，也算得是十载寒窗。

我毕业南高后，在南京支那内学院读了半年佛典，随后到奉天东北大学教了六年，又到四川成都大学教了三年。民国廿年回到母校来，于今又四年多了。统计我过去所教所读的五个学校中，除了第一中学在改为南京中学以前，始终是暮气沉沉以外，其余的四个学校都是当我进去的时候，朝气勃勃，等我快要离开了，或离开以后，才暮气沉沉起来。这是我在回忆我学校生活时认为很幸运的同时也是很不幸的一件事。

这几个学校何以由朝气转而为暮气。显然地都是受了政局的影响，主持者不久于位，继任者不得其人的关系。尽管名义比从前好听，表面比从前辉煌，而精神却迥不如前了。就以我们现在所要纪念的南高来说吧。南高自从改称大学直到如今，名义扩张了，经费扩张了，校舍扩张了，院系扩张了，甚至于学校附近供给物质生活的店铺也跟着扩张了，可是讲到同学方面朴实的风气，读书的成绩，似乎是适得其反，这确是老教授老同学们良心上深深地感觉到的。

我深记得在中学里做穷学生的痛苦。因为同学少年，大半是比较有钱人家的子弟。一到星期六星期天晚上，都呼朋引类的上酒馆游戏场去了，宿舍里只剩三五支烛光明灭。你一个人便想用功也鼓不起劲来。可是一到了南高，便似到了又一个世界。同学们除掉课后散步台城或逛状元境旧书摊外，简直不知道南京还有游戏场可去。偶尔到北门桥买些豆腐乳花生米以佐早餐，或者凑几角钱买些茶点，在梅庵开个同乐会，便算是奢侈生活了。晚上电灯熄后，有一半的房间在焚膏继晷。在这种空气里，便不容你不读书，因为不读书便无事可做，也找不到游侣。

那时并没有许多宿舍，师生大多数聚处校内。虽然也分几部几科，同学间，同事间，师生间，却很少有对面不相识的。虽然师生们对于国家前途，一样关心，却很少兼差的教授和有政党意味的会社。北京方面的新文化运动起了，南高方面也未尝故步自封，却自有其不激不随中正不倚主张。这些在当时确能蔚成一种风气。

同时我觉得有些学校是灰色的，是无学风可言的，是"悠悠风尘，皆奔竞之士"，更谈不到什么维持旧学风。而南高东大中大，在过去确有一种宝贵的学风值得发扬光大。

我在中小学，最怕的是手工图画音乐三项课程。本来以英国算三项平均分数可以名列前茅的，每每因为这几项的不及格而拖累下来。一直到了南高，才算免去了这种厄运。我觉得这类科目，虽自有其重要性，却并非所有受普通教育的人所必需，应该早一点，至迟从中学起，便把他专门化。

反之，我又觉得文理法科的课程，至少在大学里，不宜于太专门化。第一层理由，现在中国的学术程度，还不曾能供给太专门的教材。第二，实际上各项科目息息相关，非兼通不可，例如文学之于历史，数学之于物理，政治之于经济。第三，为大学生将来到社会上服务，也无须这种名不副实的专门。因此，我觉得从前南高的分为文史地，数理化两部和工农商等专修科，比现在的中大，文史地数理化政治经济等各成一系，较为合理，而且经济院系的增设也是二十年来中国学风由笃实而渐趋夸大的一端。

近几年来，大学里的风气又一变。尤其是多数文科的学生既不肯深思，也不屑苦记，并不暇细心听讲，所要求于教师的，只是开参考书，泛论各书的得失，仿佛目录版本书评类书之学，要取一切真实学问而代之。其次便是逐字逐句的用白话文翻译一过，可以教学者不劳而获。这种风气，可以说和政界的只做工作报告，而不去工作，办学校的只讲装饰表面，而不务实际精神，是呼吸相应的。

凡此种种，偶尔想起，都令我起今不如昔之感。而尤其叫我徘徊眷念的，是未改东大以前的南高时代的学风。

（原载《国风》，1935 年第 7 卷，文章略有删节）

[作者简介]

景昌极（1903—1982 年），即景幼南，江苏泰州人。哲学家、佛学家、教育家。1919年入南京高等师范学校文史地部学习,为史学大师柳诒徵先生门下高足,文史哲俱为精通,曾与柳氏合办《史地学报》和《文哲学报》。1922年毕业。1923年1月,与缪凤林一起考入南京支那内学院,师从欧阳竟无研究唯识学。同年8月毕业,9月经吴宓推荐,被聘为沈阳东北大学哲学系讲师,开讲唯识学。后升为教授,同时兼任历史系教授。1929年1月应聘成都大学,兼任哲学、历史两课教授。1931年9月,任中央大学教授,1936年9月,任杭州浙江大学教授,1937年9月返回故里。1946年9月,任武汉大学教授。1947年9月,任安徽大学教授。1949年9月,任江苏省立泰州中学教师。1956年被评为一级教师、省优秀教师。1961年9月,任扬州师范学院教师。1982年4月3日逝世,终年79岁。

南高的学风

张其昀

民国三年八月，江苏巡按使韩国钧委任江谦（字易园，安徽婺源人）为南京高等师范学校校长，就前两江师范学堂，察勘校舍，筹备开校。四年一月，聘定留学美国教育博士郭秉文（字鸿声，江苏江浦人）为教务主任。八月十一日，举行入学试验，先招国文理化两部，录取学生一百二十六人。九月十日，举行开校式。至民国八年，郭秉文继江谦为校长，其时可谓南高已臻成熟而酝酿改组之时代。全校设科有国文史地部、数学理化部、教育专修科、农业专修科、工艺专修科、商业专修科、体育专修科。校舍连农场在内，计面积三百七十亩，计大小房屋二百十余间。教员五十三人，职员四十一人，学生共四百十六人。

初，民国临时政府成立，已有国立四大学之议，而南京实居其一，终以经费支绌，未克实行。及南京高师成立，诸所擘画，颇异部章，而专修科增设之多，尤为各高师所未有。其后实行选科学分制，学程与设备，益趋于大学之规模。及九年四月九日，高师开校务会议，提出筹备国立大学议案，一致赞成。遂拟具计划，郭校长与江谦、蔡元培、袁希涛等，联衔向教育部正式陈情，时范源廉长教部，深表赞同，逐通过于阁议。十二月六日东南大学筹备处正式成立。十年七月教部核准组织大纲，遂以八月招考预科学生。九月教部以郭校长兼东南大学校长。大学成立，自新建成贤街宿舍而外，校舍教员以逮图书设备，一赖高师之旧。至十二年一月评议会教授会联席会议，决定将南京高等师范合并于东南大学，南京高师之名称，自民四至是，始行取消。然东大之初期，犹多南高之旧同学，中间并无截然之界限。东大之改为中大也亦然，其校舍同，其设备同，教职员与学生既新陈代谢，其传统精神亦有了深厚的根基。南高、东大、中大三校先后递嬗，其校史概要如此。

质朴力学　校风优良

作者是民国八年考入南京高等师范学校，至民国十二年高师名称取消，改为东南大学，作者即于是年毕业。作者求学时期亦可谓南高之全盛时代。本篇想要说明南高所给予我们，究竟是些什么？若舍枝叶而求根本，便是南高的精神，而不限于某部某科。当年"高标硕望，领袖群伦"的人物，是哲学教授刘伯明先生（名经庶，以字行，南京人）。他于民国十二年十一月二十四日，以积劳逝世，年三十九。当临殁时，他问刘师母："你是哪一系的学生？"他真是为母校而牺牲的，我们最纪念他。

校风之养成，其必要之条件有二：一为历史的关系，一为理想的确立。南京高师的校风，究竟是怎样呢？据刘伯明先生说："吾校同学率皆勤朴，无浮华轻薄气习。而其最显著之优点，在专心致力于学。其坚苦卓绝，日进不已，至可钦佩，实纨绔子之学生所不能及者也。"此非刘先生一人之私言，近四十年南高毕业生服务社会亦既遍于全国，称赞南高学生好学精神的公平舆论，常常可以听到的。

南高成立时，刘先生担任哲学讲座，民国九年，任训育主任及文史地部主任，十年任校长办公处副主任。他以哲学家而办学，最注重于教育理想。他常谋物质方面设备固求完善，但物质较诸精神则仍居于次要。盖办学如无理想，则校舍无论如何壮丽，校具无论如何珍贵，其于社会上的功效必甚微薄，甚至贻害社会，造成自私自利之蠹民，亦未可知。反之，学校如具有一种共同之理想，则学生随教师之后，自能积极上进，历时已久，无形中自能造成优美的校风。回想我们求学时代，每逢集会，刘先生常以此意反复申明，以为我们校舍尽管破旧，我们常保持一种"朴茂"的精神，不要有铜臭，不可有官气。这种演讲大有功效，渐渐侵入心坎里，唤起自觉和自重。就作者所知的许多同学，虽然都富于个性，但学校生活确乎是整个的，教授与同学的努力好像有完全的协调，有深切的内心的统一，这实在是南高教育上的成功。现在再把这种人格教育，分为德育、智育、美育、群育四方面来说明。南高时代学校生活，一言以蔽之，是有条理有意义的生活。

（一）德育　南京高师之宗旨有二：一方面固为养成优良教师，一方面又力求深造，兼欲养成专门学者，其性质与法国高等师范学校相似。因母校采行优待制度及严格的入学试验，吸收多数清寒而优秀的青年，由今看来，已经相当的达到目的。

刘伯明先生谆谆以精神修养为全校表率，其言曰："吾国古来学风最重节操，大师宿儒，其立身行己靡不措意于斯。所谓不为燥湿轻重，不为穷达易节，最能形容其精神。"这种高尚的思想，曾经弥漫于母校，若干大师，皆致力于个人之感化，精神之涵养，对于学生无论修学游息，随时加以指导，由是改造其思想，陶冶其品性，不仅以授予智能为尽教授之职责。"淡泊以明志，宁静以致远"，我们仿佛有所领会。

南高的大师对于西洋文化多深有研究，南高的精神，一面保持质朴的风气，一面又注重科学的训练，贯通中西，是其特长。科学在德育上足以培养独立的精神，与高远的理想。科学的鹄的在求真，即所谓格物致知。科学家既以真理为生命，必须虚衷考察，独立探讨，深思远虑，而无一毫之偏私。刘伯明先生尝曰："吾人生于科学昌明之世，苟冀为学者，必于科学有适当之训练而后可。所谓科学之精神，其首要者，曰惟真是求。唯其如此，故其心最自由，不主故常，盖所谓自由之心，实古今新理发现必要之条件也。"世人多称南高学风偏于保守，这是一误解，与其称为保守，不如称为谨严，较近事实。南高的精神中科学的成分极重，他们不囿于见，不狃于私意，发言务求正确，不作妄诞之辞，最富于自由空气与真挚的精神。

（二）智育　时人称南高偏于保守，另一证据，即当白话文势力盛行以后，南高学人仍多用文言述学论事。作者的意思，以为白话文言各有特长，文言应求通俗，白话亦应洗练，两者本无严格划分的界线。但无论文言白话，应以思想为中心，随时代而进步，庶不致成为陈腔滥调。据作者所知，南高虽分为许多部，但有一共同倾向，即注重国文，注重科学的国文，且认为造就优良师资的先决条件。欲图国文之进步，必须将俗语俗文在相当程度之内，加以洗练，使渐与雅语雅文调和，又须使文字内容不悖于近代思想与科学方法。

母校智育的最大特色，当然是注重科学。中国科学社与南京高师都是民国四年成立的，科学社的发起人回国后大多数担任南高的教授。该社最初在美国成立，迁回中国时先在南高设立办事处，后来又在南高附近创立会所，两个机关密切合作。记得某教授很高兴的说过："南高是中国科学社的大本营。"南高和其他高师不同的地方，即在其造就科学人才之众。世人常以南高与北大相提并论，也不是偶然的。

刘伯明先生深恐母校同学失之过专，常常提倡博约之旨，其言曰："世界知识，其相互的关系，吾人亦应称加注意，俾治各种专门之学者，互相了解，于分门之中有一致之意，所谓同心相应（Like-mindedness），此即真正德谟克拉西之社会也。"南高学生倘不致变成狭隘的专家，昔年良师提携之功，诚不可没。

南高又有一最可自负之点，即留学生与国学大师的合作。文科方面有几位大师对于中国文化有透彻的研究与超越的见解，同时他们也注意于科学方法，故思虑周密，其探究事理常带有批评的精神。英人罗素尝谓西方文化显著的优点是科学方法，中国文化显著的优点是一种合理的生活观念，此二点希望其逐渐互相结合。当年南高的学风，确实存着这样自信心。古人说："质胜文则野，文胜质则史，文质彬彬，然后君子。"调和文理，沟通中外，实在是当年南高办学者的宏旨。

（三）美育　刘伯明先生谓通常之论人格者，仅及精神方面，而以与品性相混；不知所谓人格（西语曰 Personality），审而观之，其中所涵要素，除自信、判断能力、庄重、温良等外，就其涉及形骸方面者，亦甚关重要。服装、健康、运动、游息等事，均应加以注意，勿以身体不强或不修边幅为荣誉。美术能调和人之感觉性与理智性，故为教育上重要工具之一。语其具体方法，如游览讽诵各伟大之创作，而培养其美感。应避免一切庸俗粗鄙之事物，应生活简单无浮华铺张之习，并应于可能时，培养自己所有之真正艺术才能。其在西洋，如希腊雅典之教育，以音乐与体操并重，而兼重文艺。体操者，一方面以健康为目的，一方面以身体为美的形式之发展，希腊雕像所以完成空前绝后之美，即由于此。但南高学生在这方面似未能尽副办学者的期望。有一次集会，刘先生演说，谓外人参观吾校，称吾校学生有老夫子气，其批评非毫无根据，刘先生常引以为戒。但是母校在局部方面未尝没有成功，体育专修科开全国风气之先，毕业生在体育界居于领导的地位甚多，这是公认的事实。

（四）群育　刘伯明先生常谓吾人治学，宜有社会的动机，研究学问固不欲仅仅收效于目前，然其与人生之关系，不可不知，因世无离人生独立之学问，而学问又不是供人赏玩的美术品。凡社会生活所生的结果，不必皆善，但一切善行若离社会而生活，则必不成，刘先生所诏示于同学者，在学校应有自治的精神，对地方应有公民的精神，对国家应有共和的精神，可说是南高群育纲领。南高时代学生自治会最有生气，课外研究又设立各种研究地，其目的在培养良好的公民资格，如公正无私，同情心，责任心，牺牲个人利益，尊重他人权利等事。从事政治活动而不根据于道德，则政治生活亦必致卑鄙龌龊，令人有贱视之心。南高学生个性虽极度发展，然绝不因主张之同异，隐隐有局部之对垒。学生界党同伐异之败德，母校独无征迹，这也是当年学校生活最感觉愉快的一点。

环境优美　全国唯一

天才之发展与遗传环境两方面，均有密切之关系。天才虽亦有因遗传而来，然其受境遇之感化影响实甚大。人才之产生与其周围之山水风土，常相适应。自来山明水秀之地，多产生伟大之人物，此考之往事而可征信。母校的自然环境，在全国的各大学中可称是唯一的，课余之暇在台城上散步，看钟山的月出，扬子江头的落照，真有潇洒自得之意。仰高山而怀先哲，过城垣而思故国，玄武湖上泛舟时，谁没有仰俯今昔之感？或星期休沐，约二三良朋，在鸡鸣寺豁蒙楼，或清凉山扫叶楼，品茗闲谈，不觉时移，"江山重复争供眼，风雨纵横乱入楼，"诗情画意，又不觉油然而生。稍远一些，到钟山上远眺，大江如玉带横围，万家楼阁，一览无余，冈峦历历，绕郭浮青，规模的阔大，在精神上自更有甚深的感动。这些天然图画都是母校美丽的背景。曾有人以钟山的崇高，玄武的恬静，大江的雄毅，来象征母校的校训，我们后生小子，虽不能至，而心向往之。本校校址，有千余年的历史渊源，自刘宋四学，萧梁五馆，以迄明代之国子监，后先辉映，实为文化圣地之一，故国乔木，谁能忘情？

服务社会　成绩卓著

南高史学大师对古来乡治多津津乐道，以为今之形势，为一国执政易，为一乡领袖难。盖一国执政，不求彻底之改革，但为一时粉饰敷衍之计，此稍有才器者能之。为一乡领袖，则不但须有才器，尤须有高尚之道德节操，为群众所敬服者。我国古来虽为君主政体，然以幅员之广，人口之众，立国之本仍在各地方之自跻于善，初非徐恃一中央政府，或徒赖政府所任命的官吏，而人民绝不自谋。此其形式，虽与近世各国所谓地方自治者不侔，然欲导吾民以中国之习惯，渐趋于西方之法治，非徒此参其消息，不能得适当之导线。南高毕业生在各地办中学多年，成绩卓著的，实繁有徒，这是公民精神的一种表现。

当时中国政局紊乱，刘先生常深忧之，谓国人所缺乏者，为共和国民之精神。共和精神非他，即自动的对于政治负起责任，建立统一的国家。要而言之，自由必与负责相结合，而后始为真正的民治。仅有自由谓之放肆，任情任意而行，无中心以相维系，则有分崩离析之祸。仅负责任而无自由，谓之屈服，此军国民之训练，而非民治。真正的自由与负责，实同物而异名，惟负责而后有真自由，亦惟自由而后可以真负责。刘先生在清季尝入同盟会，要闻革命之役，曾为文论滇缅边界片马问题，传诵一时。清室既覆，民党多居高位，先生独赴美求学，有劝以入政府任外交者，先生笑谢之。既自美归，一意教育，其所倡导的民治，自然与国父的民权主义相契合。民权主义的精义，谓各人之聪明才力有天赋之不同，故将来之成就自然互异，苟不顾各人之聪明才力，强求一律平等，世界便无进步，人类亦将退化。吾人讲求民权平等，须使世界有进步，同时在政治上立于平等之地位。此种平等之实现，为吾人应有之努力。

南高精神　永不磨灭

刘先生谓救国之事，全国之人应共负其责，特教育界可为之先导，而又必有充分之准备，循序为之，持之以恒，不凭一时含混之热诚。其所诏示同学者，有曰："凡政治社会问题之关系较大者，宜本学理之研究，发为言论，其心廓然大公，不瞻徇任何派系之私意，唯以高贵之精神，崇伟之心理，与国人相见，斯真高尚之学风也。夫先觉者，感人之所同感，而较深切，其表见也又较著明，不若常人所感之暧昧滋混。唯其如是，故应本所感者发为文辞，播诸民间，为诗歌可也，为报章言论可也，如布种然，使其潜含暗长，历时既久，动机自生。历观中外大改革其发动之机，胥在于是。"

总而言之，在民国初年的教育史上，南高的校史当然是可以大书特书的一页。刘先生说："吾侪对于宇宙的态度，须信其永无消灭，继续存在。有此理想，方可支持吾侪贡献于社会之勇气，而求人类之进化。"南高的名称虽然已经消灭了，南高的重心刘先生也已经以身为殉了，但是南高的教育现在已证明达到相当的成功，南高的精神是永远不会磨灭的。

（原载《中央大学七十年》，[台]国立中央大学印行，1985年）

[作者简介]

张其昀(1900—1985年)，字晓峰，浙江宁波鄞县人。中国地理学家、历史学家。1919年浙江省立第四中学（现宁波中学）毕业，考入国立南京高等师范学校史地部，师从哲学大师刘伯明、史学大师柳诒徵、地学大师竺可桢等人，1923年毕业时，正逢南高改制易名东大，出于对南高的挚爱，坚持领取了南京高师最后一届毕业生文凭。毕业后在上海商务印书馆工作，其间主编的《高中中国地理》，与戴运轨主编的《高中物理》、林语堂主编的《高中英语》构成当时全国通用的三大课本，对中学教育起到很好的提升作用。1927年起在国立中央大学地理学系任教，主讲中国地理，为中国人文地理学的开山大师。1935年当选为第一届中央研究院中央评议会聘任评议员，是从未出国留学而当选评议员中最年轻的一位。1936年受聘为浙江大学史地系教授兼主任、史地研究所所长，后又兼任文学院长。1941年当选为首批教育部部聘教授。曾任中国地理学会总干事。1943年受美国国务院之邀聘前往哈佛大学研究讲学。1949年到台，曾任国民党总裁办公室秘书组主任、国民党中央宣传部长、教育部部长、国民党中央评议员兼主席团主席、总统府资政等职。在台湾创办了中国新闻出版公司、中华文化出版事业委员会，发起创办《学术季刊》等多种学术期刊以及"中国历史学会"等组织。对台湾地区的文化教育事业贡献甚钜。著有《本国地理》、《政治地理学》、《中华五千年史》等。1985年8月26日在台北逝世。

国立中央大学的学风

张其昀

国立中央大学位于南京城北钦天山下,南京为中国之一古都,亦为民国之新都,故可称为首都大学。回溯往迹,则自六朝南唐以至明初,在南京皆有国立大学,流风余韵,后先辉映。以历史地理的关系,我们的母校自有其独特的荣誉。世人有以钟山的崇高,玄武的恬静,大江的雄毅,足以象征母校的学风,这确是一种有意义的比喻。兄弟想就此三点,略加诠释,以资感兴。

(一)崇高 国立中央大学可说是中国现代儒学复兴运动一个策源地。在五四运动以后,对中国历史文化持怀疑与抨击态度者,滔滔皆是。当时南京的我校,则屹立而不为动摇,所谓"钟山龙蟠,石头虎踞",真有砥柱中流的气概。我校所倡导的新学术,虽深受西洋思想的影响,而不为所转移,而益充实光辉。这种儒学复兴运动,经过四十年的时间,由发轫而渐趋成熟,以期成为吾国学术的正宗,中国真正的文艺复兴。我们常以此自勉,当为世人所共见。中大初期称为南京高等师范学校,当时哲学教授刘伯明先生,尊严师道,为全校重心之所寄。他汲汲于诱掖后进,其好学之勤,爱士之笃,令人永不能忘。他常说:孔子教育哲学与政治哲学,其最后目的均在于仁的实现。 中国传统的教育,注重道德的实践,能自立立人者方称为士。 他认为完全的人格,必须把知情意、真善美三者合为一体。 人类非能遗世独立,与人为善,即不能专主情感。 他在讲授西洋哲学时,常称引柏拉图与斯宾诺莎的学说。 柏拉图以为吾人不必禁止行乐,但不当为快乐的奴隶。 斯宾诺莎以为精神上之不健全与不幸,起于某种富于变化性事物之过分爱好。 反之,爱事物之具有不变性与永久性者,则为爱天之徒。 爱天一念,非道德之酬报,而为道德之本身。 斯氏见解可使世人得到精神健康,而不致沦于失望之深渊。 刘先生又常征引董仲舒之语:"善言天者必有征于人,善言古者必有验于今。"他以为学者要能知古知今,以理性为指针,而应用之于各种实际问题。 要之,我校讲学的宗旨,在于远承孔孟之遗言,旁汲欧美之思潮,融合洞彻,焕然大明,以创造中国之新文化。 我们的理想是致广大,尽精微,去短集长,而务求融会贯通之益。 刘先生的主张,大学教育,通材专精,应双方并顾,总期能通达时务,而切于实用。 世人或以为民国以来学风有南北两派,北以燕都为中心,南以金陵为大宗,北派趋于细针密缕,南派趋于崇楼杰阁。 此类批评未必即为切当,而我校同学,多能力争上游,卓然有以树立,此种志趣,当为世人所乐许。

(二)恬静 学者贵能自得其乐,但如何方能有此意境,则必须优游涵泳以自得之。 曾文正公尝谓:"涵者为春雨之润花,如清渠之溉稻,泳者如鱼之游水,人之灌足。 善读者须视书如水,而视此心如花如稻,如鱼如濯。"这几句话,可以看出学问变化气质的功效。 现代教育的通病,即是知识的负担太重,精神的修养太少。 南高成立之始,名师荟萃,他们对中国儒学皆富于研究,一切教法皆能以身先之,注重人格的感化。 他们以为宋明儒者有关修养的理论,至为精微,其言有如布帛菽麦,极为有益。 程明道教人"观天地生物气象",又不除窗前草,而说欲"常见造物生意"。 有诗云:"万物静观皆自得,四时佳兴与人同。"真有潇洒活泼、行云流水之乐趣。 回忆我们在南京求学时,玄武湖泛棹,豁蒙楼品茗,随时可意会到古人光风霁月之雅怀。 刘伯明先生尝谓智德双修,为最完全最高尚最可乐之事。 仅有科学不能满足我人之需要. 我人又需有美感,美感为宗教与艺术之源泉。 青年皆富有蓬勃之朝气,无热情则索然无生趣,但若流于狂热,则易生危险。 如何加以节制,俾能从容中道,此为人类文化之核心问题。 亚里士多德尝谓最大快乐在于澄思渺虑，中国古人所谓"高山大泽之思"，即是此意。昔人诗云"在山泉水清，出山泉水浊"。刘先生以为我们要想达到"出山要比在山清"的境界，有大的关键在于能明义利之辨，他曾说："吾国古来学风最重节操，大师宿儒，其立身行己，靡不措意于斯。所谓不为燥湿轻重，不为穷达易节，最能形容其精神。"他以为学者当从出处去就辞受交接处立定脚跟，而后可以讲"淡泊宁静"之道。己所不欲，勿施于人；有所不得反求诸己。言谈举止，当循循雅饬，使人一望而觉有醇厚和易之气。这些话都是昔年良师所提倡的精神教育的要义。

（三）雄毅　孔子曾谓徒托空言，不如见诸行事。曾子谓士不可以不弘毅，任重而道远。历代大教育家无不以精思力践为主，欲以功业之建树，征学说之虚实。所谓内圣外王，有体有用之学，在一面讲涵养，一面讲致知，两者同时并进。涵养则须虚心涵泳，切己体察；致知则须格物穷理，知行并重。王阳明致良知的学说，大意谓良知是知，致良知是行，吾人必须致良知于行事，而后良知之知方为完成。阳明谓圣人教人只是一个行，他最所注重的就是"事上磨炼"的功夫。但是我们为何不能力行，我们的病根究竟是什么呢？朱子有一段极痛切的话，他说道："天下事所以终做不成，只是坏于懒与私而已。就如经界，就行也安得尽无弊。然十分弊也得革除九分，所存者一分半分而已。令人都情愿受十分重弊，才有一个理会，便去搜剔半分一分弊来瑕疵之，以为决不可行。都是这般见识，分明有涸天下国家，无一人肯把自己事物看。"朱子揭出懒与私二字，真是切中学者隐微深锢之弊。回忆南高的校歌，第一句即为"大哉一诚天下动"。诚字即含有自强不息与廓然大公之意。能够廓然大公，自强不息，则吾人之性即得其至大之发展，是即所谓尽性，所谓至诚。刘伯明先生指示我们：要能在困苦中不忘奋斗，方为一切事业成功之母。此正孟子所谓："劳其筋骨，饿其体肤，空乏其身，行拂乱其所为，动心忍性，以增益其所不能。"人生的意义与价值，即在以人力克服环境，创造命运在痛苦的时候，作深切的思维，从而获得新活力与新希望。古来豪杰之士，不灰心，不失望，不问境遇之顺逆与否，几无往而不自得，元气淋漓，百折不回，则其挫折我之处，正是玉成我之处。这种大无畏的精神，正是我们理想中雄毅的学风。王阳明致良知的学说为中国思想上的大动脉，好比扬子江是中国地理上的大动脉。江流浩瀚，波澜壮阔，我们所受自然的禀赋，与良师的教泽，是何等深厚！文中子（王通）曰："善歌者使人继其声,善教者使人继其志",四十年来,我校人才辈出,多能蔚为国器,与首都大学之地望,足以相称。钟山的崇高,玄武的恬静,大江的雄毅,可视为母校精神的象征。

（原载《张其昀博士的生活和思想》,[台]华风学会编印,1982年）

中央大学之使命

罗家伦

当此国难严重期间，本大学经停顿以后，能够以最短的时间，由积极筹备至于全部开学上课，以及今天第一次全体的集会，实在使我们感觉得这是很有重大意义的一回事。

这次承各位教职员先生的好意，旧的愿意继续惠教，新的就聘来教，集中在我们这个首都的学府积极努力于文化建设的事业，这是我代表中央大学要向各位表示诚恳谢意的。

本人此次来长中大，起初原感责任重大，不敢冒昧担任，现在既已担负这个大的责任，个人很愿意和诸位对于中大的使命，共同树立一个新的认识。因为我认为办理大学不仅是来办理大学普通的行政事务而已，一定要把一个大学的使命认清，从而创造一种新的精神，养成一种新的风气，以达到一个大学对于民族的使命。现在，中国的国难严重到如此，中华民族已临到生死关头，我们设在首都的国立大学，当然对于民族和国家，应尽到特殊的责任，就是负担起特殊的使命，然后办这个大学才有意义。这种使命，我觉得就是为中国建立有机体的民族文化。我认为个人的去留的期间虽有长短，但是这种使命应当是中央大学永久的负担。

本来，一个民族要能自立图存，必须具备自己的民族文化。这种文化，乃是民族精神的结晶，民族团结图存的基础。如果缺乏这种文化，其国家必定缺少生命的质素，其民族必然要被淘汰，一个国家形式上的灭亡，不过是最后的结局，必定是由于民族文化和民族精神先告衰亡。所以今日中国的危机，不仅是政治社会的腐败，而最要者却在于没有一种整个的民族文化，足以振起整个的民族精神。

我们知道：民族文化乃民族精神的表现；而民族文化之寄托，当然以国立大学为最重要。英国近代的哲学家荷尔丹（Lord Haldane）曾说："在大学里一个民族的灵魂，才反照出自己的真相。"可见创立民族文化的使命，大学若不能负起来，便根本失掉大学存在的意义；更无法可以领导一个民族在文化上的活动。一个民族要是不能在文化上努力创造，一定要趋于灭亡，被人取而代之的。正所谓"子有延内，勿洒勿扫，子有钟鼓，勿鼓勿考，宛其死矣，他人是保"。其影响所及，不仅使民族的现身因此而自取灭亡，并且使这民族的后代，要继续创造其民族文化，也不一定为其他民族所允许的。从另一方面看，若是一个民族能努力建设其本身的文化，则虽经重大的危险，非常的残破，也终究可以复兴。积极的成例，就是拿破战争以后，普法战争以前的德意志民族。我常想今日中国的国情，正和当日德意志的情形相似。德国当时分为许多小邦，其内部的不统一，比我们恐怕还有加无已；同时法军压境，莱茵河一带俱分离而受外国的统治。这点也和我们今日的情形，不相上下。当时德意志民族历此浩劫还能复兴，据研究历史的人考察，乃由于三种伟大的力量：第一种便是政治的改革，当时有斯坦（Stein）、哈登堡（Hardenberg）一般人出来把德国的政治改革，确立公务员制度，增进行政效能，使过去政治上种种分歧割裂散漫无能的缺点，都能改善过来。第二种是军事的改革，有夏因何斯弟（Scharnhorst）和格莱斯劳（Gneisnau）一般人出来将德国的军政整理，特别是将征兵制度确立，并使军事方面各种准备充实，以为后来抵御外侮得到成功的张本。第三种便是民族文化的创立，这种力量最伟大，其影响最普遍而深宏，其具体化的表现便靠冯波德（Willelm von Hunbaldt）创立的柏林大学，和柏林大学哲学教授菲希特（Fichte）一般人。对于德国民族精神再造的工作。所以现代英国著名的历史学家古趣（G. P. Gooch）认定创立柏林大学的工作，不仅是德国历史上重要的事，并且是全欧洲历史上重要的事。尤能使我们佩服的便是当年柏林大学的精神。在当时法军压境，内部散乱的情况之下，德国学者居然能够在危城之中讲学，以创立德意志民族文化自任。菲希特于一八〇七年至一八〇八年间在他对德意志民族讲演里说："我今天乃以一个德意志人的资格向全德意志民族讲话，将这个单一的民族中数百年来因种种不幸的事实所造成的万般差异，一扫而空。我对于你们在座的人说的话是为全体德意志民族而说的。"现在我们也需要如此，我们也要把历史上种种不幸事实所造成的所有差异，在这个民族存亡危迫的关头，一扫而空，从此开始新的努力。德意志民族的统一，就是由于这种整个的民族精神先打下了一个基础。最后俾斯麦不过是收获他时代的成功。柏林大学却代表当时德意志民族的灵魂，使全德意志民族在柏林大学所创造的一个民族文化之下潜移默化而成为一个有机体的整个的组织。一个民族如果没有这种有机体的民族文化，决不能确立一个中心而凝结起来；所以我特别提出创造有机体的民族文化为本大学的使命，而热烈诚恳的希望大家为民族生存前途而努力！

讲到有机体的民族文化，我们不可不特别提到其最重要的两种含义，第一，必须大家具有复兴中华民族的共同意识。我们今日已临着生死的歧路口头，若是甘于从此灭亡，自然无讻可说，不然，则唯有努力奋斗，死里求生，复兴我们的民族。我们每个人都应当在这个共同意识之下来努力。第二，必须使各部分文化的努力在这个共同的意识之下，成为互相协调的。若是各部分不能协调，则必至散漫无系统，弄到各部分互相冲突，将所有力量抵消。所以无论学文的、学理的、学工的、学农的、学法的、学教育的，都应当配合得当，精神一贯，步骤整齐，向着建立民族文化的共同目标迈进。中国办学校已若干年，结果因配置失宜，以致散漫杂乱，尤其是因为没有一个共同民族意识从中主宰，以致种种努力各不相谋，结果不仅不能收合作协进之功效，反至彼此相消，一无所成。现在全国大学教授及学生，本已为数有限，若是不能同在一个建设民族文化的目标之下努力，这是民族多大的一件损失？长此以往，必至减少，甚至消灭民族的生机。人家骂我们为无组织的国家，我们应当痛心。但是我们所感觉的不仅是政治的无组织，乃是整个的社会无组织，尤其是文化也无组织。今后我们要使中国成为有组织的国家，便要赶快创立起有组织的民族文化，就是有机体的民族文化。

我上面就德意志的史实来说明我们使命的重要，并不是要大家学所谓"普鲁士主义"，而是要大家效法他们那种从文化上创造独立民族精神的努力！

我们若要负得起上面所说的使命，必定要先养成新的学风。无论校长教职工职员学生都要努力于移转风气。由一校的风气，转移到全国的风气。事务行政固不可废，但是我们办学校，不是为专为事务行政而来的，不是无目的去做的。若是专讲事务，那最好请洋行买办来办大学，何必需要我们？我们要认识，我们必有高尚的理想做我们的努力的目标，认定理想的成功比任何个人的成功还大。个人任何牺牲，若是为了理想，总还值得。必须能够养成新的学风，我们的使命乃能达到。

我们要养成新的学风，尤须先从矫正时弊着手。本人诚恳地提出"诚朴雄伟"四字，来和大家互相勉励。所谓诚，即谓对学问要有诚意，不以它为升官发财的途径，不以它为取得文凭资格的工具。对于我们的使命更要有诚意，不作无目的的散漫动作，坚定地守着认定的目标走去。要知道从来成大功业、成大学问的人莫不由于备尝艰苦、锲而不舍地做出来的。我们对学问如无诚意，结果必至学问自学问，个人自个人。现在一般研究学术的都很少诚于学问。看书也好，写文章也好，都缺少对于学问的负责的态度。试问学术界习气如此，文化焉得而不堕落？做事有此习气，事业焉得而不败坏？所以我们以后对于学问事业应当一本诚心去做，至于人与人之间应当以诚相见，那更用不着说了。

其次讲到朴。朴就是质朴和朴实的意思。现在一般人皆以学问做门面，作装饰，尚纤巧，重浮华；很难看到埋头用功，不计功利，而在实际学问上作远大而艰苦的努力者。在出版界，我们只看到一些时髦的小册子，短文章，使青年的光阴虚耗在这里，青年的志气也消磨在这里，多可痛心。从前讲朴学的人，每著一书，往往费数十年；每学一理，往往参证数十次。今日做学问的和著书的，便不同了。偶有所得，便唯恐他人不知；即无所得，亦欲强饰为知。很少肯从笃实笨重上用功的，这正是庄子所谓"道隐于小成，言隐于荣华"的弊病。我们以后要体念"几何学中无王者之路"这句话。须知一切学问之中皆无"王者之路"。崇实而用笨功，才能树立起朴厚的学术气象。

第三讲到雄。今日中国民族的柔弱萎靡，非以雄字不能挽救。雄就是"大雄无畏"的雄。但是雄厚的气魄，非经相当时间的培养蕴蓄不能形成。我们看到好战者必无大勇，便可觉悟到若是我们要雄，便非从"善养吾浩然之气"着手不可。现在中国一般青年，每每流于单薄脆弱，这种趋势在体质上更是明白的表现出来。中国古代对于民族体质的赞美很可以表现当时一般的趋向。譬如诗经恭维男子的美便说他能"袒裼暴虎，献于公所"，或是"赳赳武夫，公侯干城"。恭维女子的美便说他是"硕人欣欣"。到汉朝还找得出这种审美的标准。唐朝龙门的造像，也还可以表现这种风尚。不知如何从宋朝南渡以后，受了一个重大的军事打击，便萎靡不振起来。陆放翁"老子犹堪绝大汉，诸君何至泣新亭"的诗句，虽强作豪气，却已早成强弩之末。此后讲到男子的标准，便是"有情芍药含春泪，无力蔷薇卧晓枝"一流的人。讲到女子的标准，便是"帘卷西风，人比黄花瘦"一流的人。试问时尚风习至此，民族焉得而不堕落衰微？今后吾人总要以"大雄无畏"相尚，挽转一切纤细娇弱的颓风。男子要有丈夫气，女子要无病态。不作雄健的民族，便是衰亡的民族。

第四讲到伟。说到伟便有伟大崇高的意思。今日中国人做事，往往缺乏一种伟大的意境，喜欢习于小巧。即论文学的作风，也从没有看见谁敢尝试大的作品，如但丁的神曲，哥德的浮士德，只是以短诗小品文字相尚。我们今后总要集中精力，放开眼光，努力做出几件伟大的事业，或是完成几件伟大的作品。至于一般所谓门户之见，尤不应当。到现在民族危亡的时候，大家岂可不放开眼光，看到整个民族文化的命运，而还是故步自封，怡然自满？我们只要看到整个民族存亡的前途，一切狭小的偏见都可消灭。我们切不可褊狭纤巧，凡是总须从伟大的方向做去，民族方有成功。

我们理想的学风，大致如此。虽然一时不能做到，也当存"高山仰止，景行行止"的心愿。若要大学办好，学校行政自然不能偏废，因为大学本身也是有机体的。讲到学校行政，不外教务行政和事务行政两方面。关于前者，有四项可以提出：第一要准备学术环境，多延学者讲学。原在本校有学问的教授，自当请其继续指教，外面好的学者也当设法增聘。学校方面，应当准备一个很好的精神和物质环境，使一般良好的教授都愿意聚集本校讲学，倡导一种新的学风，共同努力民族文化的建设。在学生方面，总希望大家对于教授有很好的礼貌。尊师重道，学者方能来归。

第二是注重基本课程，让学生集中精力去研究。我们看到国内大学的通病，都是好高骛远，所开课程比外国各大学更要繁杂，更要专门，但是结果适得其反。我们以后总要集中精力，贯注在几门基本的课程上，务求研究能够透彻，参考书能看得多。研究的工具自然也要先准备充足，果能如此，则比开上名目繁多的课程，反使学者只能得到东鳞西爪的知识的那般现象，岂不更为实在，更有益处？

第三是要提高程度。这当然是必要的，但我们如果能做到上面两头，则程度也自然提高了。我们准备先充实主要的课程，循序渐进，以达到从事高深研究的目标。

第四是增加设备。中大此前行政费漫无限度，不免许多浪费，所以设备方面，自难扩充。我们以后必须在这点上极力改革，节省行政费来增加设备费。这是本人从办清华大学以来一贯的政策。

讲到学校事务行政，自然同属重要。现在可以提出三点来说：

第一是厉行节约，特别是注重在行政费的缩减。要拿公家的钱来浪费，来为自己做人情，是很容易的事。现在要节约起来，一定会引起多方面不快之感。这点我是不暇多愿的，要向大家预先说明。

第二是要力持廉洁。我现在预备确立全校的会计制度，使任何人无从作弊，并且要使任何主管者也无从作弊。本校的经费，行政院允许极力维持，将来无论如何，我个人总始终愿与全校教职员同甘苦。大家都养成廉俭的风气，以为全国倡。

第三要增加效能。过去人员过多，办事效能并不见高。我们以后预备少用人，多做事，总希望从合理化的事务管理中，获得最大的行政效能。使每一个人员能尽最大的努力，每一文经费获得最经济的使用。

本人自九月五日方才视事，不及一月，而十月三日即已开学，十一日已全校上课，在此仓促时间自然过着种种事实上的困难，使许多事未能尽如外人和本人的愿望。这种受时间限制的缺陷，希望大家能够有同情的谅解，不过今天居然能全部整齐开学上课，也是一件不容易而可以欣幸的事。希望以全校的努力把中大这个重要的学术机关，一天一天的引上发展的轨道，以从事于有机体的中国民族文化的创造。我们正当着民族生死的关头，开始我们的工作，所以更要认清我们的使命，时刻把民族的存亡一个念头存在胸中，成为一种内心的推动力；只有这种内心的推动力才能继续不断的创造有机体的民族文化，以完成复兴中国民族的伟大事业。愿中央大学担负复兴民族的参谋本部的责任。这是本人一种热烈而诚恳的希望。

（本文为1932年罗家伦就任国立中央大学校长之后在第一次全校集会上对师生发表的演讲。文章原载《中央大学七十年》，[台]国立中央大学出版，1985年）

[作者简介]

罗家伦（1897—1969年），字志希，笔名毅，教育家、思想家。浙江省绍兴柯桥镇江头人。1914年入上海复旦公学，1917年进入北京大学文科，成为蔡元培的学生。1919年，在陈独秀、胡适支持下，与傅斯年、徐彦之成立新潮社，出版《新潮》月刊。五四运动中，亲笔起草了印刷传单中的白话宣言《北京学界全体宣言》，提出了"外争国权，内除国贼"的口号，并在5月26日的《每周评论》上第一次提出"五四运动"这个名词，一直沿用至今。1920年秋，前往美国普林斯顿大学、哥伦比亚大学留学，后又在英国伦敦大学、德国柏林大学、法国巴黎大学学习。1926年归国后参加北伐，任国民革命军总司令部参议、编辑委员会委员长等职。1928年8月，任清华大学校长，在任期间令清华大学由教会学校转为国立大学。1930年后，任武汉大学历史系教授、南京中央政治学院教育长。1932年任中央大学校长。在执掌中央大学期间，提出建立"诚朴雄伟"的学风，改革教学方法，培养了大批人才。1941年9月起，任滇黔考察团团长、新疆监察使兼西北考察团团长。抗战胜利后，任国民党中央党史编纂委员会副主任。1947年5月，任驻印度大使，1949年赴台湾，任国民党中央党史编纂委员会主任委员、中央评议委员。1952年任考试院副院长。1957年任国史馆馆长。1969年12月25日病逝台北荣民总医院，享年72岁。主要著作有《新民族观》《新人生观》《文化教育与青年》《科学与玄学》《逝者如斯集》《中山先生伦敦蒙难史料考订》《蔡元培先生与北京大学》等。

炸弹下长大的中央大学

罗家伦

　　武力占据一个国家的领土是可能的，武力征服一个民族的精神是不可能的。

　　九一八事变和淞沪战争以后，中国学术界，尤其是大学，毫不挫气，而且加倍迈进。从一二八到七七这一段期间，可以说是中国高等教育进步最迅速而最沉着的时候。中央大学也是在这迈进轨道上奔着前程的一分子。可是主持大学像我这样的一个人，处境却是困难极了。只有做做军歌，跑跑大青山边的战壕，以略抒胸中的抑郁罢！

　　可是这种抑郁，被卢沟桥边敌人的炮火轰开了。1937年七月八日上午八时，我在牯岭知道这消息，心里明白最后关头已到。下午一时我在庐山训练团有一个演讲，那时候我兴奋极了，向着一千四百多位全国中学校长和教务训育主任说："我现在讲话的时候，恐怕猛烈的炮火已经震动了我们的故都，最后关头已经来临，我们全国一致武装起来，保卫我们神圣的祖国罢！"

　　七月十四日我因为武大、浙大、中大三大学联合招考出题事，乘飞机回南京；十五日从何应钦将军处知道昨夜平汉路上有一千三百辆火车已经开始大量运兵。当天,我就开始作迁校的布置。我嘱总务处将一年以前冀东事变时,预备好的大木箱,里面钉了铅皮预备长途旅行用的,先取出五百五十只,将重要的图书仪器装箱。同时我又请几位教授,分两路出发。一路是法学院长马洗繁先生和经济系主任吴干先生向重庆出发,一路是心理系教授王书林先生向两湖出发,寻觅适当校址。后来又另请医学院教授蔡翘先生为一路,向成都出发,专为向华西大学接洽容纳中大医学院事。他们都抛开了家庭不管,为迁校而奔波,吃了许多辛苦。王书林先生曾一度赴湖南醴陵觅校址,被县长当作汉奸捉起来了,经朱经农先生去电,方才释放。原因是这位县太爷不知道南京有中央大学!后来王先生回到武汉,我请他设了一个办事处,做一个中途的腰站。我接到各路调查的报告以后,详细考虑,决定将校本部迁往重庆,医学院因为医学设备上合作的便利,放在成都。但是这个决定,却受到了校内校外不少的反对,以为何必迁得这么远。许多同情而有力量的校外朋友,有主张即在南京城外掘防空壕上课的,有主张迁至上海的,有主张迁至安徽九华山的,有主张迁至牯岭新图书馆馆址内的;校内的朋友,有主张迁至武昌珞珈山的,有主张迁至沙市的,迁至宜昌的,议论纷纭,阻力甚多。常常有人问我,为什么当时看定了重庆,一搬就搬来此地呢?我的见解是:第一,我断定这次抗战是长期的,文化机关与军事机关不同,不便一搬再搬。第二,所迁地点,以水道能直达者为宜,搬过小家的应当知道搬这样一个大家的困难。第三,重庆不但军事上为险要,而且山陵起伏,宜于防空。

最重要的图书仪器已经装好箱,而且有几百箱运到江边怡和太古趸船上了,敌人对于南京的大轰炸,也就开始。第一次是八月十五日,一批敌机向中大扫射,弹中图书馆及附属实验学校大门;那时我还教大家不要张扬,恐怕校内人心摇动,有碍装箱招考工作。第二次是八月十九日下午六时许。那天我们正在开三大学联合招生委会,决定录取学生名单。因为天气热,所以从早上六点钟开起;因为手续繁,所以到下午六时尚未开完。中午有过两次空袭,都是炸光华门外飞机场,所以我们仍然照常工作,没有理会。下午六时会尚未完,大家开始吃晚饭;正在图书馆二层楼吃饭的时候,本校警卫队长来报告,说敌机在屋顶盘旋,大家到地下室去避一下罢。我们下去了;我正按着扶手椅的木柄,要坐下去,请大家继续开会;忽听砰然一声,屋顶上的水泥,如急雨般的打下来,房子向两边摇摆。以后继续的几十声,有如天崩地塌。那时候校警来报告科学馆后面的房屋起火了。我们不等敌机离开上空，一齐出来救火。燃烧的是一年级普通化学实验室，当即将其扑灭。统计那次大学围墙内落了二百五十公斤（五百五十磅）的炸弹七枚，墙外还有许多。我们拾到的炸弹片有一块很完整的，上面有八个汉文楷字"二五〇千瓦陆用爆弹"（此片当保存，为传校之宝）。这种重磅炸弹，有一个就落在我们所在地的墙外三公尺爆炸。不是一重钢骨水泥的墙，我们二百多人，一齐毁了。这是敌人对付我们文化机关的狰狞面目！但是这种狰狞的面目，吓不了我们。我们于救火完毕以后，还继续开会约十分钟，将招生事件结束，各校代表将新生成绩名单，分带回校。

这次严重的轰炸，损毁房屋七八处，死了校工七人。大礼堂的讲台被炸了，但是讲台上笨重的椅子，却安然飞在第三层看台上摆着！牙医专科学校的房子炸平了，里面二十八箱贵重的仪器，刚巧于那天早上八点钟搬到下关！还有一件很巧的事：自八月十五日轰炸以后，来访我的客人较少。十七日的早晨，我独自在大礼堂办公室里走来走去，忽然想起校内女生宿舍和校外男生宿舍均不妥当，于是坐下来写了两个条子：一个给男生宿舍管理员，限男生从二三层楼迁至一层楼；女生宿舍是一层的木架平房，所以另一个条子给女生指导员，请其限女生有家者归家，无家者迁至三牌楼农学院。两处都限于十九日上午八时以前迁妥。当时两处的负责人都感觉困难，原因是男生爱二三楼风凉，女生是贪图校内宿舍便利。我坚持要办到，男生是上午迁妥的，而下午轰炸时，适有一辆运高射炮弹上北极阁去的汽车，临时来不及，停在男生宿舍墙外不远，中了碎片着火炸了，男生宿舍二三楼的楼窗全碎，炸片很多，但是在迁到一层楼的男生无恙。我们在图书馆听见的清脆爆炸声，就是这车高射炮弹爆炸的声音！至于女生宿舍呢？十九日下午四时半女生指导员卫生教育科教授陈美愉女士到图书馆会场里来对我说，女生现在迁移完毕，她想请假回家两星期，我欣然答应了。她回到女生宿舍内整理自己的行装。那知道正当这时候全部女生宿舍被炸毁！我最初得到的报告是陈女士被炸在里面，我赶快教人去发掘救护。这批发掘救护的人正要去的时候，陈女士已狂奔而来。她和一个女工友当炸中该舍的一刹那，睡倒在女生的一排水门汀洗脸架底下，后来循着未倒的墙根爬出。女生宿舍竟无一人死伤！这是何等的幸事！

受了大轰炸以后，迁校的工作，自然更当积极。我的办公室炸得不像样子了，第二天一早，我站在校门内一行法国梧桐底下办公。因为暑期内人手分散，所以我看见每一位教职员进来，就分配他一件工作，大都是在整理和装箱方面的。敌机来了，我们仍在图书馆内一躲。谢谢他们的热诚和勇敢，最大部分的东西，都已有了归宿。我请一位航空工程教授罗荣安先生拆卸风洞，对他说，风洞不运走，请你不要离开南京。果然，等到风洞最重的一部七吨半的机器上船以后，他才离开。

敌机第三度的光顾，是八月二十六日晚上，把实验学校炸了。第二天一早我到实验学校视察，站在炸弹坑边，一个老校工跑来，一夜的恐怖，使他的神色已变。他不知所措的跪在我前面，我扶起他，对着几位实校教职员，指着炸弹坑说："寇能覆之，我必能兴之。"我也不必再说下去了。以后我将实校迁至安徽屯溪开学（因为初高中学生不能离家太远），后来迁至长沙岳麓山，最后迁至贵阳，始终不肯因大学本身经费困难而停办，就是要争这一口气，因为这不是我个人的闲气。

我原来的办公室既不能办公，于是迁至图书馆的小阅览室内；总办公处迁至旁边的文学院内。因为敌机多次穴袭，常在大学上面盘旋，所以总务长对我建议将总办公处迁至城内三牌楼农学院内，因为该处防空壕较好。那知道，二十五日下午的四时，文学院被炸了！这是敌机第四次的光顾。这一搬也真是巧合。

现在回到重庆方面来讲罢。马吴二先生在重庆承各方面，尤其是重庆大学的帮助，得到较为适宜，"自成小小格局的地址"（马先生函中语）。但是还有工程上、设备上、运输上、人事上许多问题，需要不断的和我商量，才能决定。而下游军电甚多，普通电报迟缓太甚，实在是我们迁校进行上的障碍。于是我们想了一个有效的转信办法，就是由马先生用急电由重庆致汉口腰站的王先生（这段电报畅通），由王先生每晚用长途电话给我；我在电话里将我的决定告王先生，由他立刻用电报给马先生。所以每天晚上十二时以后，是我等长途电话的时候，如晚间空袭，有时等到三四点钟，但是天天晚上总有长途电话来的。重庆方面一切材料大致预备好了，只等房子动工。什么时候动工呢？这点有一个法令上的手续问题，就是我要等教育部的复令。九月十八日南京外交团接到敌人通告，说是二十日要不分皂白的滥炸南京，请各国外交人员避开。二十二日敌机一百架炸南京，二十三日我奉到准迁重庆的部令；于是立刻告知汉口转达重庆，嘱其迅速动工。十月初南京的东西大致迁移就绪；为这次迁移最出力的事务主任李声轩先生也可以稍微抽身；于是就请他和水利系主任原素欣先生、工程师徐敬直先生前往重庆，办理校舍建筑事宜。一方面通知全体教职员学生于十月十日集中汉口，转船西上。 关于这一部分复杂的交通事宜，都是归王书林先生主办的。 大家都先后上路了，我于十月五日离开南京，经芜湖到屯溪，赶往主持十月十日实验学校的开学典礼。 事后即赴汉口，于二十五日乘飞机抵重庆。 那时候教职员学生已经有一部分先我而到了。

到重庆以后，知道校舍大致均已就绪。 经各位先生不分昼夜的劳苦，分十八个包工，集合了一千七百多工人日夜工作——谢谢他们——容一千余人的校舍，竟于四十二天完成。大家开始搬进去，于十一月初已经开始上课。 这个速度，不能不算是一个纪录！

虽然正当猛烈的战事，经过长途的跋涉，我们的功课，开得还是很整齐的。 我们的图书仪器，都已搬出，而且展开使用。 不但重庆本部开学，并且医学院和牙医专科学校已先本校在成都开学了。 我们教学的标准没有比在南京时降低。

我们这次搬家，可以说是较有计划有组织的。 几千个人，几千大箱东西，浩浩荡荡的西上，这次搬来的东西，有极笨重的，有很精密的；还有拆卸的飞机三架（航空工程教学之用），泡制好的尸体二十四具（医学院解剖之用），两翼四足之流，亦复不少。 若是不说到牧场牲畜的迁移，似乎觉得这个西迁的故事不甚完整。中大牧场中有许多国内外很好的牲畜品种，应当保留。 我们最初和民生公司商量，改造了轮船的一层，将好的品种，每样选一对，随着别的东西西上。 这真是实现唐人"鸡犬图书共一船"的诗句了。 可是还有余下来在南京的呢？ 我临离开的时候，告诉一位留下管理牧场的同仁说，万一敌人逼近首都，这些余下的牲畜，你可迁则迁，不可迁则放弃了，我们也不能怪你。 可是他决不放弃。 敌人是十一月十三日攻陷南京的，他于九日见军事形势不佳，就把这些牲畜用木船过江，由浦口、浦镇，过安徽，经河南边境，转入湖北，到宜昌再用水运。 这一段游牧的生活，经过了大约一年的时候。 这些美国牛、荷兰牛、澳洲牛、英国猪、美国猪和用笼子骑在它们背上的美国鸡、北京鸭，可怜也受日寇的压迫，和沙漠中的骆驼队一样，踏上了他们几千里长征的路线，每天只能走十几里，而且走一两天要歇三五天。 居然于第二年的十一月中到了重庆。 领导这个牲畜长征的，是一位管牧场的王酉亭先生，他平时的月薪不过八十元！

到了重庆的第二年，学生人数激增，到了二千以上，沙坪坝的校址容不下了，而且为疏散关系，也当另辟新址。于是又选择了一个风景清幽的地方——柏溪——建筑了一个分校。该处逐渐增加房屋，可容一千多人，所以中央大学的校址分为四处：（一）沙坪坝，（二）柏溪，（三）成都，（四）贵阳。四处有四处的好处，可是四处的开支也不容易呀！

西迁以后，添了一个师范学院，将以前教育学院原有的系维护和改隶以外，还添了七系一科。工学院添了航空工程、水利工程两系，电机工程系和土木工程系从单班加到双班，机械工程系从单班加到三班，又加了一个低级的技工训练班。医学院添了四个年级（从三年级到六年级）、添了一个牙科门诊部，还办了一个较大规模的医院。农学院添了一班畜牧兽医专修科。研究院则加设有七个研究部（政治经济、物理、化学、土木工程、机械工程、电机工程、教育心理），授过多次的硕士学位。以后还要加添五六个研究部。

中大所包的部门，有总办公部分，分（一）教务处（包括注册组、图书馆），（二）总务处（包括文书组、事务组、出纳室、此外还有一个独立的会计室），（三）训导处（包括生活指导组、体育卫生组、军事训练组、卫生室），（四）分校主任室（包括教务室、总务室、训导分处）。

关于直接教学的有七个学院，一个研究院，一个专科学校，一个中等学校。再进一步的分析，则仅教学方面，就有五十六个系科，九个研究部，共计六十五个单位。至教育行政部门和附属医院、农场、牧场、工厂和技工训练班，尚未计入。所以在大学之中，中大内容不能不算是当时最繁复的了。

说到学生人数，在南京最后一学年不过1072人。到1941年则大学和研究院部分共计3153人（随时略有增减），较南京时约加三倍。外加实验学校651人，技工训练班50人，共计3854人。应届大学本科毕业约400人，所招新生，当然视合格成绩而定人数，但无论如何，必较毕业生人数为多。若是多一倍，则总人数一定是四千多人了。

至于所开课程，在南京最后一学年全年共为524种，本学年则上学期为737种，下学期为829种。都是按照教育部所颁部定课程标准开的。

至于每周各班上课时数的总和，则本学年每周讲授时间上学期为2002小时，下学期为1980小时，实验钟点上学期为1481小时，下学期为1552小时。至于实验时数，绝对不止此数，可以增到一倍，因为实验地位不敷，有上课在一班而分作几组做实验的。这种分组的时数也就不及统计了。

因为学生人数的增加，院系的增加，课程的增加，所以教员人数，不能不比在南京时要增加。计教授副教授183人，讲师39人，助教179人。

战区学生经济困难的和一般学生伙食困难的由政府给予各种贷金。这是一笔很大的数目。此外还有奖学金和公费免费种种名额。师范学院学生是全部公费待遇的。医学院学生从一年级起，指定为公医生，也是全部公费待遇的。

当我们初来的时候，学生受外间不成熟舆论的影响，常有要求改变课程。我很恳切的告诉他们，说是教育，尤其是近代科学教育里面，决无"王者之路"（捷径），何况大家不是王者。学问是谨严的，是有步骤的。一种学问学好了，平时可用，战时也可用。到那境界，只看你们能不能"一隅三反"。战时教育，只需把平时教育加紧，更须加重军事体育的训练，加强国家民族的意识，就可以了。当时他们表示接受，但是我知道他们心里还是不免有点怀疑的。到后来看见一班一班的毕业生出了校门，都有积极的工作，而且供不应求。再到后来他们被征调去工作的时候，知道在学校里学好的，出去可以用；没有学好的，出去了有机会也不能用，于是恍然大悟。

我们在重庆四年了，这四年的日子，不是好过的。我们的学校穷，同仁也穷，但是国家在抗战的时候，谁说穷是不应该的？我们只能以大义相劝勉，以感情相维系。四年以内，我们不知道历尽了几多困难。我们只有一点可以勉强告慰于国人的，就是在这四年之中，中央大学没有停顿，而且照常进行，还有一点小小的发展。

但是敌人还是不放过我们的。像1940年就被炸三次。第一次是六月二十七日，第二次是二十九日，第三次是七月四日。房子被炸毁和炸坏的，不下二十几所。我的办公室瓦没有了，墙也没有了；在夏天的烈日之下，我照常的和同仁在"室徒一壁"的房子里面办公；修好以后，照常开学上课。我们和顽皮的小孩子一样，敌机来了，我们躲进洞去；敌机走了，立刻出来工作。幸赖师生防护服务团里各位同仁的努力，在我们大学的范围以内，没有死伤过一个教职员和学生。

1932年我到中大就职的时候，常以十九世纪初叶柏林大学所负的责任来互相砥砺；至今回想，去这理想还不知有多远。我当时并且以找着对手方来抗日的理论，勉励学生。我认为敌人的称强，不是一方面，而是多方面促成的。我们抗日不只是我国的兵找着敌人的兵来抗。而且，要我国的农找着敌人的农来抗，工找着敌人的工来抗，商找着敌人的商来抗，学校找着敌人的学校来抗。所以中央大学抗日的对象，就是敌人的东京帝国大学。我们现在应该问我们的科学和一般学术，抵抗得过敌人的科学和一般学术与否。我们希望我们以科学与一般学术，压倒敌人，就是我们的空军强大到轰炸东京的时候，我也不希望他轰炸东京帝国大学，像他们对付我们一样。

我认清敌人可以炸毁的是我们的物质，炸不毁的是我们的意志！炸得毁的是我们建设的结果，炸不毁的是我们建设的经验！

（本文写作时间为1941年。原载《中央大学七十年》，[台]国立中央大学印行，1985年。）

谈谈我国大学里的外国文学课程

范存忠

在英美大学里，教外国文学的大概可分两派：一派是硬性的，注重文学的源流，变迁，影响，以至于字义、语法、词法等等的实际问题。他们在考证方面已经有了不少的成就；但是他们教的往往因为过分注重细节，反而忽略了全部。譬如教罗兰歌的，半年只疏解了五六节，对于罗兰歌文学的本身可以一字不提。他们教的，有时竟不是文学，是文学史，语言史，风俗史，经济史。他们希望学生做的是绝专门绝微细的研究；只要是文学史上的问题，他们可以不管这些东西与文学本身有没有关系。结果，他们的门徒往往一生在事实方面作无穷无尽的搜求，反而缺乏普通人欣赏文学的能力。他们不是研究文学的；他们是研究文学史的科学家。

第二派是软性的。他们主张兴趣与风味之说，比第一派人省力多了。他们不但不谈考证，根本就看不起考证。他们不但不讲思想，有时竟以为思想与纯文艺根本上就站在敌对的地位。他们注重文学上有趣味的传说与故事，一上讲堂，就东扯西拉，尽是闲谈，尽是"跑野马"，有时可以使人笑得肚子发痛。他们自命为批评家；但是他们的批评是批评规范里束缚不住的，有时竟看不起批评。他们是浅尝者，是说书家，不是研究文学，是随便谈谈文学。一般大学生，厌倦了硬性的枯燥的工作，往往溜到他们的课堂上去。

我以为我国大学里教外国文学的至少应当避免那两派教书匠的毛病；我们不必跟着他们专谈考证，也毋须专闹"灵奇"或"烟士波里纯"（Inspiration，灵感）。我们要教的是外国文学，不是关于外国文学的东西；我们要注重的是基本的训练，不是专跟人家跑，更不是专尚时髦。依我的鄙见，教者学者与其花许多时间在专讲人名地名书名的诗歌史、戏剧史、小说史上，不如读通了几个标准的诗家，戏剧家，小说家。古往今来的标准作家如荷马、浮琪尔、但丁、莎士比亚、弥尔登、歌德等等，已够我们大学四年的讲习，在事实上也用不着次要的材料。要是时间仍然不足，不妨牺牲一个萧伯纳，牺牲一个易卜生，牺牲两个时髦的近代人如王尔德与奥尼儿，或则竟至牺牲了哈代。浮浅皮毛的知识是天地间最要不得的东西；我这个课程的目的，不在淹博，在彻底，不在仅仅知道些人名地名书名以至于篇名，乃使有些作家的思想行为与文格成为我们自己的一部分。

外国文学史上有许多不易捉摸的沿用的习语，都不妨暂时搁起不理。这不是为教书的设法偷懒，实在因为那些东西可以让学生读过了多少代表东西之后自己去思索的。记得从前在外国读书时，我的先生告诉我一段趣话：有一年，我那位先生与他的朋友为某大学的招生委员。他们拟了二十条"文学常识"题目，如"培根是谁？""樵塞是谁？"等等。我的先生说须加上两条："浪漫主义是什么？""古典主义是什么？"他的朋友提出抗议。他说："你是不是同他们开玩笑？这两个题目我是答不出的，恐怕你也一下子答不出的。"我的先生郑重说道，"对啦，我们是答不出的，但是他们——答得出的。"说罢，他掀髯而笑。

通常，大学里的外国文学课程，每每趋重抽象式的传授，忽略了具体的深切的指导。其实，我们应当注重的是了解文学作品本身，不是空读关于文学的东西。所以教人家一些很成问题的空话，不如仔仔细细的陪他们读一两家的作品；因为不读原作品的人，那些空话（无论对的或是错的），于他根本没有多少受用。读得过火一些，我们外国文学系的毕业生须得知道亚利斯多德，鲍埃洛·蒲伯，约翰生，华兹渥斯，柯尔立基，歌德，斯太埃尔夫人等等，却不必管那"浪漫的与古典的"——其实，既然读了这些作家，对于"浪漫的与古典的"，至少也就有了三五分真切的了解了。

青年人不是对于近代作品特别有兴趣么？我也很赞成"适应时代潮流"之说；不过就大学生的文学训练着想，我们要问那些东西与千百年来公认的名著，孰为重要？去年在某大学教书，有一位同事，是从英国剑桥来的。他看了我们课程表上莎士比亚等等，颇不高兴；他以为开这些陈猫儿古老鼠的课程，未免太难为了中国学生，不如请他们翻翻近代人的东西。我就告诉他，中国情形与英美不同。在英美各国，中等学校学生至少读过一些莎士比亚，到了大学，或则用不着莎士比亚。在中国的中等学校里，英文课程大半注重语法，没有多少文学意味，所以大学里的英国文学非从基本上教起不行。我老实对他说，我要是到剑桥去教中国文学（当然我还没有这个好运道），我大概不会讲胡适之与徐志摩；我大概要讲李白杜甫。我并不是"迷恋骸骨"，自甘为"落伍者"；我的意思是要他们认识中国的标准诗人，好做比较研究的根底。他们在课堂上，读厌了李白杜甫（其实，这些是读不厌的），课后无事，自然不妨躺在沙发上，抽着烟斗，拿本尝试集或菲冷翠之夜来欣赏，瞻仰，或则开开玩笑。这一说，我那位剑桥朋友，颇不谓然。但是，他教几个月的近代东西，忽然改计，自告奋勇讲莎士比亚。

但是，我说过，我很赞成"适合时代潮流"之说。我主张在正课之外，不妨加一套推广式的学程。听的人不必能读原文，讲的人不必说原文。那些学程可以逐年变更，例如"现代文艺思潮"，"现代小说"，"现代戏剧"，"现代诗歌"，乃至于"现代文学中的三角恋爱"。讲的人可以是哲学家，可以是史学家，可以是当代一切的"名流"。到过万马的，到过伦敦巴黎的，见过法朗士的，见过萧伯纳的……可以随便谈谈外国文人的生活，作品，影响，以及其他一切的花花絮絮。教那些东西的，既不是传道，也不是讲学，其主要目的在宣传（宣传不一定是坏事），在使听众对于外国近代文学得到一个"隔栏马"（Glamour）。

末了读者要问："到底大学外国文学系要养成那一种人才？"我的答案是这样：自信有创作天才的许用不着那些训练；但是既然打定了主意，进了大学，折节读书，受了那些训练，不一定折磨了他的天才（否则，他的天才大概是很脆弱的）。就普通人讲，受了那些训练，再做高深的研究，大概没有多少困难；高兴时谈谈"介绍"，弄些翻译，或则因为生计的需要，到中等学校去教书，大概没有多少危险。要是不安本分些，也不妨谈谈政治，谈谈教育，谈谈关于人文的东西；这些虽非他的专门之学，但是他既有了外国文的根底，只要自己留心一些，也还可以对付。现在每种学问，都闹"事业"，但是学外国文学的素持"门户开放"政策，可专其学，不必专其业，示人以不广。同时，也不妨依着兴趣，侵入人家认为专业的范围里去，只要自己争气，难道人家说你有帝国主义不成。

（原载《国风》，1932年创刊号）

[作者简介]

范存忠(1903—1987年)，字雪桥、雪樵。江苏崇明(今上海崇明)人。英语语言文学家。1924年考入国立东南大学外国语言文学系，师从张士一、张歆海、黄仲苏、Alexander Brede等人，1926年因东大学潮提前毕业，获文学士学位。后赴美留学。1931年，以论文《中国文化在启蒙时期的英国》获哈佛大学英语系哲学博士学位。在美期间，除学英语、法语外，尚习德语、拉丁语、古法语、古德语、哥特语等。1931年回国，至1987年辞世，一直执教于中央大学(南京大学)，凡五十六载。曾任图书馆馆长、文科学术委员会主任、文科学报编委会主任等，1956年任南京大学副校长。曾担任民盟中央委员、民盟南京市主任委员、全国第三、五届人大代表、江苏省人大常委会委员、南京市人大代表、政协副主席等职。著有论文集《英国语言文学论集》、《英语学习讲座》、《英国文学论集》，专著《约翰逊博士与中国文化》，译著《英国史提纲》、《英国文学史提纲》等。1956年高等教育部实行教授级别遴选，为中国英语文学界唯一的一位一级教授。

大学教育与中国前途

顾毓琇

在本刊第一三四号里,我曾讨论过"学术与救国"的问题。我的意思是:学术不一定要负救国的责任;如若学者愿意利用学术来救国,那是他们的好意,而是国家和社会所极愿接受的。

大学是研究学术的最高机关。学术与救国的关系既然如前所述,那么我们亦可以说:

大学不一定要负救国的责任;如若大学愿意担任救国的工作,那是大学的好意;而是今日中国的国家和社会所最希望的。

在挽救困难复兴民族的情绪里,社会和国家对于我们现有的大学抱有极大的希望,这是谁都承认的。但是,公平的说,大学虽然可以接受大家的督策,来担负救国的一部分工作,但亦尽可以从超然的研究学术的立场,正正经经地拒绝这种社会的要求的。

以上是从大学本身的观点而论。他要研究学术的自由,所以他,既不愿接受外界的刺激,亦不愿担负任何学术以外的责任。

但是,有些负大学教育责任的人,或者愿意以菲希脱自居,而以大学教育为复兴民族的中心的。再往上推,教育的当局以至政府的最高当局,或者亦希望国内的大学不只在学术上做工作,而且对于国家的问题要有确切的研究和解决。那么，中国国难期间大学教育的使命便不是单层的，而是双层的了。

现在的大学是否愿意担负起这双层的责任呢？这自然是先决问题。

如若一个大学愿意担负起这双层的责任，我们愿作下列的建议：

（一）大学校长对于国家目前的问题，应有确切的通盘的认识。校长应把这些问题分配于各专科的教授，负责研究和解决。

（二）大学应接受政府所委托研究之问题。大学校长应时常与政府当局会商，以明瞭各问题的实在性。

（三）各大学教授应就其专门学识切实研究有关于国家和社会的问题。凡政府当局或学校当局所委托之问题，尤应负责研究及解决。研究结果应按期报告校长。

（四）校长应将各教授研究实际问题的结果，按期汇报政府当局或公之社会。

有人要问：以上的建议，如若一个大学的校长和教授都愿意这样做，其中便没有困难吗？

我的答复是：有困难——困难在于政府是否合作？

其实大学为政府做义务的研究工作，政府难道反而不合作吗？不过，无论如何，在我们的中国，这自然是一个问题——而这亦是我们讨论本题的一个先决问题。假设开明的政府不再徒然叹息教育经费的可惜，而猛然想到要别开生面，利用我国这些公私立的大学，那么我们愿对教育当局作下列的建议：

（一）教育最高当局对于国家目前的问题，应有确切的通盘的认识。教育当局应从这些问题中加以选择，分配于各大学，负责研究和解决。

（二）教育当局应负责介绍政府各部主管人员与研究各部专题之教授会谈，并由政府各部供给参考资料。

（三）教育当局应责成各大学校长按期报告各大学各教授对于各问题之研究结果，并负责将各项结果贡献于政府最高当局。

从大学的立场说，每个大学最好自己决定他的使命，他的计划。从教授的立场说，每个教授最好亦自己决定他自己的工作。就从教育当局的立场说，每个教育部长，自然亦各有他自己的大政方针。

但是，我们从国家的立场看，或者从一个老百姓的立场看，我们愿意中国得救，我们愿意民族复兴。我们要求中国本位的文化建设，我们更希望救国中心的学术研究。我们愿意政府的最高当局督促教育当局，切实担负起"教育救国"的责任来，我们亦愿意教育当局督促各大学，切实担负起"学术救国"的责任来。

最后我们希望：

（一）由政府召集高等教育会议，确定国难期间大学教育的两层使命。

（二）由政府诚意地将国家目前之各项重要问题交各大学负责研究。

（三）由各大学各教授分工合作地认定国家目前之各项重要问题，加以研究和解决。

假使以上的希望可以达到，我们便可有下列的结果：

（一）国家的问题有全国的许多专家义务研究，而政府不必另筹经费，罗致专家。

（二）全国的学者都能确切了解国家的问题，且肯负责贡献其意见。这些确知国情的教授们教出来的学生，自然对于国家更有用处。

（三）全国的大学生，既感于大学教授对于国事的努力，又得以间接了解国家的实际问题，则因忧郁烦闷而消极颓废或思想过激的，必可以大大地减少，而对于以后国家的安定，亦可以有很大的帮助。

（原载《独立评论》，1935年第139期）

[作者简介]

顾毓琇（1902—2002年），字一樵，江苏无锡人。教育家、科学家、诗人、戏剧家、音乐家和佛学家。1915年入清华学校，1923年毕业后赴美国麻省理工学院深造,获电机工程学士、硕士。1928年获电工专业博士学位,为该校电机系第一个获此学位的中国学者。回国后，先后任浙江大学电机工程系教授兼主任（1929—1930）、中央大学工学院院长（1931—1932）、清华大学电机工程系教授兼主任（1932—1933）、清华大学工学院院长（1933—1937），并兼航空工程研究所所长及无线电研究所所长（1934—1937）。抗日战争时期，以非国民党党员身份参加国民政府，任教育部政务次长，兼战时教育委员会主任委员,1940—1941年又兼任国立音乐院首任院长。1944—1945年任中央大学校长。抗战胜利后,曾参加受降典礼。后任上海市教育局局长(1945—1947)、国立政治大学校长(1947—1949);同时兼任上海交通大学、中央大学教授,是江泽民主席就读上海交大时的老师。顾毓琇早年创办中国电机工程师学会,担任会长多年;又曾任中国工程师学会两届副会长;1950年移居美国,先后在麻省理工学院、宾夕法尼亚大学任教授,并被聘为美国国家科学院理论及应用力学委员会委员。从1946年起连续当选为国际理论及应用力学组织(IVTAM)理事会个人理事达52年之久。又是IEEE(电机及电子工程师学会)资深会员、英国IEE(电机工程师学会)资深会员。1972年获国际电机及电子工程师学会(IEEE)兰姆金质奖章和中国电机工程师学会金质奖章。1999年末及2000年初,又分别获得IEEE千禧奖章和电路及系统学会(GASS)金禧奖章。1959年当选为台湾中央研究院院士。

三点希望

朱经农

百忙中，无暇为校庆作长文，仅就三点，略抒己见，以与诸同学共勉：

第一，希望维持以往治学的精神。中大研究学术的空气，素来浓厚，以往的毕业同学，对各部门学术，均有相当的贡献，如生物学、地质学等等。本人到校以来，每过图书馆，总见室无空座。希望这种良好的精神，能永久保持，更能发挥光大。因为求一国家的独立，民族的平等，第一需学术的独立，知识的平等，在这方面，我们中大的全体师生，所负的责任甚重，愿各牢守自己的岗位，力以赴之。

第二，希望养成生活的纪律。本校同学因对读书方面，专致全力，因此对生活方面，不免就稍形松懈，无论是从整体的组织，或个人的生活来看，都嫌不够紧张。即如有一种好的意见，要想迅速地传达全校，就不很容易。无组织，本是国人的通病，但我们就是要根治这种毛病，希望我们先大家严密的组织起来，健全团体的各部机构，那么才能贯通上下，获得了解，扫清隔阂，密切合作。但这非同学们自动，自治不为功，因为只有自治，才有自由，只有自动，才会进步，而所谓生活的纪律，其要谛也正在此。它不是一种外加的钳制，而是一种内发的约束自己的力量，我们既以自动与自治的精神，成立严密的组织，尤须有为公的美德，与持久的恒心。为公，则对公家的一草一木，都能加爱惜，也绝不会假团体组织的力量，去遂个人的私图，有恒，凡事便不会如虚空闪电，一瞥即逝。希望今后同学们能本此而行。以期不变校风，而为全国模范。

第三，注重体格的锻炼。中大校风，凤重体育，同学们对此也相当注意。然而不甚讲求的，都也不在少数，尤其对环境卫生，最易忽略，有时更因一意用功，缺少锻炼，所以各宿舍的内务，都欠整齐，而同学患病也就很多。党员守则说"整洁为强身之本"，这点，希望同学们特别注意。大家都要力行有恒的体格锻炼，使得每人都有强健的体魄，好担当国家民族所交付我们的重任！

以上三点，为本人简单的希望，以后有暇，当再作长文，与各位细论！

（原载《中央日报》，1943年7月9日）

[作者简介]

朱经农(1887—1951年)，浙江浦江人。教育家、诗人。1904年赴日本留学。1905年加入同盟会。同年回国，参与创办中国公学。1925年参与创办上海光华大学，并任教务长。1928年后历任国民党政府教育部普通教育司司长、教育部常务次长，中国公学代校长，齐鲁大学校长，湖南省教育厅厅长，中央大学教育长，上海商务印书馆总经理兼光华大学校长等职。1948年后留居美国。1950年后在美国哈德国福神学院任职。著有《近代教育思潮》等。

大学教育之我见

潘 菽

现在国内明达的人士总算都知道学术的重要了。各省各市，在可能的范围，都极力想建设一个大学。在几个比较著名的大学内，提倡研究和促进学术的呼声也甚嚣尘上。在这样弥漫的空气中，好像大学唯一任务仅是知识的创造和传播。现在一般人士也往往把大学看作一种纯粹的"知"的机关。然而大学的职务是否仅是这样呢？尤其在现在的中国，大学的习尚和精神，内容和方针，其影响于将来新中国的形成和新文纪的酝酿一定是很大的。所以现在在这个正在蜕化时期的中国，我们的大学究竟应该背起怎样的任务，选定怎样的目标，实是一个很重大的问题。

对于这个影响重大的问题我似乎还很少听人讨论到，好像大家都已无疑问地知道怎样去办大学了。同事郭一岑先生久欲草一文论大学教育，惜至今独未脱稿，我也未悉郭君将贡献其如何之卓见。但郭君之文尚未发表，常导之先生已披露其"大学之任务"于本刊第一期。好了，现在有人注意这个重大的问题了！因此我也不觉喉头似乎很痒地要说几句话。我不能再等郭君的文章出现而先在此发表我的几点意见。自然啊！我并不是教育家，也不是办学有经验的人。我不过述述我之所见到的而已。让我们大家把这个问题审虑一会吧。能因此引起当代明达的高见,好使我们对于新中国在蜕化时期中非常重要的地位的大学机关得一个正确适当的观念而不再糊里糊涂地,那是区区所希望的。

常君之文首在掊击现在深入人心而实际很有妨碍的实用主义。这对于现在一般人的大学概念可谓下一个切要的针砭。实用主义不能做大学教育的目标,常君已畅乎言之,不用我再加解说了。我平常觉得中国社会和中国的文化的所以未能充分尽量的发展都是因为深入于中国人心的两种人生观,就是实用主义和道德主义。实用主义和道德主义就其本身而论原没有什么不好。但把它们来做评量是一切价值的标准,那就要把人的行为和思想缚束得没有自由畅达的发展的余地。在历史上我们知道有艺术和制造的倾向的人常加之以罪名叫作"技巧可诛",对于自然事物发生好奇而欲了解的人也往往加以非笑叫做"玩物丧志"。写一个故事必须要"意存规诫",作一篇文章或一首诗必须要"有功世道人心"或"敢君于三代之上"。这种态度,数千年一线相承,几乎没有什么改变,到了最后,一切中国人差不多每个都成了偏隘的实用主义者和枯缩的道德主义者。因为只看到切近的浅显的人生价值而掩没一切其他更博大精粹的价值势必至于如此的。儿子刚才生却已期望他将来的报养,幽雅的公园的每颗树上都贴着中世纪式的格言,我觉得中国人是很鄙陋的。愈把生命握得紧反愈使生命走到逼窄的路上去了。我们要建设新中国,创造新文化,就非把这种已有悠久的历史而侵害已深的缚束首先解决不可。所以在我们以后的大学中决不能再容有狭隘的实用主义和中古修道院式的道德主义。

然而尚有数点也颇关重要,常君未论及,今为补充之。常君以为大学的主要任务在为知而求知,这个自然不错。但我觉得大学还有一个同样重要的任务,就是生活的训练。生活训练的任务在现在的中国负有转移社会创造文化的使命的大学更其是重要。我们大家都已知道杜威的"教育即生活"这句老话了。但大学教育也不能是这句的例外。大学里的教授和学生固然要热心研究,要传播知识。但聚许多自社会中来的优秀青年在一处而朝夕接触也是一种生活,而同时也可以有一种生活的训练。英国的大学中最注重礼貌和社交的生活,因以影响成英国社会一般人的绅士气(Gentlenmanship)。美国大学中极注重运动的比赛以养成学生胜负不较的公正品质(Sportsmanship)。我们并不是说英国人的绅士气一定是好,或美国人的那种提倡运动比赛一定就可模仿。但因此我们可以知道在大学里养成的一种生活习惯可以影响到外界一般的社会，而大学里的生活训练是很重要的。 在现在中国的大学尤其负有训练生活以改变社会一般的生活的态度的使命。

讲到现在大学里的生活也实在怪可怜了。 积极的生活训练固不用说，但是仅仅人和人相聚而自然形成的共同生活也很难找到几件。 就近以本校而论，去年有人想设立一个消费公社，这是很好的一种生活的组织，一两千青年的一个团体所应该有的，但不知何故终究不能成立。 吃饭是一件很重要的事情，在这样一个学校中，用团体合作的力量，应该可以得到一个圆满的解决，所吃的饭应该比较便宜并且比较合乎卫生了。 但事实却是相反。 学生们和教职员们几乎都是你吃你的，我吃我的，你包给包饭作某甲，我包给包饭作某乙。 在一个小小的宿舍中竟有三家包饭的厨房在内。 当每日中午和傍晚的时候就有许多挑着饭笼担的人在我们的学校门和宿舍门闯出闯进。 各人饭笼里所装着的大都已失了热气而仅足以敷衍敷衍肚皮的面子的东西。 这实在是一件奇景。 为什么我们的同学各人都把他的生命托付在不知如何做饭的人的手中并任其剥夺呢？ 这是使我费了许多思想而不能得解答的。 我们没有公共的娱乐，也没有公共的社交聚会。 我们的中央大学除了"知"的事情外可算真是没有别的什么了。 连一个好好的公共浴室和厕所也没有。 各处的宿舍都好像是鸽棚，同学们都好像是鸽子，每个人都占据了他一格的窟窿而营其独立的生活。

这样在一个大墙围里各自为生的生活应该急谋改正一下吧。 否则一个大学将失了他的一个重要的意义。 以我们中央大学而论，现在可以先从几件切要的事情做起。 我们应该有一个大规模的消费公社以谋全体消费的经济。 我们应有一个公共的食堂和厨房，这个厨房应该用自办式，绝对不能用包办式。 我们应有一个公共的集会和娱乐处所，在这处所内可以举行各种交际式的集会，备有各种娱乐的设备，并有一个公共休息室以使各人随便聚谈或阅览报章杂志。 此外还急须要一个好好的公共浴室，这浴室应够供全体教职员学生之用。 但这不过就显然缺乏而即应想方改善的几件事情说一说。 此外足以促进共同的地方凡讲大学教育的人所应该注意的自然还很多很多。 自然，谋办这许多事情很是困难，在素来未曾有过公共生活的训练的中国大学生尤其是困难。 去年中央大学的消费公社未能成立就是一个明证。 但是这种困难并非是不能解决的。 办理消费公社和公共食堂的困难最重要的是在管理方面。

我们这须想出一个妥善的管理方法。并且我相信这种管理方法是可以想出的,这种困难也有值得我们的努力去解决一下的。因为现在中国青年所最需要学习的就是共同生活的方法和习惯。在大学中共同生活的组织加多一点可以增加大学团体的活气不少。我们须知道人所需要的不仅是知识。知识有时候不过是生活的一种工具。人首先所须学习的其实还是一种正确的发展的生活习惯和方法。知识固然绝对重要。但因为知识而忽视了生活势必致成为畸形的发展,就是所要讲求的知识也恐要有变成死的知识的危险。欧美的青年在未入大学以前就有良好的生活的训练,大学所负有生活训练的任务亦许可以不占如何重要的地位而专注意于知识的研究。但在我们中国大学,因以要负起改革旧社会和创造新文化的责任,生活的训练虽然不能说应居于第一重要的位置,也至少宜和知识的灌输占平等重要地位。我们须知所谓文化实包括一般的生活态度,不仅指知识而已。聚全国优秀的青年于一堂而不能与以良好生活的训练使失此数年宝贵而难得的机会,岂不是一件极可惜的事,而是我们大学教育的一件莫大的耻辱吗?

讲到大学里的生活,我们又联想到大学的艺术空气了。我们须知艺术是生活的一种主要的要素。没有艺术的生活简直就不能算是生活,不过是猪的生活而已。所以我们要知道一个社会是否有真实的生活最简易的测验方法就是考察是否有艺术的意味。讲到艺术的空气,我们的大学教育,尤其是中央大学,恐怕又都要打个零分了! 仍旧单就我们中央大学而讲。走进我们的校门就看到我们的校地是瓦砾高低,蔓草纵横,好像是一片没有人居的废地。我们的校舍是东一座西一座,甲一个式子,乙又一个式子,没有一定的规划和系统。再可笑的是新砌成那座宿舍,简直像一个洋灰涂成大箱子,留几个孔变算是窗子,艺术的意味到此扫地无余了。我不知住在里面的同学们将作何感想! 把校园的隙地耙耙整齐,多种一些小草,多栽几棵树那是无须怎样费劲的。然而就是这种简而易举的事也似乎没有人想到去做,我们的学校就只好终古是一所荒落的庙宇了。我们在宿舍里所听到的是咿咿呀呀而终究不外一个老调的胡琴声和从留声机上放出来的"玉堂春"的歌调。我们只百年难遇的有艺术科的同学举行一两次音乐会。此外在怎样大的一个学校里就听不到什么音乐的风声了。音乐应该是一种普遍的艺术而也幼稚冷落如此。我们的同学中有一个什么戏剧社,然而只听到试演过一两次,现在似乎又久不声响了。此外我们大学的生活艺术方面还有什么可举的呢？我实在不能再想出一件。在这样枯燥的空气中生活自难得滋润，要希冀生活兴奋焕发那是很难的。这种生活上的残缺和偏枯，我们的大学教育可以忽视而不想法补救吗？

教育是陶铸理想的社会和理想的人生的工具。所以我们谈教育应该针对实际社会的情形，而不能完全凭空立论。各国的社会情形不同，文化程度不同，所需要的教育也不能一致。所以一种教育目标适用于甲国者未必即适用于乙国。中国社会深受褊狭的实用主义和修道院式的道德主义的流毒，生活的荣华与茂叶已摧败殆尽。所以中国的大学教育也应该和中小学取一致的阵线，除了努力于纯粹的学问外应该同样注重于生活的训练和陶养。我对于一切问题的见解往往喜欢找到它的根本方面——这亦许就是我的思想笼统的毛病。我觉得中国社会现在之所以百病丛生根本上是因为中国人贫弱于生活之力。这种生活之力之贫弱差不多处处可以看到。做事的敷衍和苟且，艺术的脆薄和单调，人生观的逼窄和近视，高低的石子敷上柏油便算是最讲究的马路，所谓新建筑物大都是洋灰涂成红绿油漆的铅皮所钉成的——凡此等等都显然地在告诉我们说，生命机器的内心已缺乏了火力，只能发出星星的火花而已。所以中国社会的问题并不像一般人所看的那样表面。中国所需要的不但是科学的知识，生产的技术，和种种新的政治制度和经济制度，中国社会实需要一种根本的生活态度和生活动力上的改造和加充。这种生活态度改造和生活力的加充是现在的教育，尤其是大学教育，所应该担负起一个最重要的任务。

因为几十年来的所谓新教育，只知注意于知识的灌输而忽视其他的一重要方面，所以教育的形式虽然新了，而实质还和几十年前之旧相差不远。我们大家相信八股已废了二三十年了，八股的教育久已成为过去的事实了。但其实八股的流风余韵还巩固的在我们簇新的大学和中学内盘踞着。中学学生的作文还在那里摇笔弄舌，对于各种学程只知强记课本。做了大学生仍旧没有一些自动的能力，听讲时所希望于教员的是一个字一个字吹进耳朵以便后来自己好照样一字不差的一个字一个字吐出来。学校好像一部印刷机器，学生自视好像是纸板，学生所望于学校的是经了一轧过之后便一切都清清楚楚的印在上面。抱了这种态度就是去求所谓纯粹的知识也是不行的。所以这也是现在的大学教育所急需改正的一点。

总而言之，大学应该是陶冶社会文化的洪炉。但所谓文化不仅包括学问和知识，并且包括生活的理想和态度。中国社会现在所尤其需要的是生活态度和生活动力的改造和培养。故中国大学教育对于这一方面而应该特别的注意。让我们的大学教育同时是一种强健的、活动的、发展的、组织的团体生活，否则我们的大学将变成一座沉沉的古庙了。

（原载《国立中央大学半月刊》，1929年12月16日）

[作者简介]

潘菽（1897—1988年），我国现代心理学的奠基人之一，心理学家、教育家，九三学社创始人之一。1920年北京大学毕业后，考取了官费留学。在美国学习6年，先后读了3所大学。于1926年获芝加哥大学博士学位。1927年学成回国，就被最早成立心理系的第四中山大学（前身是东南大学，后来改称中央大学）聘为心理学副教授，半年后升为教授，兼心理系主任。1949年南京解放后，受命参与接管中央大学。中华人民共和国成立后，参与了南京及华东地区的大学院系调整工作，并接任南京大学（调整后的中央大学）校务委员会主席，1951年被任命为第一任校长。1956年南京大学心理系并入中国科学院心理研究所后，兼任心理研究所所长。在此之前，中国心理学会于1955年重新建立，他被推选为理事长。1955年中国科学院成立学部，被聘为学部委员，是学部委员中唯一的心理学家。

科学精神与国家命运

秉 志

同是国家，何以有盛衰？同是民族，何以有强弱？曰：科学发展与不发展之故也。义亚战事，足为吾国人一大教训，使亚人于寻常之时，努力以谋科学之教育，增植科学之人才，所有人民尽受科学精神之熏陶，政治清，国防固，敌国未必即敢大张爪牙，肆行侵掠，即不幸而至于一战，何竟至一败涂地，不可收拾。乃积久落后，不知振兴，猝与科学夙有历史，日进不已之国家，争命旦夕。人民之知识技能，相去太赊，犹腐朽漏舟，与艨艟巨舰相击于洪涛骇浪之中。破碎沦溺，决无幸理也。

二十世纪之国家，未有不恃科学以为生存者。试观世界各强国，其国内之科学，有不极形发展者乎？一种民族有发展科学之能力产生多数之专家，有重要之贡献，促进学术，造福人群者，其国有不日兴月盛，凌驾他邦者乎？战国势者，无不以科学发展之程度为之衡，科学之特识，为人类最大之珍品。其中高深之学理，专精之技术，能达人类梦想不到之成功。科学之常识，足以增进人民之幸福，范围人民之思想，使社会永就轨道，民族日见强盛。教育、实业、政治、国防、无不日见修明，长形优越。一言以蔽之曰：科学者，二十世纪之国之基础也。然科学之特识，何以发达？科学之常识，何以普遍？则恃科学之精神为之后盾。科学发展之国家，其国人必富于科学之精神，科学落后者，其国人亦必缺乏此精神也。科学之精神为何：（一）公而忘私，（二）忠于所事，（三）信实不欺，（四）勤苦奋励，（五）持久不懈。唯有此五者，以治科学，世界伟大之成绩，无不由之产生焉。自有科学以来，所有此学中之巨子，无不备此五者。此五者普及于社会，浸渍程度，愈广愈深，其人民乃愈优秀，足以领袖全球，享光荣之历史。故此五者治科学之人万不可缺，而欲为爱国家、尽责任之人民，亦不能无之。其为国家负责愈大者，乃愈有需乎此。使一国之中，上自政府，下逮黎庶，皆有此精神，举凡误国殃民之罪恶、堕落不振之劣习，涤荡廓清，国势不蒸蒸日上者，未之有也。此无他，科学之精神，一旦发达，举国皆视科学如菽粟水火之不可须臾离，人民习之者众，专门人才日形增多，高深学理，及精妙技能，继长增高，突飞猛进，国家所有问题，皆用科学方法解决之，欲谋富强，犹反手耳。

一国不幸至于外患日深，沦胥在即，匪患猖獗，民不聊生，国内之知识阶级，要不得离辞其责。一国之政治，不能日就正轨，则从政者缺乏科学之精神，有以致之。外患方日逼不已，军人犹分裂自残，则治军者缺乏此精神，为患尤大。国内之青年，一国之前途所系，为教师者偷惰自甘，不知奋勉，已不足以为之师表矣。乃谋地盘，布党羽，勾结不肖之生徒，乘其贪小利怕考试之心理，使之掀动学潮，糜烂学校。而青年竟不加详审，受其蛊惑。卧轨劫车，示威请愿，予敌人以可乘之机，陷国家于愈危险之境。则为教师为学生者，皆缺乏科学之精神，直成祸水矣。国内有知识者尚如此，则其无知识为穷民者，何能寂救于万一？此国家之前途，所以不堪设想也。

国家欲避免覆亡，政府宜努力以兴科学。如俄国于扶败救伤之余，大举设立科学研究机关，种类之多，至于不可胜纪。凡国家不急之需，皆宜省节，以之奖励科学之研究。内政、国防、教育、实业、经济、交通等荦荦大者，皆本诸科学以图改进。此数项之中，宜有科学专家担任重责。此项专家，国内或已有之，或甚有希望，将形成熟者，政府宜汲引利用，设法培养，而纯粹科学之研究，为实用之渊源，尤不宜以欲速见小之心理，视若等闲。国内科学研究机关，若日见日增加，科学教育日见发达，专家研究之贡献，足以解目下患贫患弱之忧，科学常识，普及于人民，社会之程度抬高，人民之恶习革除，思想正，技术精，体质强，百年大计，即于是奠其基。 然国人绝不能徒望政府之独任此事，以国家幅员之辽阔，人口之繁多，内忧外患，煎迫尤急。 此时宜全体动员，以图补救。 吾国社会，向来对于国家安危，风痹不关痛痒，今也何时，岂容袖手，社会有能力相助者，最好破其冷淡悭吝之旧习，为敬教劝学之义举。 如美国富豪，群然捐输巨资，兴办研究事业。 其结果也，国家日强，社会日安，而个人名利兼收，流芳百世，彼丈夫也，我丈夫也，吾国富人，与其坐拥厚资，殁世而名不称，甚至家庭兴讼，祸及子孙，何如闻风兴起，以德泽翼其后世，竭力谋科学之迈进，爱国即所以自爱乎？ 愚昔游学美洲，见商人酿金与学，殷殷不倦。 偶与一相识谈及，赞其好义。 此君曰：吾辈经商，全恃社会之安全，兴学以安定社会，即以增进营业，获利自然较丰，即此可见其目光之远矣。 吾谓辅助科学，足以自利，亦是此意，不知吾国人有能兴念及此者乎？

或谓科学为高深之学术。 发展极属不易，必汗漫岁月，始可成功，国难方殷，时不及待。 则应之曰：高深之学理，专精之技术，即至科学常识之普及，或者非短时间所可一蹴而成，然目下政府与社会多一分努力于科学之事业，即减少一分目前之困难。 况吾所谓科学之精神，乃人人所宜有，夙兴夜寐之不可缺者，以之治学，则日进益精；以之治事，足以胜任尽责，无负国人。 所患者，中国人缺乏此五者太甚，故腐化日深，衰落气象，充盈全国。 不此之惧，猛省回头，势不至国亡种奴而不止。 故欲救国家目前之祸，必须提倡科学之精神，刻不容缓，人人能公能忠能信能勤能久，则贪污自私、卖国自利、虚伪狡诈、偷惰无恒等劣性，可以渐行免除。国家之观念日强，爱国之热忱亦日挚。 国家有日新之景象，国难当有减轻之转机，国家社会若双方尽力于发展科学之教育，造就科学之人才，研究工作，风起云兴，伪科学家之阳托此名，以欺国人者，必淘汰无余，或怵焉戒惧，改变方针，从事正轨。国人努力于研究者，为数日巨，重要工作，何患不能产生。 科学精神，足以革新道德，改造民性。 全国群起而提倡之，则火燃泉达，此五大精神将贯彻于陌巷庭户之间，国人可蝉蜕其衰老腐旧之暮气，而为方兴未艾之新民，还老返童起死回生之说，或者于此徵验乎？

故科学精神者，政府宜有之，社会宜有之，吾科学界同人尤当负此责任，力求推进。吾国至于今日，无贵无贱，无贤无愚，对于科学之足以救亡图存，转危为安，要不能再存丝毫怀疑之态度。宜人人奋发，相率而前，以期造就高深之研究，及推广普遍之常识。奖导辅助，是在政府与社会。身体力行，则在科学家之自身。哥白尼创奠近世天文学，波兰之复国，未必非受其精神上之赐。噶利留为科学长受酷刑，意大利之复兴，驯致为一等强国，未必非席其赴汤蹈火之精神，而能有今日。巴斯德以研究之成功，再造法国。德国俄国之科学家于艰难困苦之中，建设新邦，尤足为人所崇敬。懿型昭著，近已可师。吾同人宜何以自勉，美国之发展科学，历史甚暂，今竟凌驾欧洲，日本步伐欧洲，兼法美国，为时更近也，然奋斗直追，今日其科学成绩，不逊于人。后起者借鉴于先进，时间固甚经济。吾国人若认定方向，勇往直前，使全国上下日趋于科学化，食斯学之赐，以奠定邦基，有疑此举为迂缓者，乃不思之浅人也。然则政府社会及科学界之同人，其怵于义亚战祸之归束，而知所从事乎？

（原载《国风》，1936 年第 8 卷）

[作者简介]

秉志(1886—1965 年)，满族。动物学家、教育家，中国近代生物学的主要奠基人，中国动物学会的创始人。1908 年京师大学堂（现北京大学）毕业。1909—1913 年在美国康乃尔大学农学院学习，获学士学位。1913—1918 年在康乃尔大学生物系学习，获哲学博十学位。1918—1920 年在美国韦斯特解剖学与生物学研究所从事研究工作。1920—1937 年任南京高等师范、东南大学、厦门大学、中央大学生物系教授，兼任中国科学社生物研究所研究员、所长。抗战期间，困居上海。抗战胜利后，曾在中央大学和上海复旦大学任教，同时在上海中国科学社做研究工作。他曾任中央研究院评议员，1948 年当选为中央研究院院士。中华人民共和国建立后，秉志任复旦大学教授至 1952 年。中国科学院成立后，他先后在水生生物研究所和动物研究所任室主任和研究员，1955 年被聘为中国科学院学部委员。他在脊椎动物形态学、神经生理学、动物区系分类学、古生物学等领域进行了大量开拓性的研究。50 年代后，主持研究鲤鱼实验形态学，充实和提高了鱼类生物学的理论基础。

大学教授之任务

王家楫

大学之设，在陶铸通才，使其学术上之训练，足以应社会之需求，道德上之修养，足以为群众之表率，关系于国家前途者，至大且远，是以一国之兴衰存亡，往往与大学生之多寡成比例。十余年来吾国大学日见加多，青年之毕业于大学者亦年有数百千人，此数百千人者，耗费国家无数之金钱，一旦卒业离校而不得为世所用所重，负陶铸之责者，不能不辞其咎也。教授直接处指导学生之地位，学生于其指导之下，朝亲夕炙，同堂聆诲，充其求和之渴望，固主要正鹄，即一举一动，亦将唯教授之马首是瞻，为教授者能不勤慎所事，以身作则，而为学生法乎。今之大学教授，每有足迹所履，不外讲堂，议论所及，不出教本，其行动一听校钟之命令，而他无所事矣，以国家之出类拔萃之人，其任务不过尔尔，是无异蕴椟而藏也。窃谓学不可不专，见不可不广，大学教授当从大处落墨，视时势之急需，用我所长，尽力于教课以外之义务。课外工作，在在有之，仅就管见所及，择其要者言之。

（一）大学不特为教课机关，亦探讨高深学术之城府。国外大学教授教课而外，莫不从事研究，学校对于教授之待遇，亦以研究成绩之高下为准衡。反顾国内，教授以研究为职志者，实凤毛麟角，不可多觏，其不能研究者不曰仪器不完，必曰参考缺乏，因循自误，对于专门学术，遂无所贡献，是不为也，非真不能也。当巴斯德（Louis Pasteur）之执教于法京高等师范，其实验室仅占二小间气楼，而研究结果足以利用厚生，轰动举世。现在国内大学之设备，虽不能与欧美比衡，与十九世纪中叶法京高师二小间气楼中所有者较，则当超出多多。倘大学教授皆以巴斯德之精神为精神，平时所认为困难者，自可消灭于无形而埋头苦干矣。研究工作自身已努力倡导于前，学生必望风追随于后，国家科学之发达，亦可翘足而待。美国于五十年前科学颇幼稚，当瑞士动物学家阿葛息（Louis Agarsiz）氏应聘于哈佛大学时，目睹一般教授学生，只凭课本传授，一无所谓研究，阿葛息氏煞费苦心，渐次引起其兴趣，而美国动物学之研究，亦于以开始，世人遂认阿葛息氏为美国动物学之鼻祖，倡导研究之功也。十余年来国内地质学生物学化学等之日见发达，亦无非一二学者之惨淡经营，鼓励研究之功有以致之，教课与研究并重，安可慎于此而忽于彼哉。

（二）教授为智识界领袖，其议论文章，最足以引起民众之视听，民众不学无术，固无求于专门，科学上之常识，要亦不可一日或缺。大学教授当推己饥己溺之心，从事宣传学术，灌输常识，俾有以启迪民众。郝胥黎（T. H. Huxley）常以生物学之智识，或用简单笔墨，著之于书，或就通俗演讲，述之于口，灌输于一般工人及平民。感力所及，能使英国社会了然于发达科学之必要，天演学说之成立，亦经赫胥黎之翻覆辩论，竭力宣传，而得稳固，世人莫不以赫胥黎为最有成效之大教师（Great Teacher），以其教授学生而外，有功于启发民智也。今之受高等教育者见多数无识平民，往往徒叹奈何，而不思补救之法，是犹母有乳而不知所以哺其呱呱之儿也。吾国民智识上需要之急，岂特科学常识而已哉，对于国家观念，国民义务，皆茫然漠然，不知所衷，是以国家陷于水深火热，而无关痛痒，外患迫于啮腹噬脐，而嬉笑自如，是有待于导化启沦者更急不容缓矣。

（三）感化学生人格，亦教授天职之一，师生朝夕相处，感情至深，我之一言一行，亦足以影响学生之品性。教授模型也，学生石膏之待塑者也，其型陋塑何得而独美，平时设能修身立德，砥品励行，则学生耳濡目染，草上之风必偃，亦不期然而奉行礼义廉耻矣。顾学生初无经验。其意志薄弱，易受动摇，不赤于朱，将黑于墨，不为道德感化，必为势利所诱惑。世有教授好唱高调，而学生附和之，教授好事投机，而学生标榜之，其结果则唱其事者享其利而盲从者徒受其累，贼夫人之子，真教育界之罪人也。有德者诚宜防微杜渐，以训育为己任，使学生早循正轨，明于善恶之标准，勇于身心之锻炼，庶可免恶势力之引饵而断丧其人格。忠义之士，每出名儒门下，教育人才，智德二者并重，自古已然，独于今日而可忽乎。

（四）发达科学，端赖学者之提倡。教授居先知先觉之地位，当率身先导，奔走鼓吹，使政府社会，皆能了解学术重要，研究之必须，而国家科学事业之建议，可以兴盛。美国学者康姆史笃克（J. H. Comstock）既首创昆虫学系于康乃尔大学，又不惮奔波，兼执教鞭于斯坦福大学，美国农业部昆虫局之成立，亦经其规划而任指导，入后影响所及，各省皆设昆虫专局，各大学皆设昆虫专系，其学生与后起者遂分布全国，得用其所长，使研究昆虫之结果，利益广被于举国农民，其创造机会以提倡科学之丰功伟烈，吾人当奉为圭臬。现今教授但株守校园，坐叹学生之无出路，是不知创造机会者也。我之所谓机会非扩地盘张门户之意也，设学术机关，研究场所，努力推广，非特后起者可学以致用而国无弃才，社会急需，予以解决，民众生活，得而改良，新术可以发明，文化亦得表扬，若是则国家亦不难日趋于稳定，而外侮亦无所施其技矣。一国事业之振兴，岂必全仗政府，我不殚精竭虑，奋斗鼓吹于下，而欲望政府之辅掖奖励于上，尤缘木求鱼也。

世无不可造就之才，柴也愚参亦鲁师也辟由也彦皆在圣门贤弟之列，要之我之诲人不倦，循循善诱之耳。学生已以我为模范，将事事则法于我，今乃安于所习，而不致力于课外应尽之义务，又安望将来学生能坚于操守，勇于研究，启发民智，提倡科学，而为社会群众福乎。方今强敌入境，大患日逼，稍有智识者皆竭智尽能，效其分寸，思所以挽此危局，大学教授，更不当熟视无睹，置上述诸端于不问，愿我同人，奋发踔励，起而力行。

（原载《国风》，1936年第8卷）

[作者简介]

王家楫(1898—1976年)，江苏奉贤人，中国动物学家。1920年毕业于南京高等师范学校,1924年获国立东南大学农学士学位,1928年获美国宾夕法尼亚大学哲学博士学位,1948年被聘为中央研究院院士。建国后任中国科学院水生生物研究所研究员、所长,是中国原生动物学的奠基人。早年积极开展生物科学考察,获得中国原生动物、淡水轮虫分类及生态学研究的第一手资料,发现原生动物新种近百种;论文《珠穆朗玛峰地区的原生动物》、《中国轮虫志》等论文在国际动物研究领域有重要影响,为中国原生动物学的创建与发展做出了重要贡献。

目前大学教育中之基本问题

张江树

教育部近方针书特殊教育方案，其内容因未公布，无从猜测，实则大学教育之基本问题。以作者所知，犹不在特殊与非特殊，而在合理与不合理也。譬诸一丝织厂，自原丝入厂，以迄成物，不论所织者为绸为缎，为罗为绫，其间必经过若干相同之基本处理，此种基本处理之得当与否，成物之良窳系焉。若忽略此种基本处理，而惟斤斤于成绸成缎，成罗成绫之争，花纹长短，商标广告之计，则岂特成物无望，空费资本而已哉。即入厂时洁白可爱之丝经，亦将沦于发弃之列，而无复衣被苍生之望，其牺牲为何如乎。

方今大学教育中最时髦之名词曰专题研究，教育部且指定国立及私立大学开办研究院，是矣，顾中国大学泰半本身犹未发达完善，在本身犹未完善之大学中，贸然提倡研究，利未必见，弊可立生。以学校言，财力有限，研究方面多用一部，学校基本设备即少用一部，其尤可怪者，如前某大学某系随主任专门研究者若干人，而基本之普通实验室反乏人照料，各种特别仪器购买极多，而学生普通实验器具反缺不敷用，皆可慨也。以教授言，精神有限，用于专门研究者多一分，用于教学方面者即少一分，目前各大学基本学科之确已标准化、中国化者果有几何，吾知勃然而与之专门研究，将来或且贻噬脐之悔，则非专门研究之无须提倡，而误在提倡专门研究者忘弃其较之研究更为需要而重大之责职也。以学生言，苟各种基本知识，犹未完备，而遂从事其未成熟之研究工作，事倍功半，即幸得小小结果，亦往往不偿其时间之损失，一出学校，号为专家，实无赏识，成事不足，败事有余。读者疑吾言乎，请静观默察社会上表现之事实，作者固不便一一指实以言也。

学术进步，一日千里，故研究学术之工具，在昔已觉其有余者，在今或感其不足。现在之大学教授，其自身所受之教育，已属过去，故其指导后进，贵宜根据最近学术发展情形，而不限于其自身所具之知识，必如此，其所指导之学生，他日方克任进一步之研究工作，而国内学术方得迈进而不至落后。若因一时之顾忌，个人之便利，固执成见，妄别轻重，实贼夫人之子，而为学术界之罪人。不特此也，大学果完全为纯粹学术研究机关而不必顾及实用者，则其各院各系各科之推广发展，尽可任其自然，各教授为学术而教育，亦尽可书其提倡鼓吹之能事。否则，如犹须注意国家社会需要各种学术之缓急，人方之数量，生活之情形，则于推广发展提倡鼓吹之中，万勿忘其所推广发展提倡鼓吹者之客观价值，与当前效用。人无心脏则死，无手足则残废，无眉发则不雅乱而已，此客观价值之说也，食于饥时有益于身，食于饱后有伤于胃，此当前效用之说也。

目前之大学教育无训育，已有人言之，且已有人注意之矣。若大学教育之缺乏整个学业指导，尚少人发觉。每一大学生自入校以迄毕业，为期四年，四年之中，虽必修科目有规定，预修科目有限制，学分多少有范围，选习质量有伸缩，已似有规可循，步骤犁然矣。不知学者程度不必尽同，天资不必相埒，其所得各科之知识，不必尽能融会联络，组织利用，而当事者为种种原因所牵，又往往不能严格执行其限制或规定，用是躐等取巧，盲从误信，轻重倒置，先后易位，而害乃不可胜言矣。盖各教授所日夕讲阐者，为其所担任之局部知识，如何融会联络组织利用此种分得之局部知识，以达学生个人之企望，实另为一事，非有长期一贯之个别指导不为功。如欲以一二主任院长之精力，数日选科讨论之时间，达此目的，安得不归失数，况今之主任院长，犹未必亲自出席，为选课者熟加考虑乎。故作者以为果欲改进目前大学学生学业，非推行个人教导制不可，其办法并不困难，只需将大学学生各依其科系分组，指定各该科系主任为学业总指导，再由学生个人，于第一学期终了之时，就各该科系教授讲师中任选一人，为其个人学业指导，以后有关学业之问题，均得请其选定之指导相助解决，如此对大学组织方面，固无需多大之变更也。

今日大学教授之病征多矣，基本问题之急需解决者亦何止上述数事，惟上述数事，以作者所见，觉极重要，而牵涉较少，改革与注意，尚不为难，故特提出以作曝背之献。若当事者犹责其不识时务，好事宣扬，有失统制合作精神，则作者固自知其罪矣。

（原载《国风》，1936年第8卷）

[作者简介]

张江树(1898—1989年)，物理化学家、教育家。1914年以优异的成绩考入南京高等师范学校，1918年毕业后留校任化学助教。1923年，考取公费赴美国留学，先在美国加州大学，1924年成为美国哈佛大学研究生，两年后获哈佛大学理学硕士学位。1926年回国后，先后在光华大学、中山大学、中央大学等校任教授。中华人民共和国成立前夕，任中央大学化学系主任和理学院院长。为了护校，他参加了由进步教师组织的"校务维持委员会"，积极支持进步的学生运动。建国初期，担任南京大学教务长、理学院院长，南京工学院筹备委员会主任委员和江苏省人民政府委员等职。1952年，出任华东化工学院院长。他毕生致力于物理化学领域的教学与研究工作，是我国早期物理化学学科主要学术带头人之一，与黄子卿齐名，因而素有"南张北黄"之称，为我国化学科学的发展做出了贡献。1989年10月病逝于上海。

关于理学院的一些看法

吴有训

国内公私立大学中，有理学院者，共 39 校。理学院中分系最多者有算学、物理学、化学、生物学、地质学、地理学及心理学七系。每学系设立的目的，简单言之，有下列三项：（1）造就专攻某一学门的学生，入研究院或其他相关机关，进行高深研究，俾成某一学门的专家。（2）训练大学中学中某一学门的教师或工厂及实验室中某一学门的技术人员，前者从事于教育事业，后者从事于技术工作。（3）教授其他院系所需某一学门的功课，如文、法、工、农、医等学院所需之算学、物理学、化学、生物学等等课程，由理学院有关各系，开班教授。就理学院所设立学系的内容言，已包算学及物理的科学、生物的科学及地质的科学。除算学外，学习的方法，应以实验为中心，关于此点下面将再提及。就理学院各学门的关系言，算学、物理学、化学三者，更为基本的科学。三者相互的关系，固不待言，选习理学院其他学门的学生，如对该三学科有了稳固的根底，均有莫大的便宜和帮助，此点对于学习工医农的学生，莫不皆然。

平常所称的科学，系指理学院所包括的学科而言，所以由国内科学的演进史便知道理学院的改进情形。 国内提倡科学，约有四十余年的历史，我们可以分作三个时期：第一可称为妄谈时期，这一时期，教的人既不高明，学的人更无预备。 国内的专门学校，均在草创期间，有时对某一学科，请一外国教师，上课须靠翻译转达。 教师的学问如何已是问题，担任翻译者，可对某门学科完全是一外行，这样传授的科学当然不会可靠。 而那时留学东洋的学生，大多又是不可思议的速成科毕业，所以在这一时期对科学是绝少了解，大部分胡乱谈谈罢了。 记得民国元、二年在中学念书，有位博物教师，半年教了一本植物学，从未见过一件标本，也未有过一次野外采集；至于实验的工作，当然更是谈不到；以后动物学、生理卫生、矿物学等等，都是一本一本同样的教完，因此学生上这些课程，无人不觉得头痛。这可说是妄谈科学的一个实例。 第二可称为空谈时期。 这一时期有些欧美留学生返国，对科学已有相当门径，但对科学的本身，仍少彻底的认识，因此在国内理学院中，开了一些高调而空虚的功课，如算学、物理学等由普通至最深的课程，无不应有尽有。 要是专以课程的名称互相比较，中国的大学程度，似较世界任何大学为高。教者只是糊涂地教，学者只是糊涂地听，均在似懂非懂的微妙境地。 这种高调的课程，对具有谈玄传统习尚的中国人，非常适合口味。 结果学生对于实验常识，一无训练，唯日谈自由研究，实不知研究为何事，以科学工作空谈便算了结。 记得国内有一时期，无人不喜谈算理哲学、相对论、进化论等等，这种风气，把科学的实验性完全忽略，所以对科学仍是隔靴搔痒。 第三可称为实在工作时期。 这时期包括抗战前10年至15年的时间，国内才真有了科学工作，也可说国内才真有了科学（当然，这时期的成立也经过相当时间的培植，以前的南京高师和东南大学对此有不可磨灭的贡献）。 地质学和生物学工作较早，物理学、化学、算学稍迟。 这一期的科学进展可从几方面来说：

1. 理学院的训练，力矫高调及空虚之弊。 一方面对于课程不尚高深和数量，唯着重于基本的学程，力求切实与彻底。 基本原理和事实的了解、问题的解决，为施教重要的部分。 另一方面，充实必需的仪器和图书，使教学的设备足敷应用。 因必须仪器的充实，重要的实验，均可举行，实验科学的意义，学生得以了解。 其应用仪器较多的物理学，且由系中设立工场，制造精细及特殊的仪器。 因图书的充实，高年级学生在教师指导下，可对一问题进行参考新旧期刊，阅读文献，俾知问题之所在。此种阅读工作对算学及偏于理论工作的学生,固属必需,对偏于实验工作的学生,实同样重要。此外对于实验的技术,手眼的训练,特加留意。如木工、金工及吹接玻璃等,表面看来,似极琐屑,其实实验工作之能否成功,有时全在这些工作之是否精巧。国内科学不发达的最大表现,便是学生手眼之未受训和呆板。所以这一期的训练对科学工作,立下一个坚实的基础。

2. 大学教师及研究机关的研究员,有些人能切实进行工作,结果颇有可观,且有些工作颇得国外同行的重视。因此工作的兴趣得逐渐增加,研究的风气得逐渐养成,形成了国内一些工作的中心,地质学、生物学、物理学、化学、算学各门中,皆有同样的进展。这种进展,促成国内大学理科研究所的设立,俾青年学者多有进行工作之所。同时国内理科方面的专门学会,也得次第成立,发行专刊,登载国内的研究结果,以与国外科学界通声气。这种切实工作的结果,不但对国内专攻科学的学生给予很大的冲动,对国外专门科学的学生也有极大的影响,至少留学生的价值,须重新加以估定了。

3. 青年科学家,受了时代风气的鼓励,努力上进,他们在大学本科所受的训练,既属相当结实,毕业后,入研究院或其他相当机关继续研究,大多成绩斐然,有不少的成就。要是有机会出国,便立可加入欧美任何大学的研究室进行工作。中国的学制最接近的要算美国,所以以前赴美留学较赴欧为便。但自国内有了研究工作后,这种情形完全改变。英国的剑桥大学已可承认国内大学研究部所给的学分,法国的巴黎大学已承认由中国的学士学位可直接进行法国国家博士学位的论文工作,这都是青年科学家工作的表现,博得国外的承认,大可令人兴奋。所以这一期的进展,使我们对国内科学研究完全有了把握,完全有了自信。

上面一段科学演进史,似乎太过冗长,可是理科的大概情形和一般性质,读此应有一了解。不过我要郑重声明:国内理学院虽共有39所,已上轨道者,最多不过八九校;待改进者,尚属多数,好在改进已为各方所注意,单新不过是时间问题罢了。同时上面所提学院的训练,应注重基本的课程,力求任何院系的训练,均不能违反这个原则,否则该一院系,必系未上轨道,尚需改进。

现在提到学生升学问题。最普遍的是升入理学院的学生应具如何的资质等等。为了作答复这一类问题的参考,特指出下列数点:(1)在理科的任一学门中,真正的好学生,不是教成的。 最多教的部分,不过是:① 指示正当的途径,不致走入歧途,白废光阴。 ② 给予工作上种种鼓励,俾便自奋自勉,力求上进。 这一类的学生是可遇而不可求的,每一年级中,能得到一两个已是幸运。 (2)有一类学生,天资很高,可是工作起来,有些浮而不实;另一类学生,天资不是很高,可是工作是按部就班,非常切实。 一般比起来,后一类学生的成就,不但不会亚于前者,且常较前者为高。 (3)有些学生,对于用脑的工作表现很差,或竟不行,唯对于用手的工作特别灵巧,这类学生也可对实验的科学有很大的成就。 国内科学教育,对这类学生,似乎值得特别留意。 (4)前面曾经提及,理学院的内容,已包括数类的科学,每一类的性质和内容,均大有分别。 一个学生,可以对算学很是不行,却不能断定他对生物或地质是绝无成就可能。 这一类的事实,颇值得学者和教者的注意。

最后,提到学生升入理学院的选系问题。 原则上这问题并不是特别麻烦,在学生方面,应当选习对他最有兴趣的学科;在学院方面,应当因学生的兴趣,准他加入相当学系。 可是事实上不是这样简单。 专就兴趣问题来讲,中学刚毕业的学生,便很难说每个人有很固定的兴趣。 第一,中学生对大学的院系性质,根本不甚清楚。自从政府提倡理工后,中学生的视线,大都集中这两科,可是在中学生的意中,有时竟把理工混为一体。 这当然是错误的观念。 所谓兴趣,当然也不甚可靠。 第二,中学生的兴趣,常受教师的影响。 老实讲起来,中学教书的先生,好而尽力的,实在不多。 原因暂且不提,只要某一门的教师,肯努力于教学事业,学生的兴趣自然发生,结果学生便以为对某一学科有特殊兴趣,其实这种兴趣,只是由其他的学科没有教好的缘故。 此外学生选系尚有下列三种毛病:(1)对于出路问题考虑太过。近年理科学生的出路,一般均属不错,唯其中或有数系,出路更佳,选习者更多,当然是很自然的现象。 不过有些学生,对所选学系实不相宜,为了出路,硬说是有兴趣,勉强拖混下去,这未免可笑。 其实最近大学任何院系的毕业生,出路均不成问题。 抗战建国期间,大学毕业生的需要更是迫切,任何院系均属供不应求,殊无考虑出路之必要;(2)常为感情所支配。 特别在抗战期间,感情的支配为更大。 例如因为要制造毒气,便专攻化学,久而发现感情作用并不与兴趣完全相符,虽再图补救,已属白废不少的时间;(3)常为成见及面子问题所影响。 成见之来,有时得自家庭方面,有时得自师友方面。 入学选系坚持某一学门,先后虽发现对某系并不适宜，但为成见或面子关系，不肯改系。有些学生，据教师的意见，只是不应学习某一门，而学生坚持对某门具有特殊兴趣，非选不可。这当然是成见和面子问题在作怪，与兴趣无关。所以要解决选系问题，大学里面，分系实不宜过早，课程便不宜开头便专，应当等学生比较成熟，才来选定学系；同时院系的负责人，对于学生应选的学系，也须切实加以指导。

（原载《吴有训的科学贡献》，鹭江出版社，1997年）

[作者简介]

吴有训（1897—1977年），字正之，江西高安人。中国近代物理学奠基人，科学家、教育家。1920年毕业于南京高等师范学校。1921年赴美入芝加哥大学，随康普顿从事物理学研究，1926年获博士学位。1926年秋回国，先后在江西大学和国立中央大学任教，1928年秋起任清华大学教授，物理系主任、理学院院长（包括1938年以后在西南联合大学的8年）。1945年10月起任中央大学校长。1948年底任交通大学教授，校务委员会主任。1949年秋—1952年秋，任交通大学（暨西安交大与上海交大前身）校长。1950年任中国科学院近代物理研究所所长，同年12月起任中国科学院副院长。吴有训还曾任中国物理学会理事长。1977年11月30日在北京逝世。

中国科学教育之将来

何 鲁

科学者，格物，穷理，利用厚生，所资；科学方法者，一切学问，赖以成立，发展者也。用之得当，家给人足，用之失当，人类受祸，如今日是。然此非科学本身之失，吾人断不可因噎废食，而断返于原始文明也。中国文化虽早，而科学甚为落后，故科学教育，至为当今切要问题，所应郑重商榷者也。又后起之科学化国家，往往更为进步。盖前车之覆，后车之鉴，必害既易，趋利益宏，科学教育之趋势，亦复如此，求新求备，乃今日吾国学者之责也。中国小学教育，国语与常识太多，国语与常识宜以辟字代之，分其部门，临其言义，至能缀句，作日记为止，常识只留科学常识，以天象地文动植矿石为主，理化为辅，算术以整数及分数运算为主，其余概可删除。中等教育国文国语太多，亦应删除代以识字，文只叙述，无须议论，辞达为出，不任冗长，历史不应加入盘古天皇地皇人皇等无稽之谈，而应从原始生活讲，有史以来，断自殷商可也。地理宜以气象地文为主，则形势物产类可推得，人文地理更可省略。算学可用原理派教法，余在中学用之取有效，此法可始终保持，生物注重分类及采集，其余自然现象应注重观察，辅以实验，附以各种发明及近代发明。公民太多，宜删除大部分，书本功课，应当背诵，青年记性最佳，应予以充分利用也。大学之科学教育，除去基本课目而外，其余教材实验，概以新为主，如物理注重原子物理，力学注重流体力学等是。书籍杂志亦以现代为主，有余钱时，再搜辑旧籍，更有宜注意者，欲科学教育普及，必有不断之青年研究家之产生，故应极力奖励治纯粹科学人。乃各省对于学工者，学教育者皆有贷费或津贴，而对于学理科者反无之，甚足为中国科学教育之阻碍也。吾为青年科学家请命，政府应有以餍其望也。

（原载《现代读物》，1941年第6卷）

[作者简介]

何鲁(1894—1973年)，字奉垿，四川省广安县人。1911年，官费留学法国里昂大学，获得数学硕士学位。1919年回国，就职于南京高等师范学校数学系。"北伐战争"胜利后，南京国民政府委派杨杏佛、何鲁等人接收东南大学。1928年东南大学改名为中央大学，数学系是第一任系主任为熊庆来，何鲁则为第二任系主任。经过熊庆来、何鲁的努力，中央大学数学系规模当时堪称全国第一。其后，他还担任过曾担任重庆大学校长、部聘教授。解放后，还担任西南军政委员会委员、西南文化教育委员会副主任、四川省人民代表、全国政协委员、中国数学理事会等职。

论大学教授与学生

程其保

吾尝有大学校长之论，发表于本刊第七号，读者多以续论大学教授与学生为促，固吾所愿也。第思今日之论大学教育者多矣，有所欲言，难避雷同。无已，只就其荦荦大端，略加论述，作大学教育刍议。

大学之设立，乃所以供少数人自由研究之所，使一国之文化，得以襃扬，一国之学术，得以增益。此种说素，无论处何情境，均不可变易。自美国新民治主义兴，大学之风盛，全国大学，几逾五百以上，大学之本意失，而其标准，遂瞠乎欧西之后。吾国近年以来，慕美国之风，大学之设立，独盛一时。论其量，以中国之大，区区五十余所大学，并不为多，但论其质，其真足有大学之实者十不得一。就其标准与组织言，其不能满吾人意者多矣。

先论教授。大学之中，教授为主体，而大学之风，亦恒以教授为转移。因其环境与设备之关系，大学教授，得有充分研究之机会，对于学术自应有相当之贡献。教授有二类，其一为长于研究者，其一为长于教学者。长于教学者，教授之时间，不妨增多，长于研究者，教学之时间，自可减少，固不可一例言之。欧美大学，其长于研究者之教授，几有不负教学之责者，良以学术之发展，系乎大学教授，若其时间与精力，完全耗费于教室之中，是学术界必受无形之损失。

大学教师职责有二：一为教室中之教学，一为课外之指导。二者衡之，指导之责重于教学。盖教学，机械之工作也。以一课室，集数十至数百学生，教师之讲演，纵极充实，只可供一时之听闻，学者学术上之增进，乃在自身之努力；努力之得其当与否，端赖教师分别之指导，美国大学，重乎教学，故普通大学生，在学术上之地位，至为低浅，欧洲大学，重乎指导，故大学生恒可数月不入教室，而其与教授之接触，反而密切。何以故？学生之自修与教师之指导，实为大学方法之主体，教室之演讲不过为研究上之补充而已。

再次，教授为学术之威权，故其资格，不能不严为厘订。欧美学者，欲博一大学教授之名，恒费有二三十年之努力，尚不可得者，其规定之严，可想而知。大体言之，教授至少应具三个条件，一为能以研究学术为终身事业者；一为能具有真实之教学兴趣者；一为在学术界有价值之著述及贡献者。不能具此三个最低限度之条件者，即缺乏教授根本之资格。故今日之选择教授，本乎此，则大学学术之地位可以提高，否则大学教育，将日沉而无以自拔。

以上只就教授之类别、责任及资格言之。明乎者，方可以论今日我国大学之教授。现在国内公私大学之教授，约数百人，其中真具有学术界之威权，且能为学术界谋进步者确非少数。吾对于此辈同志，自不能不表示深切之钦仰。但就一般之趋势言之，今日大学之教授，堕落极矣。吾跻侧身大学教育界，徒具教授之名，而不能为教授之实，社会从不加以责备，吾人亦不可不有相当之警醒与自勉。然则今日大学教授之弊，何在乎？第一，一般教授都不能以学术为事业，故其为教授也，或视为政治上晋身之阶，或视为事业失败后之退步。第二，一般教授，过求待遇上之平允，故其薪俸相等，所认钟点相等，所担任之工作，亦大体相等。因此，故优良之教授，所获得之待遇或有不及，而平庸之教授，则恒过之。第三，今日之大学教授，十九为国外留学生，故凡留学生之返国者不论其研究之成绩如何，对学术之贡献如何，皆得为大学教授，否则似不足以全其颜面，此实为大学之大错。此种政策，若不急于改革，大学之地位，将永无以提高。第四，今日之大学教授，过于重视教室之教学，忽于课外之指导，故学生之所得，仅属皮毛，而师生之感情，反日就疏远。第五，今日大学教授，对学术界毫无充实之贡献，实为今日大学之奇耻。就质地言，我国之大学教授，并不见弱于欧美之大学教授。但就结果言，则瞠乎其后。所以然者，不外数因。无奋勇之努力，一也；滥用空闲之时间，二也；妄用精力于学术以外之事业，三也；缺乏相当之设备，四也。吾愿大学同志，能共起自奋，以挽救学术界之颓风。

上述各弊，只就其荦荦大者言之。吾以为补救之道，应采取下列步骤：

聘请大学教员，应以训练与经验二者并重。

第一年皆为试教时期，如成绩优良，方可依次递升，至教授地位为止。

第一年后，如认为满意，可给以三年以至五年之聘约，以免逐年更换，失去教师对教学及研究上一贯之精神。

教授待遇提高，但严格规定不能兼课。

教授富有研究能力，宜减少其授课钟点至最低限度。

教授之薪俸，不必过于划一，应以下列各点为转移之标准，（甲）生活之需要，（乙）服务之年期，（丙）研究之成绩，（丁）特殊之奖励。

（原载《时代公论》，1932年第16期）

[作者简介]

程其保(1895—1975年)，原名深，字稚秋，江西南昌人。著名教育学家。1914年入清华学校高等科。1918年留学美国，先入芝加哥大学，后在哥伦比亚大学，1923年获哥大教育博士学位后，被国立东南大学校长郭秉文电聘为东南大学执行秘书兼教育系教授。此后曾一度赴济南齐鲁大学主持教育系务。东南大学改组为国立中央大学后，应中大教育学院院长韦悫之邀，又回南京，再任中央大学教育系教授。1932年后任教育部部员兼任中央政治学校教授10年，并主持边疆学校校务。1941年被教育部评聘为部聘教授。他一生致力于教育事业，由乡村教育、社会教育而学校教育，晚年又从事国际教育。1975年病逝，享年80岁。

志希先生在中大十年

杨希震

吾师罗家伦先生，号志希，在云年十二逝世。他的声华盖世，文笔纵横，振铎学府，桃李青青。他有崇高的人格，高尚的理想及笃实力行的精神。他对人在其谦光中而流露至诚之意。对事有择善固执及锲而不舍之忱。对领袖、国家及民族，鞠躬尽瘁，忠心耿耿。对文化学术，择取中国之精华，採撷本文之优美，融会贯通，新潮勃兴。他是伟大的教育思想家。

民国二十一年九月，政府发表他为国立中央大学校长。当时我在日本东京帝国大学研究院研究教育，接着他的信，其中说我如愿意归国服务，望即回国。我们夫妇都是他在中央党校毕业后，又回中央大学完成学业。中大是我的母校，很愿回中大服务，我就回国追随志希先生。先后在中大担任过教授兼校长室主任秘书、出版组主任、注册组主任、实验学校主任等职。他任中大校长，整整十年。当他离开中大时，我是教授兼实验学校主任，奉教育部令实验学校改为国立第十四中学，直属教育部，我为该校校长，则与志希先生同时离开中大。在这十年中都是追随志希先生，所以我对志希先生在中大的情形很清楚。

（一）

　　他长中大之初，正是国难严重，已临生死关头。他认为当时的中国国情，正和昔日的德意志在普法战争之后的情形相似。然而德国在法军压境之下，内部极为散乱之时，柏林大学的学者居然能在危城之中论学，如哲学教授菲希特（Fichte）在此讲学中，所发表的告德意志国民书，重整了德意志民族文化。以后德意志民族的统一就是由于这种重整民族文化先打下了一个基础。中央大学应与柏林大学看齐。所以他提出中央大学应当负起建立有机体的民族文化的使命，其意义与现在推行复兴中华、中华文化运动的意义相同，为完成此使命，全校师生必须具有建立有机体的民族文化的共同意识。努力奋斗，死里求生，复兴我们的民族文化。更要在此共同意识之下。互相协调，精神一贯，步伐整齐，向着建立有机体的民族文化的共同目的迈进。后来他为使全校学生了解其意义，在沙坪坝时每周向学生演讲一次，则我及韩德培先生笔记，经他翻阅修改后在"新民族"杂志上发表。不久，汇集成书，名为"新人生观"。他的演讲含有如菲希特演讲以唤醒国人的用意。他的"新人生观"一书，含有铸成青年共同意识以建立有机体的民族文化的意义。此书在当时极为流行，现在已印行三十余版，对青年思想有正确之指示与莫大启发。

　　中央大学要建立有机体的民族文化，他认为必须先要养成新的学风，由一校的风气转移到全国的风气。为养成中央大学的新学风，他提出"诚朴雄伟"四字，以勉励全校学生。所谓"诚"，即是对求学问要有诚意，不要以求学为升官发财的途径。对于中央大学所负的使命，更要有诚意，坚定的向目标迈进，不作无目的的散漫动作。所谓"朴"，即是朴实的意思，不尚技巧，不重浮华，崇实而用苦功。著一书，须尽心血，不偶有所得，便著书，唯恐他人不知。学一理，应多参证，不即无所得，而强词夺理以饰为知。所谓"雄"，就是"大雄无畏"的意义，有浩然之气。男子有"坦裼暴虎，献于公所"的雄壮之气概。女子要有"硕人其颀"的健康美。有了雄壮的人民，才有雄壮的民族；有了雄壮的民族，才可挽救国家的衰亡。所谓"伟"，即是伟大崇高的意思。集中精力，放开眼光，不故步自封，无门户之见。总之，"诚"是心理与态度的表现而趋于质实；"朴"是气质的发扬而表其本性；"雄"是身心健康，文武合一，术德兼修；"伟"是崇高思想的建立与伟大人格的发展。每个学生都具有这四种美德，才是"泱泱大风"的气度，以为建立中大新校风的基础。

中大在课程、设备及学术环境等方面都要与建立新学风相配合。在课程方面他主张注重基本课程，使学生集中精力，贯注在几门基本课程。务求十分透澈，多看参考书籍。所以当他任校长第四年时，大量增加图书，以备学生参考。计西方专门杂志定要七百余种，重要的全套杂志自出版以至当时的增购计六十种。中文书籍也有大量的增加。并多开课程，由学生选读。在南京最后一学年全年共为五百二十四种课程，在重庆时已增至八百二十九种。又准备良好的学术环境，使一般著名的教授都愿意来此讲学，学生也能安心在此学习和研究。

（二）

在抗战以前中大校址原在南京城内，车马喧嚣，市气逼人，不适宜于研究学问，培养身心。而且地址狭小，只能容纳一、二千人。志希先生在长中大第五年时，为建造优良学术环境及中大航空工程教育之扩张，乃在南京郊外建筑新校舍，将原有大石桥的校舍作为医学院及医院之用，三牌楼的校舍作为实验学校之用，其余学院皆迁至郊外新校舍。

新校舍是南门外七公里石子岗一片地方，第一期所购之地为八千余亩，全部建筑工程分为四期完成。第一期为工学院、农学院、研究室、实验室、工场、农场、教职员工单身宿舍、学生宿舍、饭厅、图书馆、操场及办公厅等。第二期为文学院、理学院、研究室、实验室、大礼堂、教职员眷属宿舍及体育馆等。第三期为法学院、教育学院、研究室、实验室、学生俱乐部、教职员俱乐部。第四期为滑冰场、游泳池、卫生室及其他等。第一次工程费为二百四十万银元，另由中大订了一个四年计划共需款五百七十八万银元。志希先生在七七事变以前亲自带计划云江西庐山见蒋委员长，蒙他赞成，并允拨二百万银元。不久，抗战发生，此事随之停顿。

新校舍的地址，风景优美。国父陵墓所在地的紫金山在其北，树林葱郁的牛首山位其南，西面是千山，东面是长江，离秦淮河的上游也不远。志希先生在忆南京诗中，有一节描写新校址的风景。诗曰：

我又想到雨花台南

冈名石子，

桥唤铁心。

南望牛首，

东望方山，

北望紫金。

山头放眼呵，

大江雄浑，

秦淮澄清。

这二水三山的中间，正是理想的学府都城！

有的是很老的森林，

更加上手种的榆柏；

也快成阴。

牧场的花背牛羊，

历落的沿着山冈西下。

夕阳里

映出来如雪如金。

（三）

　　七七抗战开始，中大先后被炸四次。第一次是在二十六年八月十五日下午，炸图书馆，未中。第二次是在十九日上午八时，炸男生宿舍。第三次是在二十六日晚上，炸实验学校。第四次是九月二十五日下午四时，炸文学院。志希先生对于迁校事，早有准备，在七七抗战前一年，冀东事变时，他嘱总务处，造木箱五百余只，箱子里面钉有铅皮，预备将重要的图书仪器装箱，以为迁移之用。不久，中日之间缓和下来，这些箱子放在那里未用。后来迁渝时在短期内图书仪器都能运出，有了这些预存的箱子，使用一部分，方便了不少。由此可见志希先生的远见。

　　中大在第一次被炸之后，即作迁校的准备。开校务会议多次，意见不能一致。有的主张迁南京郊外，有的主张迁上海租界，有的主张迁牯岭，有的主张迁武昌珞珈山，有的主张迁安徽的九华山，有的主张迁宜昌，有的主张迁沙市。提出主张的人，都坚持己见。志希先生破有民主的风度，以说服的方式，使他们放弃己见。其实，志希先生早有迁移的打算，他的打算是在民国二十四年到了成都和重庆。他认为中日战争是不可免的，中大不迁校则已，如迁校以重庆为最好。因为抗战是长期的，中大范围太大，师生众多，只能一搬，不能再迁。迁校的运输水路要比陆路方便，重庆由长江可以直达，四川山陵起伏，容易防空。这是他决定将中大迁渝的主要原因，并得最高当局的许可。故全体动员，迁往重庆。中大竟做了国府为主持长期抗战而迁渝作为陪都的前驱。

中大迁渝是有计划的、有组织的迁移。学生在汉口集中注册，当时我兼注文册组主任，将学生送上轮船后，我乘飞机到宜昌准备换船的工作。在宜昌的工作完了之后，再乘飞机至重庆，比学生先到两天，准备开学。全校的图书仪器都搬出来了，还有航空工程系为教学之用的飞机三架，医学院为解剖之用泡制好的死尸二十四具，农学院为研究之用的外国的牛、羊、猪、鸡、鸭等都搬出运渝。中大在抗战时期的大后方是最完整、最充实、最安定的大学。

（四）

志希先生在民国三十一年秋，辞职离开中大。当时中大的校址及其所包括的部门如下：

甲、校址分为四处：

一、大学二、三、四年级及研究院在沙坪坝；

二、大学一年级、机械工程系附设的低级技工训练班、农学院附设的畜牧兽医专修科等，设在柏溪；

三、医学院及牙医专科学校设在成都（与华西大学合作）；

四、实验学校设在贵阳。

乙、教学的部门：

一、有七个学院（文学院、理学院、法学院、工学院、农学院、师范学校、医学院）；

二、七个研究所（政治经济、物理、化学、土木工程、机械工程、电机工程、教育心理）；

三、一个畜牧兽医专修科，一个牙医专科学校，一个实验学校（初中、高中、师范、侨生分部）。

此外附属的机关有医院、农场、牧场、工场和技工训练班。学生由近千人而增至三千余人，比在南京时多了三倍，科系也增加了，行政又扩大了。在经费方面，没有增加，物价又飞涨。在此种种经济困难之下，没有欠过薪，一切照常进行，这是难能可贵的事。

志希先生在中大十年，由各种事实证明，他的远见之高明，计划之周密，民主之风度。办学之严谨，及行政才能之高超，人所共知，莫不钦佩。其对于中大、国家及民族文化等都有很大的贡献。现在其人虽逝，而其精神是不朽的。

（原载《罗家伦先生文存》第10卷，[台]国史馆，1989年）

[作者简介]

杨希震(1902—1987年)，毕业于国立中央大学教育系。后入中国国民党中央党务学校(国立政治大学前身)、日本东京大学研究院修读，获美国哥伦比亚大学教育学院教育硕士。曾任中央社驻日记者、国立河南大学教授、国立中央大学实验学校校长、国立政治大学训导长和代理校长等职。

忆中央大学柏溪分校

赵瑞蕻

在稿纸上写下了这个题目，我立刻沉入了遥远的战乱的年代中，心上浮起无限惆怅。我飞往五十五年前的春天，也是四月，我那时正在重庆国立中央大学分校，嘉陵江畔一个小山村里寂寞幽静的柏溪教大一英文（Freshman English）。从那时到现在，中大外文系，也包括师范学院英语系所有的老一辈的教授学者，中青年教师同事，也就是当时重庆沙坪坝校本部和柏溪分校从事外语和外国文学教学或研究工作的所有教师——我这会儿掐指一算，有三十八位——如今仍健在，仍留在南京大学的，只有我一个人了。当时在柏溪任教的有十七个人，现尚健在的还有叶君健（在北京）、张健（在山东大学）、刘重德（在湖南师范大学）、叶桎和李田意（都在美国长期定居）和我自己共六人。其余的，再加上上面所提到的在沙坪坝中大校本部任教的外文系许多同事都已先后离开了人间。想到这点，我真有无限的感叹！虽然生老病死是自然规律，谁也逃不了，但是当一个亲友，一位同事突然逝世的噩耗传来时，我们就会震惊，顿觉悲痛，马上想起他们生前的音容笑貌，这件那件往事来，就会沉入哀思和缅怀中。

在这里，我特别怀念离开我们已整十年的范存忠先生。作为他的一个晚辈和四十五年的同事，外国文学界，特别是中西比较文学研究领域中一个后学，我应该写下我一些深切的感受，范先生所给予我的教益，对我的帮助；在我心上所淹留着的深刻生动的多种印象。韶华易逝，往事如烟，旧游似梦。这会儿回忆的彩翼飞往嘉陵江上，那个小山村柏溪了。

人生充满必然性和偶然性，而必然性往往通过偶然性表现出来。偶然性可以说就是机缘。我们日常生活中会遇见不少碰巧的事情，有某些意想不到或者令人惊奇的东西，会影响一生，甚至竟会决定我们整个命运。所以巴尔扎克在他的《人间喜剧序言》里曾说："机缘是世界上最伟大的小说家；要想达到丰富，只消去研究机缘就可以了。""机缘"法文是"hasard"，就是偶然碰巧的意思。对这点我极有体会。如果一九四〇年夏我在昆明西南联大外文系毕业后，就留在那里教中学英文，不在第二年冬天离开昆明，翻山越岭，长途辛苦跋涉，独自搭乘运货车到重庆去跟杨苡和我们初生的孩子团聚（杨苡是早半年离昆明到重庆和她母亲、姐姐住在一起的），先在南开中学教了一年英文，而且那么巧，就在那里重新遇见我西南联大外文系老师柳无忌先生；如果柳先生后来在一九四二年春没有推荐我给当时中央大学外文系主任范存忠先生的话，我就不会辞掉南开中学的教席转到中大分校柏溪教书了。这一机缘就使我长期呆在这个学校里，一呆就是半个多世纪，从二十七岁到如今八十二岁。否则，我就不会今天在这里写这篇纪念范先生逝世十周年的文章了。

一九三七年"七七"卢沟桥事变发生后，日本帝国主义大举侵略、蹂躏我们神圣的国土，敌骑南下，八月十三日，进攻上海，我军奋起抵抗，从此全面抗战的大火就燃烧起来了。那时，北大、清华、南开三大学辗转迁往昆明，建立了国立西南联合大学。国立中央大学则沿长江西迁，在重庆西郊沙坪坝松林坡建立校本部，后又在柏溪创办了一个分校，一年级同学都在那里上课。在我到重庆前，柳无忌先生一家已离开昆明搬到重庆，他在中大外文系任教了。柳先生后来在他的《烽火中讲学双城记》一文中说："……当我尚在昆明时，范存忠（中大外文系主任，是我的好友；我们同时到美国，同时得到英文学博士，他在哈佛，我在耶鲁）就已约我去中大教书。于是，我们就在重庆住下来，一共五年（一九四一至一九四六年）。"我们那时都住在南开中学教职员宿舍津南村（因师母柳太太也在南开教英文）里。有一天，我去看望柳先生，他问我愿不愿到中大工作，他说："到柏溪教一年级英文。范存忠先生要求很严格，要我介绍西南联大外文系的同学，那边很需要人……"当然我是很愿意去的，于是，真是高兴，很快就接到了任外文系助教的聘书，上面签名盖章的就是中大校长罗家伦。过了几天，柳先生带我到松林坡外文系办公室拜访范先生。他那时不到四十岁，不过头顶上已有点儿秃了；他穿着深蓝色大褂，戴副阔边黑架子眼镜，手里一只烟斗，挺有精神，利落得很，说话比较快，十分和蔼可亲；他热忱地接待了我，给了我非常深刻生动的印象。他同时介绍我认识他两位得意门生，外文系助教张健和冯和侃。范先生十分周到地指点我怎样到柏溪去，要我到了那里先去见吕天石先生，因为分校大一英文是他专管的。于是，一九四二年寒假后，开学前，一天清晨，我带着铺盖卷儿、日用品和一些书等，在松林坡小山岗下中渡口，走到嘉陵江边，坐上校船（一只长长带篷的木船，每天来往校本部和分校一次），沿江北上，船走得慢，有时碰上浅滩急流，船夫还得上岸拉纤。嘉陵江水是可爱的，记得当时中文系教授汪辟疆先生有诗说"嘉陵水色女儿肤，比似春莼碧不殊"。当我一望见碧蓝的江水，两岸山野风光时，我的诗兴便勃发了。

柏溪离沙坪坝北面约二十里，在嘉陵江东岸，原是一个只有二十来户人家的小山村。中大在那里征得约一百五十亩土地，创办了分校，可以容纳一千多学生。那里丘陵起伏，环山临江，有茂密的树林，潺潺的流泉，自然环境很不错，是一个教学读书的好地方。从码头往上沿山腰有一条石板路（也算是村里唯一的一条街吧），弯弯曲曲，直通分校大门口，两旁有茅舍和小瓦房、小商店、小饭馆。分校整个校舍分布在一座山谷里较旷敞的地方，高高低低，一层一层，学生教职员宿舍、教室、实验室、图书馆、大操场、游泳池，等等，都安排在绿树掩映着的山谷平台间。我特别喜欢那里有一股清泉，从深谷流涌出来，沿山坡直入嘉陵江中。冬天水少，春夏间，尤其是暴雨时，那溪水便哗啦啦地奔流着了。我一到柏溪就住在分校最高点教师第五宿舍，真是运气，登高远眺，可以欣赏江上风帆，隔岸山色。从宿舍东头走出去，是一条幽径，有丛丛竹子；三月里油菜花开时，一片金黄色，香气四溢，真是美得很。在抗战艰苦的时期，生活困顿中，能在这个幽静的地方住下来，教学外还能从事写作和翻译。我的长篇回忆散文《怀念英国现代派诗人燕卜荪先生》、爱情诗《金色的橙子》等和《红与黑》译本都是在这里完成的。我在柏溪度过了四年难忘的时光。想到这点，我不能不感谢范存忠先生；是他聘任我在柏溪工作，给了我一个安静的环境，为我创造了教学、写作、翻译和研究的良好条件。我也应该感谢柳无忌先生。这是我一生中难得的精神产品丰收季节之一。

在我到柏溪时有外文系前辈，范先生东南大学的同学——吕天石、华林一和阮肖达三位先生早已在那里任教；还有一位中年教师朱文振先生（范先生的高足）。华先生和阮先生在解放初期过早逝世，十分可惜。吕先生后来享有高寿，并且在英语语言学研究和译介英国文学（如翻译了哈代的小说《苔丝姑娘》、《无名的裘德》等）方面作出了可喜的贡献。吕先生厚道真诚，又很好客，几次节庆，我和后来到柏溪任教的西南联大几位学长，受到吕先生热情的招待，在一起喝酒畅谈。范先生几次到柏溪就住他家里。那几年吕先生负责大一英文教学工作，除平常接触外，每学期总有两三次在一起研讨、商量有关问题。

一九四二年后，中大招生人数越来越多了，教育事业兴旺起来，柏溪逐渐热闹起来，更需要担任基本英语的教师。我就向范先生介绍几位西南联大前后毕业的同学，吴景荣、叶柽、沈长铖三位；柳先生推荐了他以前南开大学外文系毕业的四位高足曹鸿昭、李田意、高殿森和张镜潭；后来又来了叶君健（武汉大学）、刘重德（北大）、左登金（清华）和李蔚（清华）四位；范先生自己的高足张健在我到柏溪第二年也从校本部调到分校工作了。这样，柏溪的英语教师队伍强大了，而大家和睦相处，共同热心地担负着大学基本英语的教学工作，而且各自在课外从事研究和编译工作，做出了不少成绩。总之一句话，大家都相处得很好。我必须在这里强调这一点：这就是范先生很高明的办学思想，他高瞻远瞩的眼光和气魄，没有门户成见，博大胸怀、爱护人才、发挥人才和提高人才的具体体现。这种精神和作风的确是非常值得今天大家，特别是文教界年轻的一代思考和学习的。

在校本部任教的有楼光来、商承祖、柳无忌、徐仲年、初大告、李茂祥、陈嘉、沈同洽、李青崖、孙晋三、丁乃通等教授，有的是原在中大的，如楼先生、商先生和徐先生；有的是在重庆新聘请的，如柳先生、初先生、俞大纲先生和孙先生等。在柏溪方面，除吕先生等五人外，其他的都是外校外文系毕业的，如许孟雄先生等；从西南联大来的就有吴景荣、沈长铖、叶柽和我等八个人。吴景荣毕业于清华大学外文系和研究院，一九四四年，范先生聘他为副教授，在分校教外文系一年级学生。

一九四八年，范先生为他写推荐书给当时设立在南京的"英国文化委员会"（British Council），得到批准，到英国留学进修。解放后任北京外国语学院英文系教授兼系主任，后又调北京外交学院任副院长。

我在柏溪四年多，从未看见过或者感受到同事间的不和、伤感情、吵架、彼此有意见、互相攻击、勾心斗角等恶劣现象，这实在太难得了。大家除努力教书外，时常在一起谈心，切磋学问。

那时我们每人都担任三班英文课，每周上课九小时，课文总是细细讲解，两周或三周作文一次，也够忙碌的。范先生非常重视各系科的基础英语教学，认为这是培养和提高大学生文化素质决不可或缺的课程，而且他十分强调必须认真研读现代英美优秀散文，走循循善诱、熟读深思、潜移默化的路子。他主张一开始就应该千方百计培养学生的语言习惯和语言感觉，即德国人所谓"Sprachgefuel"。他坚决反对结合某个系的专业来学习英文，比如数理化英语、工科英语等。关于这点直到晚年范先生都没有改变，始终坚持，曾同我谈过几次。正因为这样，所以一九四四年春开始，范先生就亲自指导我们重编英文教材，每篇课文有详细注释，编成三本书，叫做"Freshman English Prose"；入选的都是现代英美散文名家，随笔、小品或者短篇小说等的作者，如第一册中 A. Clutton—Brock 的《战前星期天》（Sunday Before the War）、William H. Hudson 的《捉鸽子》（Catching Doves）、Robert Lynd 的《害羞的父亲们》（Shy Fathers）；第二册中 Max Beerbohm 的《送行》（Seeing People Off）、E. Hemingway 的《雨中的猫》（Cat in the Rain）、K. Mansfield 的《苹果树》（The Apple Tree）；第三册中 J. B. Priestly 的《初雪》（First Snow）、W. S. Maugham 的《哲学家》（The Philosopher）、T. H. Huxley 的《自传》（Autobiography）等。后来在吕先生具体主持下，我们密切合作，分配了任务：朱文振和张健编第一册，吴景荣和我编第二册，吕天石和高殿森编第三册。这套教材编成后范先生很满意，就由当时沙坪坝一家正风出版社印行，不但中大每年用，其他几个大学也采用了，很受欢迎。直到抗战胜利复员后一九四八年还出了第四版。直到现在我保存着这三册书，作为珍念。

范先生每个月至少到柏溪一次看望我们，十分关心大家的生活和工作，相聚一起，随意谈天，细致了解学生学习情况；遇到什么问题时，总虚心征求意见，提出改进的办法。他时常鼓励我们在教好书外，多开展些学术活动，多搞出些东西。一九四三年初，设立在沙坪坝的"时与潮"社创办了一个大型月刊《时与潮文艺》，请外文系教授孙晋三先生任主编，孙先生便约请外文系教师多帮助，写东西。范先生在这个杂志上先后发表了好几篇文章，我记得最清楚的有《鲍士韦尔的〈约翰逊传〉》和《里顿·斯特莱契和他的〈维多利亚女王传〉》这两篇洋洋洒洒的大作。这两篇东西给我的印象深极了，直到如今我仍然可以体会得到当初细读时的激动心情。我第一次拜读范先生关于外国文学研究的文章，就被他的深入仔细的分析，实事求是的论述，精辟的见解，踏实老练而又生动有味的文采所吸引住了。后来在解放后，我拜读了范先生发表在《文学研究》、《南京大学学报》等刊物上的《笛福的〈鲁滨孙漂流记〉》、《英国浪漫主义的先驱——威廉·布莱克》、《苏格兰诗人罗伯特·彭斯》，等等，以及范先生晚年最重要的一篇用英文写的中西比较文学研究文章《中国园林与英国的艺术风尚》（The Chinese Gardenand the Tides of English Taste，发表于比较文学英文本"Cowrie"第二期上），范先生著作的特色都仿佛一道亮光似的闪现着。

在这里，我顺便对今天在校的外国语言学院各专业的年轻同学们说一下，我们应该向前辈范先生学习，不但要努力把外语学好，牢牢掌握，运用自如，而且还必须努力学好中文，勤读现代和古典优秀文学作品，要能使用漂亮的现代汉语写作，能写好文章。

一九四四年，范先生应"英国文化委员会"的邀请，到牛津大学讲学期间，更进一步探讨中英文化关系，更全面深入地介绍了中国古代文化对西方的影响。他在《英国语文学评论》（Reviewof English Studies）等刊物上发表了好些论文，如《威廉·琼斯的中国研究》（Sir William Jones' Chinese Studies）等，在英国文化学术界引起了强烈的反响。关于这些方面，特别是中西比较文学研究，范先生从三十年代起直到他晚年所作出的贡献，在上面所提及的解楚兰那篇长文，以及《中国比较文学年鉴》（一九八六年北京大学版）一书"范存忠"条目中已有详尽的介绍，这里就从略了。

在沙坪坝时期，范先生与柳无忌先生合作，编辑出版了《近代英国散文》和《现代英国散文》两本书。柳先生勤奋译著，还出版了《莎士比亚时代的抒情诗》、

《西撒大将》、《明日的文学》（论文集）等书。当时外文系还有个大忙人徐仲年先生，个子大，声音洪亮，坦爽真诚，发表不少东西，主要是译介法国文学。他还主编了一个杂志《世界文学》在长沙出版，得到范先生大力支持，范先生也在它上面发表文章。徐先生甚至居然乐意刊登我那篇批评他翻译的法国十九世纪初年贡斯当（Constant）《阿道尔夫》（Adolph）的文章，指出他一些误译。这事被称为美谈。这些都可以看到当年学者和译者的风度。我也在《世界文学》发表了一篇评论梁实秋所译《呼啸山庄》的文章，受到重视，这可以说是国内最早谈论后来通译为《呼啸山庄》的一篇文章了。此外，在范先生的引导下，正如上文提及的，柏溪同事在繁重的教学任务之余，也从事著译。叶君健（那时他的笔名是马耳）也是个大忙人，翻译了希腊埃斯库罗斯的《阿伽门农王》和其他西方作品，也常给《时与潮文艺》写文章。吴景荣是专门研究 Jane Austen 和 Virginia Woolf 的，他为刘重德翻译的奥斯丁的《爱玛》（Emma）写了篇很好的序言。高殿森译了一大本《拜伦传》，曹鸿昭研究华兹华斯，译了他好些首名作如《丁登寺》（Tintern Abbey）等。我自己在《时与潮文艺》上发表了国内最早专门介绍《红与黑》的文章《斯丹达尔及其〈红与黑〉》和梅里美三个短篇的译文。柏溪同事们这些成绩之所以取得，我以为是跟范先生一贯重人才、重学术、重事业的精神力量和教育思想联系在一起的。

我在柏溪住了四年多，我的感受是十分亲切而丰富的，直到如今，我仍怀念着那段生活，那些充满着友谊和师生之情的岁月。那时生活清苦，起居条件差得很。我们住的宿舍的墙是竹子编的，外边涂上一层灰泥；没有玻璃窗，只有土纸糊的木框架。生活是艰苦的，景荣、张健和我三人有时分抽一包从重庆带来的上等香烟。那时我们每个人都有个小火炉，买些木炭烧着取暖，度过重庆冬天多雾气的严寒。大家又找来洋铁罐（比如名牌SW咖啡扁圆形的罐），上边挖几个小孔，插进灯芯，倒满菜油，再弄个铁架子放在罐上，架子上摆着搪瓷杯子，火一点，就可烧开水，泡茶喝，或者煮东西吃了。就在这样的境况里，在"炉火峥嵘岂自暖，香灯寂寞亦多情"这样的诗句所描绘的心态中，我们教学，读书，翻译，研究，大家都愉快地努力工作着。那时在柏溪还有不少位中文、历史的教授、讲师，同事朋友如罗根泽（他一家就住在第五宿舍，是我的近邻）、吴组缃、朱东润、王仲荦、管雄等先生，我们也经常来往谈笑，在一个食堂吃饭，相处得极好。有的教师家住沙坪坝，每周来柏溪上课一两次，如国文系的伍叔傥、杨晦先生；有的家住分校，每周一两次到校本部讲课，如罗根泽先生。那时，在抗战艰苦时期，在日本鬼子飞机经常空袭下，全校师生同仇敌忾，坚持教学上课，坚持学术研究，弦歌不辍，在大后方为中华民族为祖国培养了一批又一批人才，年轻的一代。中央大学外国语言文学系在范存忠先生的教导下，经历过抗战八年，风风雨雨，经得起考验，不但没有丧失元气，反而比以前壮大了，而为复员后的中大外文系，以及解放后的南京大学外文系打好了更坚实的基础，为这个大学的外国语言的教学和研究工作作出了贡献。

这会儿，我再次梦回柏溪，仿佛再次望见那嘉陵碧蓝的江水；我仿佛仍然带着一把伞，肩头挂着一个旅行袋，沿着开满金黄色的油菜花的长长的堤岸，在四月初某个清晨，从柏溪慢慢走向沙坪坝，去看望我的亲人，再次去拜访我的老师柳无忌先生，再次跟范存忠先生在松林坡散步聊天，向他请教……

（原载《过去的大学》，同心出版社，2011年。 文章略有删节）

[作者简介]

赵瑞蕻（1915—1999年），笔名阿虹、朱弦等。浙江温州人。1933年起开始发表作品。1940年毕业于西南联合大学外文系。曾参与成立《南湖诗社》，1942年被聘为中央大学外文系助教，1952年调入南京大学中文系，1953—1957年被高教部选派赴民主德国莱比锡卡尔·马克思大学东方语言系任客座教授，成为中国比较文学学会发起人之一。此后又于1984年赴香港中文大学比较文学研究中心进行学术交流。有译著《红与黑》、《梅里美短篇小说选》，论文集《诗歌与浪漫主义》等。另著有回忆录《离乱弦歌忆旧游》。1990年获全国首届比较文学图书荣誉奖、江苏社会科学奖等。

国立中央大学的传统精神

高 明

民国成立以后,在南京设立了一所南京高等师范,是东南各省的最高学府,后来改为国立东南大学。我在民国十四年夏天,考入东南大学,距现在已经六十年了。国民革命军完成北伐后,定都南京,我们学校几经易名,最后定名为国立中央大学,那时我正在学校。再过三年,到民国十九年夏天,我才毕业,在校整整五年,沐受由南高以来的传统精神甚深且厚。

对日抗战时,学校迁往战时首都重庆的沙坪坝,胜利后迁回南京。几经搬迁,似乎在南京开始创校,由南高而东大、由东大而中大,这一段创校时期所建立的传统精神,知道的人已经渐渐地少了,现在欣逢创校七十周年,我愿把我在校时所沐受的传统精神说出来,以与全体校友共勉,还请大学指教。

第一、我们母校是具有"革命建国"的坚忍奋斗精神的。

——孙中山先生创立亚洲第一个民主共和国(中华民国),首都就定在南京。南京有龙盘虎踞的形势,民族英雄明太祖革掉蒙元的命,就定都于此,至今他的陵墓巍然尚在,可以引发人"革命建国"的雄图壮思和坚忍奋斗的精神。袁世凯把首都迁往北京后，承袭了帝制时代的官僚和军阀的遗风，而南京则仍在孙中山先生"革命建国"的精神笼罩之下。民国十四年孙中山先生逝世于北京，南京各界立即召开追悼大会于秀山公园（是当时南京最大的一个公园，由前江苏督军李纯出资兴建的），民众垒涌而至，规模级为宏大，气氛极为悲恸。国民党人又乘机将孙先生的主义与政纲大肆宣扬，各校青年大为掀动。

我那时正在钟英中学准备毕业和升学考试，也被卷入了这革命浪潮，勇敢地加入了革命阵营。等到考入东南大学后，被组织指派参加学生会活动。那时东南大学的学生会是三权鼎立制，一为执行部，设正副部长各一人，主管行政事宜；二为评议会，设评议员二十余人，主管立法事宜；三为裁判院，设裁判员七人，主管司法事宜。我以一个预科的学生，竟当选为七名裁判员之一，颇为当时同学所瞩目，但也因此而暴露了我革命的身份，被军阀的特务人员列入黑名单，几乎送了一条小命（那时我才十七岁，所以说是一条小命）。

我们东南大学的革命同志，工作都很努力。有时为了培养自己的宣传口才，常常黑夜摸上台城，对着玄武湖发表演讲；有时为了张贴标语，常常深夜徒步南京城的大街小巷，走得精疲力竭；有时在微弱的灯光下，阅读上海民智书局出版的三民主义、建国方略，以及上级发下的刊物和指示；有时在隐僻地方（如体育馆的地下教室），召开小组会议，交换工作经验与心得，并提出对上级的建议。

东南大学是全国最早实行男女同校的大学，这在中国教育史上是革命的一页，但那时男女同学绝少谈恋爱的，上课时女生坐在靠近讲台的前面，从来不回头看一看男生，和男生说话那就更不用提了（当然偶尔也有例外，如同乡和亲戚，见面时也打招呼）；女生宿舍，男生都不敢去闯关，女生指导李玛利那个外国婆子，虽然风度很好，但理谁也不敢去惹她。有一次，有一位新文学家丁丁先生（后来改名为丁淼）以革命嫌疑被捕下狱，我们的女同学史人范国志却勇敢地送牢饭给丁先生，亲切地安慰他、鼓励他，成为南京一时天大的新闻，这也是革命精神的表现。一九五一年，丁淼先生率领香港文艺访问团来台，我奉命接待，谈起这件事，他还感激史同学不尽。

民国十五年国民革命誓师北伐以后，我们的革命同志在学校里，天天为革命军做宣传开路的工作，因此深为军阀的走狗所猜忌。郑定泰同志（后来改名郑学稼）差一点被捕，远走日本，改学经济，他和我同住在成贤街第二宿舍北舍的楼下，对门而居。记得逮捕他的人是下午五时到的，他是四时得到消息走的，真是危不间发。等到北伐军由广东而福建，由福建而浙江，日有进展的时候，张宗昌派褚玉璞率兵南下，进驻南京，援助孙传芳，首先派兵包围东南大学，搜捕革命党，住在我楼上的成律（湖南人）、吴光田（江苏常熟人）两个同志不幸被捕，慷慨骂贼，不屈而死。其他同志有了高度的警觉，纷纷走避，后来虽又包围两次，也就一无所获了。

北伐成功，中国统一，南京重为首都，政府垂念勋烈，特在我们的校园——梅园——树立一个成、吴二烈士的纪念碑，与我们校园里耸立一千五百余年的六朝松，同归不朽。这一种纪念学园内革命烈士的纪念碑，是全国各大学里所没有的。我每一想起这些往事，辄为我们母校拥有这一种"革命建国"的坚忍奋斗的精神，而感到无上的光荣！

第二、我们母校是具有"尊师重道"的诚敬恳挚的精神的。

——我们母校是由南京高等师范起家的，要成为师范，必先尊师，师尊而后人乐于为师，为师重在传道，道重而后师尊，"尊师重道"是我们中国传统的教育精神，而这种精神在我们母校是根深蒂固的，校名虽屡改，校址虽屡迁，这种精神却从来没有衰竭过。

我入学已在东南大学的时代，记得那时有许多学者故意丑诋中国文化，把中国文化说得一文不值，主张彻底地摧毁掉，办杂志大肆宣传，蔚成一时风气；唯有我们东南大学的师生屹然不摇，我们很理智地衡量，对于自己民族文化失掉信心的人，还能爱自己的国家吗？把自己民族文化的长处完全抹杀掉，把一些小缺点拼命地夸大，以偏概全这是公平的吗？这是合乎科学的吗？把所谓"新青年"都变成"洋迷"，甘心臣服于异族，这是国家民族之福吗？

我们也办了一个杂志，叫做《学衡》，唤醒学术界的理性，对一些辞邪说，要读者加以客观的理智的衡量。我们的教授柳翼谋先生（诒徵）特写了一部《中国文化史》三巨册，对学生讲授，让学生看到中国文化的全貌和真相，也让青年们自己理解中国文化是否真的一文不值。我们的教授王伯沆先生（瀣）特别开了一门"四子书"的课，阐述中国文化里精微的"道"与"理"，每逢开讲的时候，一间最大的课室里，学生总是坐得满满的，到得迟一点的就挤站在门口和窗口的走廊上，静悄悄地没有一点声息，只听见伯沆先生的南京口音在侃侃而谈，娓娓不绝，渊渊入微。

抗战的时期，日本人进攻南京，伯沆先生得了中风症，不能随校撤退到后方，一介书生，贫饿交迫，日本人闻讯，送钱送米，到他家里，都被他拒绝了。他的情形，被沦陷区的学生知道了，并传到后方，后方的学生也节衣缩食，筹集款项，与沦陷区同学合作，接济他们的生活，直到他的逝世。

我们东南大学的重道与尊师，其诚敬与恳挚的精神，完全出于衷情的自然流露，绝非出于矫诈与做作。最可敬的是我们文史以外的各科教授，都是一流学者、科技专家，如秉志、胡步曾、邹秉文……，都团结在校长郭秉文，副校长刘伯明的周遭，一方面发展科技的新知，一方面共同发扬中国文化的精神，把《学衡》杂志办得更有声有色，校内的学术风气，在尊师重道的精神推动下，更显得活泼而有生机。到了国立中央大学的时代，首任校长张乃燕，副校长戴志骞（超），仍沿袭东南大学的旧规，尊师重道的精神依然如故。后来出身北大的朱骝先（家骅）、罗志希（家伦）两先生相继出长中大，也没有改变这种"尊师重道"的精神。即如罗志希上任时，首先拜望的是曾在北大教过他的季刚（侃）教授，执礼甚恭，由此可见一斑。既由校长领头对教授尊敬，学生自然闻风响从；教授得到尊敬，自然乐于为传道、授业、解惑而尽心尽力。我们中大校友在社会上服务，大都有高水准的表现，能力突出，声誉卓著，就是由"尊师重道"得来的。

第三、我们母校是具有"刻苦好学"的勤俭朴实的精神的。

——一般贫家子弟缴不起大学的学杂费，都喜欢进入完全公费的师范读书，南京高等师范所收的学生绝大多数是优秀的贫寒子弟，他们自然而然地形成一种刻苦好学、勤俭朴实的学风。

我初入东南大学时，住在学生第一宿舍，一早起来，到校园里散步，呼吸一些新鲜空气，就看见孟芳图书馆（前督军齐燮元为纪念他的父亲齐孟芳捐钱盖的，是东南大学最大的建筑之一）门前，学生排成一里多长的长龙阵，使我吓一跳，询问之下，才知道要到图书馆阅览室看书的人太多，不在图书馆开门前排队，就找不到位子，每天都是如此，并不是应付考试的偶然现象，可见那时学生是怎样地刻苦好学。

我们同学的穿着，大都是阴丹士林的蓝布长袍一件，布鞋一双（偶尔也有穿鞋的）；女同学则布褂黑裙，清汤挂面的头发，毫无装饰。走到街上，老百姓一眼就看出，这是东南大学的学生，绝对不是从教会大学出来的。我们同学的饮食，有许多人在农场门口的面摊上，一天吃三碗面，也就过去了。我也曾度过这种日子，后来老学长乔一凡聘我在他所办的钟南中学教一班初中国文，每月送我三十元，我才在学校附近的仁记饭店包了一客八元的一月的伙食，多下来的钱就买书和零用，不再向父母要钱了。

到了中央大学，许多学校（如河海工程学校、法政专科党校……）合并进来，学校的规模扩大，设有八个学院，成为全国最大的一所大学，由于位居首都，名师麇集，各省和优秀青年也纷至沓来，但是我们东南大学的刻苦好学、勤俭朴实的学风，则仍相沿不变。抗日战争爆发以后，我们中央大学迁校于战时首都沙坪坝和柏溪，校舍简陋到了极点，师生生活都很艰苦，敌人的飞机又时常来窥探和袭击，我们则安之若素，弦诵不绝，把刻苦好学、勤俭朴实的传统精神发挥尽致……我们学校刻苦好学、勤俭朴实，以及尊师重道、诚敬恳挚，革命建国、坚忍奋斗的传统精神，应该是可以绵延下去，并且发扬光大的。

（原载《中央大学七十年》，[台]国立中央大学印行，1985 年）

[作者简介]

高明（1909—1992 年），江苏高邮人。著名文化学者、教育家。1926 年考入国立东南大学，1930 年毕业于改名之后的国立中央大学中国文学系。青年时期，以热血之姿，矢志报国，从事地下革命工作；后投笔从戎，任江苏省保安干部训练所及江苏中心民校校长训练班教官，以抵抗来侵日军。抗战期间，先后在中央政治学校、西北大学、政治大学任教。赴台后，创办台湾师范大学国文研究所，招收台湾首批文学博士研究生；主持政治大学、中国文化大学中文系及中文研究所。1975 年退职后，专心著述，兼从授业，为阐扬传统文化奉献毕生。主要著作有《帛书老子校注》、《中国古文字学通论》、《古文字类编》（增订本）、《古陶文汇编》等。

中央大学时代的回忆

施士元

我是1933年夏到中央大学物理系工作，我毕业于清华大学物理系，于1929年（时年21岁）留学法国巴黎大学镭研究所，在居里夫人处从事核谱学的研究。1933年春我完成了博士论文答辩获得了博士学位，在五月离法返国取道德国、波兰、苏联，在德国、苏联的列宁格勒、莫斯科等地各停留几星期进行参观访问，原想参观苏联十月革命后在重工业发展上的成就，因重工业基地都远离莫斯科，因而未能实现，只看了集体农庄等，由莫斯科坐火车经西伯利亚到海参崴行驶了七天七夜，在海参崴搭乘一艘货船经朝鲜半岛抵达上海。到上海已七月份，正值中国物理学会召开第二届年会，在会上我做了在法国从事研究工作的报告。不久我接到中央大学、浙江大学二校的聘书，当时人们都认为中央大学更需要人，我婉言谢辞了浙江大学物理系张绍宗系主任的好意，毅然应聘去中央大学（校本部在四牌楼今东南大学的校址）。校长罗家伦和我见面时就要我当系主任，时我仅25岁，自感太年青，推辞再四，但校长不允，坚持要我任职，把一叠聘书交我分送到系里教师手中。我是初到校情况不明，事后知道在先是倪尚达先生代理系主任，他专攻无线电，系里教师有看法，才有此调整。

我任职后，就请一位助教和一位事务员为我处理日常事务性工作，学期开始即召开全系系务会议，分配教学任务，制订工作计划，明确各人工作职责，对任课教师要求认真执行教学规定：隔周一次不告而行的测验；一月一次的月考；学期终了的期终考，三门课程不及格者退学。对助教除带实验外要批改学生作业，五年以上工作成绩优良者才可升为讲师，要求教师课余之暇进行科研工作。我是系主任，我自己担任两门课，普通物理和近代物理，当时没有中文教材，只有英文参考书，所以学生听课认真并记好课堂笔记。要求教师主要精力花在教学工作上，我还带毕业班的学生论文。当时物理系有教授四人，讲师二人，助教十余人，学生一年级十人左右，共四十人左右。另外还承担全校理、工、医、农、师范等各学院的物理教学任务，人数约在四百人左右。

由于需要光学教师，我邀请正在北京大学任教的周同庆来中大，他的专业方向为原子与分子光谱，他对系主任工作有兴趣，我就让他担任系主任，这样我摆脱了行政事务，有时间开展一些研究工作，曾想向国外购置些放射源来做研究工作，但无经费未能实现。系里有台x光机，我就用它开展X光结构分析方面的工作，于1936年发现液态钠中有晶体存在，并开展了弯曲晶体聚焦的工作。

1937年七·七卢沟桥事变，抗战事发，记得八月十五日我们正在图书馆批阅学生入学考试试卷时，警报声响了，一架日机迎面而来，大家慌忙进入地下室，一声巨响，炸弹爆炸了，马路炸成大坑，日机不断来骚扰，学校无法教学。罗家伦校长从庐山回来带来迁都重庆消息，于是中央大学跟着西迁重庆，十月间全校师生，分散坐船，溯江而上，一路含辛茹苦，师生陆续到达重庆，建校于沙坪坝重庆大学旁的松林坡上，教学与生活用房都是快速搭成的简陋平房，教师中每家付出八百块钱可得四间三十平方米的住宅，在松林坡旁，嘉陵江畔，十几家形成一个石门村（因江中岩山形成石门而得名）。四川天府之国，物产丰富，物价便宜，对安定师生生活有利，1937年底中大就正式在重庆上课了。

但日机还经常骚扰，为了躲避日机轰炸，在离沙坪坝二十五里沿嘉陵江上游处建立了中央大学柏溪分校，一年级学生在此上课，柏溪地处重庆远郊，一片荒野，日机轰炸无目标，故从未受到干扰。

1938至1939年间，南京武汉……大片国土相继沦陷，日寇气焰更是嚣张，日机对陪都重庆骚扰益频，甚至午夜，皓月当空，也来轰炸，在1940—1941年间中央大学多次遭到轰炸，食堂和宿舍有中弹烧毁的，石门村历史系金流级先生家被炸弹命中，顷刻之间，尽成瓦砾和灰烬，学校为了避免损失，把珍贵图书和仪器放进防空洞中，警报一响，人们纷纷进入防空洞中，警报解除，人们照样工作，1942年后，日寇忙于南进，日机亦疏来袭，教学秩序更趋稳定。

1945年8月14日美国在日本广岛长崎投下原子弹，苏联出兵东北，日帝腹背受攻，大势已去，被迫无条件投降，8月15日我在《中央日报》上发表了一篇论述原子弹的文章，阐述了原子弹能量的产生和巨大威力，引起广大人民群众的浓厚兴趣，纷纷要我去做报告，连蒋介石也令侍从室派人来要请我去，说要我制订一个造原子弹的计划，因这年是我的休假期，我被南京临时大学请去教课，在白市驿机场乘坐了一架军用小飞机到南京去了。

1946年5月至7月中央大学复员，迁回南京，南京中央大学校舍在南京沦陷时，被日寇占为伤兵医院，故刚回南京，校舍中空空如也。 当时校长吴有训为了恢复学校面临整修校舍的首要任务，向当时的教育部长朱家骅要经费（教育部就在成贤街，在中大的南边，不过一箭之遥），可是朱无钱可给，教育部确是没有钱，因为国库里的钱都被蒋介石用来发动内战了，吴去教育部，往往乘兴而去，败兴而回，见到我，垂头丧气，怨言不绝，我很同情他的困难窘境，思念到既然教育部无钱，那国防部肯定有钱，为他出了个主意，不妨借口要开展对原子弹的基础研究，要求国防部资助，拨给研究经费，我亲自带了校长的信去国防部见钱昌照，果然钱昌照满面春风，表示乐予资助，因此国防部确是拨给中央大学一笔经费，物理系也获得了这笔经费的部分，使实验室得以重建和整顿，使学生的物理实验得以进行。

1946—1949年间内战爆发社会动荡、物价飞涨，人心不稳，学生运动此起彼伏，物理系学生也非常活跃，但我那时对政治不甚关心，专心于教学与研究，由于自己也是学生出身，在感情上自然站在学生一边。

淮海战役后，蒋介石兵败如山倒，南京已危在旦夕，1949年1月校长周鸿经奉政府旨意企图将中央大学迁往厦门，遭到全校师生员工一致反对而未成，3月周下令把图书仪器装箱运往台湾，意欲把中大迁往台湾，校方派人送来木箱，我是系主任就令系里技工高成功师傅把原版杂志装满箱子，而后从二楼推到一楼，结果木箱经不起考验，木箱粉身碎骨，这样箱装不成，无法搬迁，只好不搬，实际上大家是不想搬，这是消极对抗而已。物理系不迁，理学院也不迁，理学院不动，工、农、医学院也不动，周鸿经、唐培经等成为孤家寡人，只得携款逃往台湾。而中央大学广大师生员工以及职工家属守护着学校图书仪器，怀着欣奋的心情，静待解放。

1949年4月23日南京解放，中央大学军管，8月改名为南京大学，1952年全国院系调整，南京大学正式成为文理综合性大学。

中央大学自1928年至1949年的二十一年期间，正是我国处于动乱、受凌辱的时代，兵荒马乱，经济凋零，物价飞涨、民不聊生。1931年九·一八事件、1932年一二·八事件、1937年七·七事变、八·一三事件，日寇不断入侵，终于爆发了八年抗日战争，接着是三年解放战争，抗日期间，中央大学曾一度西迁重庆，后又迁回南京。在此期间，中央大学虽然基本上年年招生，年年有毕业生，但只能说勉强维持教学现状，全校教师人数徘徊在四百人左右，学生人数则在一千六百至二千五百之间，教学工作勉强完成，科学研究很少开展。这是那时整个中央大学（即是包括文、理、工、农、医、师范等学院）的情况，物理系作为中央大学理学院的一个系，情况也如此，徘徊不前。但情况虽如此，广大师生员工在艰苦的条件下兢兢业业努力奋斗，还是培养出不少人才，成为各行各业的骨干力量，有的成为出类拔萃的人杰，如我系的吴健雄成为举世闻名的物理学家，还有如艺术大师徐悲鸿，其作品达到登峰造极，成为举世公认的不朽之作。类似的杰出人物是不少的，不能一一列举。

新中国成立后，国家重视教育事业的发展，中央大学经过院系调整分别成为南京大学、东南大学（即原南京工学院）、河海大学、南京化工学院、南京农业大学、南京林业大学、南京师范大学等大专院校。在党的领导下，已有很大的发展。因此，回想中央大学短暂的二十一年历史，是多么坎坷！多么艰辛！思念及此就感到今日是多么的幸福！

（原载《物理》，1994年第10期）

[作者简介]

施士元(1908—2007年),又名公岛,上海崇明人。物理学家、教育家。1925年考入清华大学物理系。1929年考取江苏省官费留学法国,在巴黎大学镭研究所居里夫人指导下,从事核谱学研究工作。1933年,回国任教于中央大学,成为中央大学物理系教授兼系主任。当时,年仅25岁,是全国高等学校中最年轻的教授。他是我国最早从事核物理研究者之一,发现α射线精细结构与γ射线能量严格相等的现象;发现液态钠中有晶态原子团存在;证明 $AuCu_3$ 有序无序转变是成核成长相变过程;用蒸发模型和准自由散射成功地计算 $3H(n,2n)$ 和 $3He(n,2n)$ 截面,还指导用核技术开展对生物分子和高分子的研究工作。他长期致力于物理教学工作,培育了大批物理人才,学生中有十多人当选为中科院院士,"世界物理女王"吴健雄也是他的学生。1956年加入中国民主同盟。1958年起被选为江苏省第二、三、五、六届人民代表大会代表与中国人民政治协商会议第二届南京市常务委员会委员。曾任中国质谱学会副理事长与质谱杂志主编,江苏省物理学会理事长等。他积极参加由中国物理学会组织的物理学名词规范化的工作,参与编写了《英汉物理学词汇》和《汉英物理学词汇》。他爱好油画,曾临摹法国、意大利、德国、波兰古典名画几十幅,创作油画几百幅,其作品《雁归来》还参加了1993年中国油画展。

在金陵大学的讲演

福开森

（编者按，40年前，本校第一任校长身躯伟壮之福开森氏，今已白发苍苍矣，日前来校参加校董会。本月25日在礼堂出席讲话，虽老而精神矍铄，华语甚流利……）

福氏云：中国自秦统一文字，数千年来，文化事业，代有进步，就研究书画之书籍一端而言，合英美德法所有者，已不及中国一国之多，其他更无待论，中国古籍内容，甚注重道德。但讲道德，必其人民足衣足食而后可。今华人衣食多不自给，故不暇言道德矣！当余长此校时，学生功课悉属普通知识，今则分门别类，就尚专门研究，是一进步，惟昔之学科虽甚普通，然学生心理专一，今之学科虽专，心思恐多不专矣！复次，昔日学生英文程度皆佳，有能任意用英文作文谈话者，然若令其改用中文，则转病不能，是失其为中华民国之国民而不自觉其耻孰甚。望今日之学生毋陷此辙。今日之白话，每多怪僻语调，求其能媲美《红楼梦》中之白话者，杳不可得，每与人言，欲作佳丽之白话文，须先多读文言文以为根底，咸以为是，故余意今日之青年，与其怪僻之白话文，毋宁多学文言文也。复次，华人有学问者，恒秘不以示人，此于社会国家有何利益，今之学生宜痛改之陋习，必将所欲者，用国文发表之，审求学非为一己求快乐也，安可不公之于众。夫诸君当今所处之境，必曰不如某也，然试观中国内部乡村之情形如何，诸君诚有幸福者，则当努力求学，为国家社会谋福利，中国非欲多添徒穿西服之青年也，余谓凡在校怠惰畏考试而闹风潮者，学校应不待其生变，早已开除之，愿诸君多自励，各贡其所学于社会。

（原载《南大百年实录·金陵大学史料选》，南京大学出版社，2002年）

[作者简介]

福开森（John Calvin Ferguson，1866—1945年），教育家、文物专家、慈善家、社会活动家。出生于加拿大安大略城，父为教会牧师。自幼随家移居美国。1886年毕业于波士顿大学，获文学学士学位。福开森夫妇信奉"社会福音"，在自由主义神学的感召下到中国。先在江苏镇江学习汉语，1887年到南京，在估衣廊居所办校开课。1888年，美国美以美教会创办汇文书院，受傅罗（Flower）之邀出任院长。汇文书院教职主要来自美国，书院设博物院、医学馆、圣道馆，并设有附属中学，后于1910年与宏育书院合并为金陵大学。1896年，李鸿章幕下重臣盛宣怀在上海创建南洋公学，受聘出任监院之职，参与创建工作；翌年辞汇文书院校长之职，出任南洋公学监院（校长），直至1902年。1902年参与修订中国对日对美条约。1908年到北京任邮传部顾问。曾出任华洋义赈会会长；1910年中原大旱，募得赈灾金约100万美元，被清廷封赐为二品顶戴。1921年作为中国代表团成员参加以遏制日本在华扩张为重要议题的华盛顿会议。1943年福开森被日本遣送回美国，1945年在波士顿去世。福开森在华57年，对中国社会颇具影响，对中西文化交流也卓有贡献。一生收藏许多中国文物珍品，部分收藏品陈列于纽约大都会博物馆。1934年，曾捐赠家中数十年全部收藏品给金陵大学，1952年金陵大学和南京大学合并后，陈列于南京大学考古与艺术博物馆。

《金陵光》出版之宣言

陶行知

　　学报奚以光名乎，曰：天地之大，万物之繁，吾人所持以别上下高低、大小方圆、正斜黑白、动静美恶者，光而已矣，无光则虽有天地万物，奚又辨别乎，学校之宏，学生之众，吾人所赖以之兴衰进退，勇怯知愚贤不肖者，报而已矣，无报，则虽有学生学校，奚由表见乎，故光所以别天地万物之形，报所彰学生学校之迹，报与光之功用既同，则名报为光，不亦宜乎。且吾人为学业，必求进步，吾人进步，必期速捷，万物流行之速，孰有过于光者乎，风卷不足概，电流莫能喻，瞬息万里，莫可纪极，吾愿以光流行之速，率为吾同学进步之速，复以同学进步之速，率而为金陵大学进步之速，率光乎，进步乎，吾愿一言以祝之曰，学校与学生，进步如流光。或问曰，光之为物，亦繁矣，日光也，月光也，电光也，磷光也，灯塔光也，爱斯光也，下至萤雪，火之细，莫不有光，天然之光，光也，人造之光，亦光也，金陵光，安居乎。曰，"太阳信深仁，哀气欻有托"。此杜少陵元冬登飞阁之诗也，可见光由热生，热随光至，可以御寒振衰，世有厌世之流，悲观之派，昧爱人之宗旨，忘牺牲之大道，谓热心为好事，谓力行为有求，彼既寒心而凉血，吾金陵光，则以随来之热力曝其心，温其血，祛其寒，振其衰，使其共跻于热忱乐为之学子，如是则冬日之效收，而光之用神矣。

曹子健曰：月临席上，绮文依而愈妍，吾同学之造业，虽不必待金陵光而进步，而同学之成绩，必待金陵光而彰明，游子负笈他乡，或千里跋涉，或重洋骇渡，谁无父母，独不一念及吾辈之学业交游与夫学校之现象乎，家函不过道其大略，金陵光则详之，吾知青嶂月出白首之老无愁矣。

当夫黑云蔽天，两大昏晦，月未出而日遮蒙，霹雳一声，使生物得复明辨彼我者，电之光也，倘不幸而有人焉，惑于外物，狎于弗义，大道不明，天良澌灭，必不得已，欲金陵光一闪其雷鞭，则亦其闪之耳。

金陵光，吾同学之公共日记也，同学既有公共之日记，则固有之精神可以保存，已具之精华有所托属，其中之一举一止，一言一行，咸足以备他年之考据，以作来者之前鉴，虽事已呈，迹已邈，而此公共日记，直能闪烁其彩色，以至于无穷。

吾辈青年为学，正如日暮浮舟险峡，邪说淆听，瓦裂之怪石也，跛行冒善，云翻之豪湍了，是非莫别，安危一发，吾金陵光则作船工之塔灯，明其径途，所以佐迷津者之造业焉。

世之金玉其外，而败絮其内者，岂鲜也哉，心疾不治，大丧随之，金陵光于此则射其爱斯之光，察其肺腑，烛其心肝，病原既得，而后可施针砭也。

吾辈青年，能为左丘明弥尔通之徒，谁能入门墙登堂奥而无所用其光哉。 是故囊萤借萤之光，映雪借雪之光也，人至习业于囊萤映雪凿壁亦可谓无奈之至矣，然三贤必出于囊萤映雪凿壁之计者，何哉无光即无以造其业耳。 吾金陵光既已佐同学造业自任，则谓之为萤、为雪、为燧，皆无所不可也。

曰日曰月曰电，限于行所言，曰磷曰雪曰萤，天然之光也，曰爱斯（x）曰燧火，曰灯塔，人造之光也，兼天然之光而有之者，金陵光也，金陵光随学生天演之进步，自然发生是之谓天然之说。 天下本无金陵光，有金陵光，自金陵大学学生始，是之为人造之说。 金陵光之为天然，为人造，姑无论，而其目的则一，目的为何，曰"李杜文章在，光艳万丈长"。 此光金陵之目的也，曰，然则金陵光之作为可得闻乎，曰，"青华易过，韶光不闲"。 此光字，金陵光用以勉励同学，及时努力，勿使徒伤老大也。 "利剑光耿耿，佩之我无邪心"，此光字，金陵光用以警醒同学，避不善如蛇蝎，勿以恶小而为之也。一勉一瞥，莫非欲吾同学就早切磋，蔚为国器，对于金陵光，便怀有盛世黎民嬉游于光天化日之感，由感立志，由志生奋，由奋而扦国，而御海，戮力而同心，使中华放大光明于世界，则金陵光之责尽，始无愧于光之名矣嘻。白帝更声尽，阳台曙色分，金陵光之第一号，即旭日东升之晓光今出矣，吾同学曷速兴起耶。

（原载《南大百年实录·金陵大学史料选》，南京大学出版社，2002年）

[作者简介]

陶行知(1891—1946年)，原名文濬，后改知行，又改行知。安徽歙县人。教育家、教育思想家。毕业于金陵大学文学系。后留学美国，曾从实用主义教育家杜威学习。回国后，任南京高等师范学校教务主任，继任中华教育改进社总干事，推动平民教育运动，最早注意到乡村教育问题。是中国人民救国会和中国民主同盟的主要领导人之一。先后创办晓庄学校、生活教育社、山海工学团、育才学校和社会大学。提出了"生活即教育"、"社会即学校"、"教学做合一"三大主张，生活教育理论是陶行知教育思想的理论核心。有著作《中国教育改造》、《古庙敲钟录》、《斋夫自由谈》、《行知书信》、《行知诗歌集》等。

教学合一

陶行知

现在的人叫在学校做先生的叫教员,叫他所做的事情为教书,叫他所运用的法子为教授法,好像先生是专门教学生书本知识的人,除了教书以外,没有别的事教。而在这种学校里的学生呢,除了受教之外,也没有别的功课。先生只管教,学生只管受教,好像是学的事体都被教的事体打消掉了。论起名字来,居然是学校,讲起实在来却又像教样。这都因为重教太过,那是因为重教太过,所以在不知不觉中就将教与学分离了。然而教学两者,是实在应当合一的。理由有三:

第一、先生的责任不在教,而在教学,而在教学生学。

大凡世界上的先生可以分为三种:

第一种只会教书,只会拿一本书要儿童来读、记它,把活泼泼的小孩子当作一个书架子、字纸篓。先生就是书架子、字纸篓的制造家,学校就像书架子、字纸篓的制造厂。

第二种的先生不是教书,是教学乃是学生;他所注意的中心点,从书本上移到学生到身上来了。不像从前一样拿学生来配书本,现在是拿书本来配学生了。他不但是要拿书本来配学生,凡是学生需要的，他都拿来给他们。这种办法，果然比第一种好得多，然而学生还是在被动的地位，因为先生不能一处一世跟着学生。热心的先生，固想将他所有的传给学生，然而世界上新理无穷，先生安能尽把天地间奥妙为学生一齐发明？既然为能与学生一齐发明，那他所能给学生的，也是有限的，其余还要学生自己去找出来的。况且事事要先生传授，既有先生，何必又要学生呢？所以专拿现成的材料来教学生，总归还是不妥当的。那么，先生究竟应该才好？

第三种也就是好的先生，不是教书，不是教学生，而是教学生学，要把教与学联系起来：一方面先生要负指导的责任，一方面学生要负学习的责任。对于一个问题，教师不要拿现成的解决方法传授给学生，而要把这个解决方法如何找来的手续程序，安排停当，使他以最短的时间，经过相类似的经验，发生相类似的理想，自己将这个方法找出来，并且能够利用这种经验理想来找别的方法，解决别的问题。得了这种经验理想，学生方才能去探知识的本源，求知识的归宿，对于世间的一切真理，就能取之不尽，用之无穷了。这就是孟子所说的"自得"。也就是现今教育家所主张的"自动"。所以要想学生学的自动，必先有教学生学的先生。这是教学应该合一的第一个理由。

第二，教的法子必须根据学的法子。

从前的先生，只管自己的意愿教学生，凡是学生的才能兴趣一概不顾，专门勉强拿学生来凑他的教法，配他的教材。一来先生收效很少，二来学生苦恼太多，这都是教学不合一的流弊。如果让教的法子自然根据学的法子，那时先生就费力少而成功多，学生方面也就能够乐学了。所以怎样学就须怎样教：学得多教得多，学得少教得少；学得快教得快，学得慢教得慢。这是教学应该合一的第二理由。

第三，先生不但要拿他教的法子和学生学的法子联络，并须和他自己的学问联络起来。

做先生的，应该一面教一面学，并不是贩卖些知识来，就可以终身卖不尽。现在教育界的通病，就是各人拿从前所学的抄袭过来，传给学生。看他书房里所摆设的，无非是从前读过的几本旧教科书；就是这几本书，也未必去温习，何况在研究新的学问，求新的进步？先生既没有进步，学生也就难有进步。这也是教学分离的流弊。那好的先生就不这样，他必是一方面指导学生，一方面研究学问。如同柏林大学包尔孙先生说："德国大学的教员就是科学家。科学家就是教员。"德国学术发达,大半靠着这教学相长的精神。因为时常研究学问,就能时常找到新理。因为教法丰富,学生能多得些益处,而且时常有新的材料发表,也是做先生的一件快事体。因为教育界无限枯寂的生活,那是因为当事的人,封于故步,不能自新所致。孔子说："学不而不厌,诲人不倦。"真是过来人阅历之谈。因为必定要学而不厌,然后才能诲人不倦;否则年年照样葫芦我却觉得十分的枯燥。所以要想教育英才的快乐,似乎要把教学合而一。这是教学应该合一的第三个理由。

总之：

一,先生的责任在教学生学;

二,先生教的法子必须根据学的法子;

三,先生须一面教一面学。

这教学合一的三种理由。第一种和第二种理由是说先生的教应该和学生的学联络第三种理由是说先生的教应该和先生的学联络。有了这样的联络,然后先生学生都能自得自动,都有机会找那无价的新理了。

（原载《陶行知全集》第1卷,四川教育出版社,1991年）

在金陵大学建校60周年庆典上的讲话

陈裕光

回溯本校为外籍校友所创立，因此以沟通中西文化，介绍西方之新进科学，为其自然的特点，而文化亦因沟通，而更加发扬。本校对此宗旨，始终未渝。福开森先生曾于26年由平莅京，出席本校周会时曾以"温故而知新"、"建新存故"相勖勉。包文先生在其所作之文章中，亦作为是观。即本人自办学以来，亦一再与本校同仁与同学畅谈本校办学方针，以沟通中西文化为职志。本人曾于32年6月在成都华西坝五大学举行毕业典礼时云："五大学之共同职志，乃在沟通中西文化，取人之长，补己之短，使吾国固有之文化，更臻完备。"34年1月，应邀赴美，曾与纽约时报记者谈话乃以沟通中西文化，为今后中国办学之方针。返国后，亦以此项意见，告诸同学云："学术本属国际的，希腊的哲学，早已传诵全球，近代的科学，不分国界，到处研究。可是中国的学术，至今还没有特殊进步，更不用想在国际间取得一个领导的地位。所以本人此次出国，目的也在沟通中西文化，交换学术研究，使本校的学术标准有所提高。"此盖东西之文化，各有所长，如能互相发明，则世界上文化，更见灿烂光辉。此外尚有数点，本校亦特别重视，惟成绩有限，尚希多多指教：

（1）公立与私立并重。在民主国家内，除公立学校外，应有私立学校之并存与公立学校相得益彰，同为学术而努力，如世界著名的牛津、剑桥、哈佛、耶鲁等私立大学，均有学术声誉，且为国际间称颂之最高学府，本校同仁，亦常以此相勉。

（2）教与育并重。教育二字，包括二种意思，一为教导学识，一为陶养品格。二者并重，不可或缺。若仅有学问，而无人格，则于事于人，无所裨益。故本校除启发知识外，亦常以琢磨品性，阐明宗教伦理为职志。

（3）训练服务人才。教育非仅求知，乃所以加强服务意志，锻炼耐劳刻苦精神，教育本身，并非仅以增加知识为己足，而在作育人才，济世惠民，所谓："我非役人，乃役于人"，由小我而推及大我，变利己的思想，而为利他的思想。由此言之，教育之意义，并非狭义的，而系广义的。总之本校办学以来，除沟通文化外，亦常勉以为学问而致力，为修养而淬励，为和平而奋斗，为服务而尽力，唯以任重道远，成绩有限，仍希诸位多予指导。

（南京大学的前身之一金陵大学肇始于1888年的汇文书院。1948年11月，金陵大学举行建校60周年庆典，时任校长的陈裕光先生在庆祝大会上发表上述讲话。原载《南大百年实录·金陵大学史料选》，南京大学出版社，2002年）

[作者简历]

陈裕光(1893—1989年)，号景唐，浙江省宁波市人。1911年，考入南京金陵大学化学系，1915年毕业。1916年因成绩优异由金陵大学选送到美国哥伦比亚大学深造，攻读有机化学，1922年获博士学位。留学期间，曾担任留美中国学生会会长，并参加了美国化学会。1919年创办《中国留学生季刊》(中文版)、《留美中国学生月刊》(英文版)。1923年任北京师范大学教授、理化系主任、教务长、评议会主席，曾两度担任代理校长。1925年起任金陵大学教授。1927—1950年任金陵大学校长。1932年参与发起中国化学会，当选为该会第一届至第四届理事会会长。1945年获授美国加州大学名誉教育博士。1950年为华东革命大学政治研究院学员。1951年任华东教育部图书仪器清理处主任。1952年任上海私营工商贸易行化学顾问。1956年任上海轻工业研究所化学顾问、翻译。1987年任南京大学校务委员会顾问。他毕生致力于教育事业,是中国担任大学校长最早、时间最长的元老之一。他为金陵大学建立了优良的校风,并使该校成为国内外知名的学府。

回忆金陵大学

陈裕光

在我国近代教育史上具有一定影响的私立金陵大学,创办近一个世纪以来,培育了很多人才。 金陵大学的许多校友分布于国内外,在各个领域内发挥所长,受到当地社会的重视。 其中在南、北美洲,金大校友有三四百人;台湾也有四五百人,分布于政治、实业、文化、教育、农业等各个方面。 比如,以"经济复兴"为号召的台湾农业界中的大部分骨干为金大农科毕业生。 旅居国外的金大历届校友,在不少地方有校友会组织。 去年夏天,我应在美校友的邀请,远涉重洋,前往访问,会见了美国各地不少的金大校友会同学,昔日莘莘学子,今已两鬓斑白。 近年来,不少侨居国外的校友,出于热爱祖国,陆续回来讲学、访问,对我国的现代化建设起了积极的作用,对我这个老校长,也关切备至。

我今年九十五岁,在贫穷落后的旧中国,纵有"科学救国"抱负,也只能是纸上谈兵。 现在共产党励精图治,祖国春风骀荡,特别在三中全会以后,制定出富国强民的现代化宏图,举国上下,气象万千。 我年事虽高,逢此盛世,深受鼓舞。

我青年时在金大前身汇文书院附中读书,后入金大直至毕业前后达十年之久。一九二五年至一九五一年，我重返金大，由教授至校长，又历二十六个年头，与金大的历史渊源很深。现在加忆一些亲历目睹，作简略叙述，因时日久远，疏漏、片面之处在所难免，希识者匡正。

创办经过

上世纪末，所谓"泰西各国"鲸吞蚕食，加紧对我侵略，我国国势日蹙。他们凭藉不平等条约，各自在华攫取特权，西方各式人物蜂拥而至。当时，美国基督教会派到中国来的传教士甚多，他们一面传教布道，一面创办学校，先后在中国设立了十三所高等学校（即上海的圣约翰大学、沪江大学，苏州的东吴大学，杭州的之江大学，南京的金陵大学、金陵女子文理学院，广州的岭南大学，福州的协和大学、华南女子文理学院，成都的华西大学，北京的燕京大学，济南的齐鲁大学，武汉的华中大学）。金陵大学是美国教会在华最早开办的大学之一，也是规模较大的一所。在旧社会，是国内外知名的大学之一，向由美国教会选派美国人担任校长。

金陵大学由南京汇文书院等三所教会学校合并而成。先是美国教会中的美以美会、长老会、基督会相继派出传教士，在南京创办汇文书院、基督书院与益智书院。其中开办最早的是汇文书院，创建于一八八八年，距今已近一个世纪。院长就是后来在上海创办《新闻报》、《英文日报》及《亚洲文会》杂志的福开森（J. C. Ferguson），他与清末两江总督刘坤一，邮传部尚书、航政大臣盛宣怀及一些北洋官僚频有往来。此人来华时不过二十岁左右，原是南京地区的一个传教士，操一口南京话，精通中文，活动能力很强。他很早脱离教育界的原因之一，据说是因为汇文书院院长待遇不高。去职后受盛宣怀之聘，为上海南洋公学监院。福开森居中国六十年，对东方，尤其是灿烂的中国古代文化，兴趣很浓，收集古代金石书画甚丰，后悉数捐赠金陵大学。一九四一年太平洋战争爆发，福开森被日人囚于集中营，后美日交换俘虏，返回美国。一九四五年病故。

我于一九〇五年入汇文书院附属中学。汇文书院是美国教会在南京创办的第一所高等学校，中学部又称"成美馆"，大学部称博物馆、医学馆、圣道馆。博物馆即文理科，一九二八年立案后改为文学院、理学院。医学馆即医科，曾办有鼓楼医院。

这一时期特别值得一提的，是不平凡的一九〇〇年。这年义和团起义，八国联军攻占北京。当时长江下游虽没有像直隶、山东那样处于风暴中心，也是风声鹤唳，南京的美国传教士同样受到了中国人民爱国运动的冲击。这时，美国传教士也开始对在华办学重新估计。为了适应中国的现实，从多方面改变中国人对美国教会的感情，教会学校必须提高教学质量及办学水平，而三个书院分散，既不利于管理，又不利于提高质量及扩大教会的影响，几经酝酿，一九〇七年，基督、益智两书院合并为宏育书院。一九一〇年，汇文书院与宏育书院又合并为一，定名为金陵大学。

合并计划的第一步是购置土地，扩充校舍。全部工程由美国芝加哥一家公司设计承包。建筑材料除屋顶的琉璃瓦和基本土木外，都从国外进口。新校舍从一九一〇年开始设计、动工，至一九一五年秋，长达五年始部分落成。建成后的金陵大学校舍，中西合璧，美轮美奂，十分宏伟，基地面积达二千多亩，与鼓楼巍然并峙，为当时南京最大之建筑。

基督化教育

金大的办校宗旨是培养学生的"基督化人格"，亦即培养"基督牺牲与服务精神"，以"造就健全国民，发展博爱精神，养成职业知能的根本"，实际上就是推行基督化教育。因此，宗教气息十分浓厚，宗教仪式十分严格，宗教课为必修课。每逢礼拜，师生必须参加。后来，除本校师生外，不少校外教徒也加入了礼拜行列。基督教义为许多人所接受。

合并前，学校最高行政管理权操于美国传教士和美国差会干事之手，合并后，中国籍的教职员工人数虽有增加，但行政领导、各科主任、系主任及主要教职员仍为美国人。原来的文理科有所扩充，增加了几个系，医科停办。一九一四年成立农林科，后又增设农业专修科。

金陵大学的经费，开始时多仰赖美国教会拨给，学生不仅免收学费，甚至还另给津贴，但学生还是寥寥无几，因为当时社会上对"洋鬼子"办的洋学堂，心存疑虑，多不愿送子弟入学。后来，西风东渐，家长们开始改变看法，把子女送入教会学校求学的逐渐多起来，学校开始对部分学生收取学费，我就是在开始收费后进去的。

教会学校重视英语，这对教师、学生都一样。一年级新生入学考试，仅英文一项，就要过五道关：听力、读力、作文、语法、字量（常见字的字义及用法）。在课本方面，除去国文、中国经史等课程不能不用中文外，其他课程，包括文娱活动，全部采用英文，连助教指导实验、运动场上运动员的口语、学生助威的拉拉队，也无例外。我是学化学的，必须读英国文学史、英文修辞学、英国古典文学。由于一系列的强制措施，金大学生的英语水平一般都比较高。三十年代华东四大学（金大、圣约翰、东吴等校）一年一度的英语辩论会，金大常占优胜。除英语外，学生对其他学科也能勤奋学习。写到这里，使我想起辩论会上的特殊现象：其他学校师生都是西装革履，而平时既穿西装、也穿中装的金大学生，在辩论会上一律长袍马褂，满口流利英语，一般学究打扮，直到现在，我还印象很深。我这个校长，在金大二十多年，从未穿过西装，作为民族文化的表率和民族精神的体现，金大很多教授也穿中式服装。

金大教学用的教材、图书杂志、仪器设备乃至有些生活设施，有一时期也从美国运来。一句话，从行政到教学，很少与中国政府发生关系。这一现象至一九二八年向中国政府立案后才开始改变。教授当时皆为美国传教士，只有教中文和在人员不足的情况下，才聘请华籍人员。中美教职员的待遇有很大差别，等级高低也很明显。华籍教师中出过国的比未出过国的高。

金大有"钟山之英"的美称。对学生要求不论学习上还是品德上一向从严。三十年代初，各省兴办大学，师资咸感不足，金大毕业生多为征聘对象。高等学府是这样，政府机关、金融界、实业界、科学机构，也有金大校友跻身其间。当今积极工作，以期为人类社会贡献力量的金大学生，国内、国外都不乏其人。

金大同时在美国纽约州教育局立案，毕业生可同时接受纽约大学的文凭与学位。并可直接升入纽约大学或任何美国大学的研究院而不受限制，与欧美大学享受同等待遇。

金大第一任校长为美国人包文（A. J. Bowen），教务主任兼社会学教授是美国人夏伟斯（G. W. Sarivis）。夏伟斯在金大推行一种美国式的计分制，即五等制，如一班十个学生，必须按照一等一人，二等二人，三等四人，四等二人，五等一人的比例计算成绩，并硬性规定五等生开除。结果很多学生不来了，教授们意见纷纭，有的公开进行抵制。后来被迫取消。如华籍哲学和中国文学教授刘伯明，对此即表反对。

这位刘教授是一九〇九年金大文科毕业生，是中国学生中最早获得美国哲学博士学位的一位爱国学者。他在金大担任国文系主任，热爱祖国古典文学，试图把中国古代哲学思想和西方哲学思想结合起来研究，但未能实现。他的教育思想与某些美国传教士格格不入，又对外籍教师的一些生硬作风不以为然，遂愤而辞职，受聘去国立东南大学担任副校长。刘伯明不仅在国内，在国外也为人所熟知。此外，还有许多不知名的同学，他们来到金大，不仅为了学习外语、科技和书本知识，他们有抱负，有爱国主义思想，关心学校前途。所有这些都是随后由中国人当校长的精神准备。

由于当时金大的经济命脉掌握在美国教会手里，校长和主管财务人员，都直接由美国教会指派。主管财务人员初称司库，立案后改称会计主任。坐这把交椅的是美国女教士毕律斯。她来华时才二十岁左右，解放初离开南京时，已年逾花甲，是位有献身精神、精明能干的老小姐。一九二七年我当金大校长后，她是配备给我的英文秘书。

动乱中接任校长

一九二七年，我国人民的反帝如火如荼，大革命风暴席卷全国，北伐军势如破竹，摧毁了北洋军阀吴佩孚、孙传芳的统治。"打倒列强"、"除军阀"的呼声震天动地，一向被称作"睡狮"的中国人民觉醒了。北伐军气壮山河，一举攻克南京，南京城内新旧交替，一时显得纷纷扰扰。市上盛传国共合作政府即将在南京成立，这使外国传教士心惊胆战，纷纷作离去的打算。校长美国人包文看到中国政局动荡，形势逼人，也产生了辞职返美的念头。那时，原文理科长美国人夏伟斯已回美国，我正暂时代理文理科长职务。包文耳闻目睹，感到外国人当中国大学的校长已不合时宜，认为校长一职，还是中国人出任为好。为此，他曾多次找我谈话。他认为我出身金大，留学美国，与金大源渊较深，对教会情况比较了解，而且在北京师范大学又有过行政领导的经验。我对行政领导素无兴趣，不善于应付人事，以前所以离开北师大来宁，就是因为怕挑行政领导的担子。因此，我婉言回绝了包文的邀请。后来，局势进一步变化，包文再次对我提起此事，我的态度一如既往，不久，金大所有的美国传教士全部撤离南京，包文正式辞职。七月，国民党在南京成立政府，规定教会大学必须由中国人担任校长，始准立案。于是，先由中国籍教授、职员组成临时校务委员会维持校务。至此，金大开始在名义上由中国人领导。校务会初设委员五人，由农林科长过探先，文理科长陈裕光，教授刘靖夫、刘国钧、李德毅担任，公推过探先为召集人。后来出于需要，委员名额增加到十一人。同年十一月，金大理事会在上海开会，突然作出决议，推选我为校长。电报发来，局面已成，难以推辞。就这样，我当上了金陵大学的第一任中国校长，直到新中国成立，高等院校全面调整，金大完成历史使命时为止，前后共二十四年。

在我还未正式担任校长之前，我曾主动向即将成立的大学院（国民党仿照法国的大学院制，实属教育部）联系有关学校前途与立案等问题。担任校长后，我第一件事就是向政府呈请立案（当时具体立案条例尚未产生）。我认为在我国办校，理应尊重我国主权，立案是刻不容缓的事情。大多数中国教职员工及学生赞成我的看法，鼓励我的行动。次年即一九二八年获批准，是当时国内最先立案的第一所教会大学。继金大立案之后，其他教会学校先后呈请，其中最晚的是上海圣约翰大学，该校因圣公会主教、美国传教士持怀疑态度，一直拖到一九四七年涂羽卿担任校长后，始向中国教育部注册立案。名义上中国人当了校长，实权，尤其是经济大权，依然掌握在美国教会手中。我这位中国校长，几乎很少过问。

立案后，我本着革新的精神对学校的行政管理及教学，进行了一些调整与改革，以适合我国国情。主要是贯彻科学精神，实行教学、研究、推广的"三一制"（即三结合）。重视发扬"共和"精神，如成立校务会常务委员会，十多位常委几乎每周有一两次集会，讨论、研究校务，并对各项重大措施制定决策。这种共和精神，体现在学校的各个方面，包括学生有自己选课方便的学分制，它是金大师生长年累月积聚起来的一种精神力量，是推动金大不断前进的主要因素。概而言之，即爱国主义思想、学术自由思想。

立案后，理事会改为校董会，增加了中国籍校董的比例，使中国人占总数的三分之二，美国人占三分之一，又将各院院长、系主任及各级领导逐步改由中国人担任。教职员工中，中国人的比例也大大增加。实行这种措施，曾遇到不少困难，但在全校师生支持下还是完成了这一改革。这在当时的教会学校中，可以说是开了风气之先。

文、理、农三个学院

金大原设文理、农林两科，立案后扩充成为文学院、理学院和农学院，以符合国家大学至少三院的规定。 文学院设立历史、政治、经济、国文、英语、哲学、社会及社会福利行政等八个系，初以研究为主，后重应用及推广。 如社会服务深入社会基层，为妇女、儿童服务，同时还关注南京人力车夫的福利；经济系以合作经济为主。 到了抗日战争时期，在国际友好人士、新西兰人路易·艾黎领导下，文学院许多师生参加了"工合"工作，到各地协助开展"工合"并开办"工合训练班"，我本人在成都时，也曾担任"工合"国际委员会副主席（名誉主席是宋庆龄）。 一九四四年我去美国考察时，曾在华盛顿做过有关"工合"的报告，呼吁国际友人给"工合"以更多资助，以支援中国的抗日战争。

文学院成立了历史研究所，与中国文化研究所合作招收研究生。

理学院除原有课目外，加强了课程设备及师资力量，增设化学工程与电机工程课，后来又增设化学研究所。 抗战期间，理学院鉴于公路交通之重要，汽车技术人才缺乏，又添设汽车专修科，前后举办七年，直至抗战胜利复员返回南京始告停止。

理学院推行电化教育时间早、历史长。 从一九二二年开始，一直间歇地延续到解放后院系调整。 抗日战争时期，为适应客观需要，还办过二年制的电化教育专修科、三次电化教育人员训练班。 电化教育内容包括教育电影的翻译、制作和幻灯片的制作、发行。 电化教育摄制人员的足迹遍及上海、北京、江苏、安徽、河南、江西、山东、河北、绥远、福建、广东、湖南等省市，拍摄各种有关地理、工业、农业、手工业等方面的教育电影，到全国一百多个点巡回放映。 有一年日全食，理学院院长曾偕同中国天文学家组成的观测队，前往西伯利亚、伯力和日本北海道，拍摄日全食电影，后又制成《日食》教学片一部，对群众进行科学普及教育。 一九四三年到一九四五年，金大内迁成都时期，每周一次露天放映教学电影，经常有许多人观看。

除文、理学院外，原来的金陵神学院与金大脱钩，本着信仰自由的精神，宗教课由必修改为选修，宗教集会改为自愿参加。 在此时期，教学方针强调学以致用、学用一致，亦即"研究高深学术，养成专门人才，适应社会需要"。 我个人提倡学生思想自由，并鼓励学生组织各种团契、讨论会、读书会（有宗教的，也有非宗教的），旨在了解社会实际，接受进步思想，因此，学术空气十分活跃，呈现出一派欣欣向荣的新面貌。

金大农学院历史悠久，初创于一九一四年，开国内四年制农科先河。它的主要特点也是教学、研究、推广"三一制"，重在联系中国农业实际，不尚空谈。其中对推广一项尤为重视，师生足迹遍及全国十多个省的农村，受到各地农民的欢迎。其他如教学、研究也卓有成效。金大校誉鹊起，闻名国内外，农科是一主要因素。

一九一二年，农科斐义理教授向在南京的临时大总统孙中山及黄兴、黎元洪等三十人，吁请赞助规模颇大的农义会，这是使遭受水灾的农民开垦荒地、以工代赈、自谋生计的办法，深受孙中山先生等人之赞许。随后又请求提倡造林，经临时政府批准，并规定清明日为植树节（后改为三月十二日）。金大的林科就是在此基础上开始成立的。当时，北京农商部设立的林业学校已解散，青岛大学林科因第一次世界大战影响也告停办，国内大专院校设农林科者只有金大。

农林科成立后，在南京、安徽等地购买土地，开辟农场，并在学校附近开办农事实验园，培育新品种，同时接受各省保送的官费生前来就学。山西阎锡山、南通张謇等都曾选送学生前来学农，金大也曾派人前往指导植棉。一九二二年，上海各纱厂为建立棉花原料的可靠来源，曾联合要求并资助金大农学院推广植棉。为此，金大开办了农业专修科、农业推广部，并在各地设立试验农场。二十年代初，美国教会曾派一位教授来金大，专教棉花育种试验，后培育成第一号优良棉种，称为"百万棉"，在江苏、安徽等农村推广。继棉花之后，农科又培育成稻、麦新品种，从事推广，收效不小。

金大农林科立案后改为农学院，下设八个系和一个部：农业经济系、农艺学系、植物学系、动物学系、森林系、蚕桑系、园艺系、乡村教育及农业推广部。另辟农场及试验场多处，其中农艺学系共有总场一所、分场四所、合作场八场、区域合作试验场五所、种子中心区四所。仅总场就有农地一千七百余亩，蚕桑系桑园有二百三十多亩，试验场面积一百多亩，种植桑树数万株，对改良中国蚕桑业起了一定的作用。

农业经济系曾对土地利用情况作过一次广泛调查。截至一九三一年止，调查范围包括辽宁、绥远、山西、陕西、河北、河南、山东、湖南、湖北、四川、安徽、浙江、广东等十几个省，还曾作过人口调查及水灾调查。对水灾调查的结果，曾细加分析，后交水利和赈济单位作预防水灾之参考。

一九三〇年，美国农业部出资，在金大教授美国人卜凯(J. L. Buck)支持下，农学院进行过一次大规模的全国农村经济调查。这次调查，动员了众多的师生参加，事后写了一份长达数千页的英文报告(后译成中文，名为《中国农家经济调查》，由商务印书馆出版）。这位卜凯，原为安徽宿县地区的传教士，熟悉中国农村情况，写过不少有关中国农村的报告，在美国被视为中国农业专家，担任过美国国务院的中国农业顾问。二次世界大战后，曾任联合国远东救济总署署长。在金大，他曾倡力"东方文物研究所"，罗致不少名流学者，孜孜不倦地研究中国语言、语法、中国少数民族史、中国古籍等，前后达二十年之久。

卜凯的前妻就是曾获诺贝尔文学奖的美国女作家赛珍珠(Pearl Buck)。她自幼生长在中国，是一位"中国通"，先后写过五十几部作品，多取材于中国农村。她曾把中国古典小说《水浒》翻译成英文在国外发表，《大地》(Good Earth)是她的成名作，曾改编为电影。赛珍珠和她丈夫卜凯在金大任教。卜凯在农学院，赛珍珠在外语系。由于她上英文课时常常夸夸其谈，离题万里，引起学生不满，后来反映到校长室。我转告了学生对她的看法，希望她引起注意，她就被调走了。此事曾引起部分美国传教士对我的不满，他们说我不尊重赛珍珠，"使金大失去了一位朋友，殊属可惜"。我当时也深感不安，但又无可奈何。

根据一九四〇年出版的《金大农学院研究设计一览》所载，农学院创办宗旨，在于"授与青年以科学知识和研究技能，并谋求我国农业作业的改良、农业经营之促进、与夫农民生活程度之提高"。金大农学院在这些方面，确实作出了一定的成绩。当然，有些属于社会的根本性问题，要改善、改革，就不属农学院的范围了。

金大农学院培养了大批农业科学方面的人才，在国内农业科学阵地上，金大校友居于举足轻重的地位，各地有关农业单位和大专院校，主要负责人也多系金大农科出身。农学院历届毕业生，称得上是遍地开花。如在国外，著名的研究烟草的专家、美籍华裔学者左天觉，也出身于金大农学院。左天觉对吸烟及健康问题颇有研究，在减少烟草有害成分、生产无害或少害的安全烟草方面，作出了贡献，为此曾获一九七八年国际烟草协会的最高科学奖和美国政府授予的美国科学奖。目前，他主持美国安全烟的研究与生产，担任美国贝兹维尔农业研究中心的烟草部主任，也是中国农业科学研究院聘请的第一位外籍名誉研究员。去年 6 月，他回国讲学时表示，要把世界各国办农业教育的长处，提供给中国参考。他说他要为中国的农学院培养高水平的人才作出贡献。

图书馆、中国文化研究所及博物室

金大对图书馆一向重视，早在二十年代初，农业经济系即成立农业图书研究部，收集中国古今农业书籍及各种图册，编纂《先农集成》及《农业索引》，为搜集、整理我国农业文献，做了大量的工作。图书馆对地方志的收藏，更是不遗余力。金大中国文化研究所成立后，搜集工作抓得更紧。文化研究所附设的博物室藏有殷墟甲骨数百片，包括《老残游记》作者刘鹗陪嫁女儿的甲骨片。这里值得一提的是名画真迹，如海内仅存的南唐画家王齐翰（晋卿）所作的《挖耳图》，图上有北宋、南宋至清末各代名家的题跋。此图原为端方所有，福开森以巨金从端方手中购得，在福开森众多的收藏中，《挖耳图》是其中最有价值的一件。

金大图书馆的管理和图书的收藏、整理，是与图书馆学专家美国人克莱门斯（H. C. Clemons）、中国教授刘国钧、李小缘等人的努力分不开的。他们为丰富金大图书，鞠躬尽瘁，值得人们深深怀念。

图书馆建成后，在命名问题上曾出现过意见分歧。有人为了纪念在动乱中被流弹打死的金大副校长、美国人文怀恩，主张命名为"文怀恩图书馆"，并在馆前竖立文怀恩的铜像，考虑到金大师生的反帝爱国情绪，结果图书馆落成后，既没有写文怀恩的名字，也没有竖立他的铜像。

西迁与复校

一九三六年，我去美国考察，把已经辞职的原校长包文请回金大，当我的顾问，因当时金大美国教师人数不少，暴露出来的问题也不少，需要他来帮助解决。他们夫妇两个回来后，果然帮了我不少忙。但终因金大内部人事比较复杂，使我难以大刀阔斧地进行改革。虽然我一向对个人得失，特别是经济效益，无所萦怀，但对更好地开展工作，多少有些阻碍。记得有一次，美国教会派了一位年轻的哲学博士来金大担任教育系教授，此人业务平平，却一心想当作家，经常把他的作品寄往美国发表。有一天，他外出拍摄不雅观的街景，为我校同学所见，认为他选拍的镜头是对我国的有意侮辱，要他当众交出胶卷并赔礼道歉。此事闹到校长室，我及时向包文谈了这一情况，包文写信给美国教会，不久，此人便奉命调离返美，但事后却有人批评我偏袒学生。诸如此类的矛盾，常常使我左右为难。

"七七"事变之前，美国教会一度设想调整在华的教会大学，考虑把分布在江浙两省的教会大学圣约翰、东吴、之江、沪江、金大、金陵女子文理学院等六校合并成为一所"华东大学"。后因抗战爆发，不了了之，但酝酿、研究了很长时间，也开过不少次会。

当我第二次从美国回来不久，就爆发了"八·一三"抗战。由于国民党消极抗日，日军长驱直入，淞沪很快弃守，南京岌岌可危，金大和其他许多单位一样，积极作内迁打算。经与另一教会大学——成都华西大学商洽，决定迁往四川。在迁校问题上，一部分美国传教士对局势估计不足，对迁校抱无所谓态度，显然他们认为一旦南京失守，有美国大使馆保护，不怕日本人干扰。教育部开始时态度暧昧，表示公立大学都迁了，你们教会大学不迁也无所谓。还说目前需要几个大中学校撑场面。在这种情况下，金大只得宣布开学。但二十多天后，局势更加恶化，教育部突然通知闭校停课，却又表示无法帮助解决迁校所必需的交通工具。金大行政只好发动群众，依靠师生员工的力量，四处借车辆、船只，运送行李家具及人员。最后分三批从下关出发，经汉口抵成都，前后历时三个月，备尝艰辛，全体教工在西迁中表现得同心协力，十分团结。金大校本部迁成都华西坝，理学院迁重庆，次年三月，在四川开学。当时内迁成都的，除金大外，还有金陵女子文理学院、齐鲁大学，最后还有燕京大学，加上原来的华西大学，一共有五所教会大学集中一地，显得十分热闹融洽。

在迁校中，图书馆库藏的图书，因运输困难，未能全部装运，大约只运了总数的十分之一，共一百多只箱子。由南京到成都，路途遥远，沿途押运起卸，图书馆人员均躬亲其事，十分辛苦。

西迁不久，金大又恢复了蓬勃气象，但麻烦与困难还是不少，如行政与经济无法统一，战时迁校单位分散。在这种情况下，要有一个综合性的推进计划是不容易的。

一九四四年，美国国务院邀请中国各大学推派教授赴美讲学并考察。校董会提出由我代表金大前往。出国期间，校长职务由农学院院长章之汶代理。我本人也颇想暂时卸去学校行政重担，到美国去换换空气。次年夏天，我重返金大，欣逢日军投降。八年艰苦抗战终于胜利结束，举国欢腾，金大师生得以重返家园，极为欢欣鼓舞。于是，计划迁回南京。

抗战八年，处境虽然困难，但金大科系仍有发展，学生人数年年增加，我心中感到十分快慰。

抗战胜利后，学校于一九四五年十一月组织了复校委员会，我于年底赴南京，接洽复员事项。事毕于一九四六年一月赶回成都，最后由复校委员会决定四月十五日提前放假，四月底开始复员。幸赖全体师生员工之努力，不仅圆满完成艰巨的迁返任务，还维持了教学的正常进行，使金大于该年九月得以在南京如期开学。经过八年动乱，人心思定，大家都埋首于做好本身工作。在复员后的头一年，金大的设备仪器大有补充，各学院所属学科也有所发展。但国民党挑起内战，金大学生同其他学校的进步学生一样，以爱国为己任，热情澎湃，奋起反饥饿、反内战，积极参加各种爱国运动。尽管国民党政府多次表示要各校当局负责控制学生的情绪，加强对学生的管教，尽管我平时要求学生埋头读书，少问外事，但我反对国民党的党团活动干扰高等学府，更反对随意侵犯人权，因此，我十分同情和支持学生的活动。记得从一九四七年到解放前夕，曾多次发生金大师生被捕事件，我对此是很不以为然的。这些被捕的师生，后来多由校方设法保出。解放前有一天，蒋政府派车来接中央大学校长和我两人到蒋宅，蒋介石当面提出，学生频频闹事，要我们对学生严加管束。其实，天下兴亡，匹夫有责，学生的爱国正义行动，岂是强力所能阻挡。我们二人回答说：我们已经劝告，但要过于管束，可能会引起更大的反抗。

复校后，金陵大学接受了福开森捐赠的千余件文物，其中有不少名贵的铜器书画。早在抗战以前，我就得知福开森酷嗜中国古代艺术，研究并收藏大批我国古代书画、铜器、瓷器，听说考古学家商承祚还专门为此帮助福开森编写过一本小册子。大约在一九三〇年左右，校董会开会，我与福开森并肩而坐。谈话中，他不时吐露对我国古代文化的向往,并说不吝巨金收集珍藏。我当即表示,希望他对金大有所捐赠,以作纪念。他颔首允诺,后因抗战爆发,没有兑现。此前,我曾去北京福开森家中做客,亲眼目睹他那古色古香的书房中,不但字画、古籍多,历代瓷器也琳琅满目。福开森死后,他的女儿根据遗嘱,把乃父捐赠给金大的文物转给了金大。这批文物,前几年曾在内部陈列展出,现存南京大学。

(原载《过去的大学》,同心出版社,2011年)

南京大学历史回忆

陈中凡

南京大学过去 60 年的历史，可分为两个阶段：第一，从 1902 年到 1920 年，是师范教育时期。它是在 1900 年庚子之变，1901 年辛丑和约之后创办的。先叫"三江师范"，后改为"两江师范"。当时满清严正声明规定的教育宗旨是"忠君、尊孔、尚公、尚武、尚实"五项。他们的原则是"中体西用说"，"以中国经史之学为基础，养成忠君爱国的观念；再以西学启其智识，练其技能。"前两项宗旨是"中体"的具体条件，后三项是"西用"的分项说明。其用意不外拥护旧礼教来防止革命，及摹拟西方资本主义国家的公民教育、军国民教育，及实利教育、务期教育为满清王朝统治服务而已。

其课程设施，第一是"伦理学"，宣传忠君。而任课的曹先生开口就是"所以"，故学生呼之为"曹所以"。第二是"经学"，宣传孔教。任课的是满族人崇朴，学生呼之为"崇圣人"，把他们作为嘲弄的对象，其教学效果可以想象了。学科分"公共科"一年，"分类科"四年，"专修科"二年。学生除入各学科钻研课程而外，其思想前进的多参加"光复会"、"兴中会"

等地下组织，故于1909年发起剪发，学校无法阻止。到1911年辛亥革命，全校学生无不欢声雷动，纷纷参加江浙联军，或到各地运动起义，作为这期教育的结束。

民国以后，改办"南京高师"，由1913年到1921年，共有八年的历史。1912年南京临时政府教育部颁布的教育宗旨："注重道德教育，以实利教育、军国民教育辅之，更以美感教育完成其道德。"他们认为"忠君"与共和政体不合，"尊孔"妨碍信仰自由，故改为"道德教育"，而所谓"美感教育"者，不过是抽象的道德。其余"实利教育"就是"尚实"，"军国民教育"就是"尚武"，遗弃了"尚公"的公民教育，更缺乏民主教育的精神。

袁世凯帝制自为，于1913年重订教育宗旨为"爱国、尚武、尚实、法孔孟、重自治、戒贪嗔、戒躁进"七项。把中小学"修身课"、高等学校"伦理课"改为"读经科"，恢复清代教育精神，务期教育为封建军阀服务。到1919年北京学生发起五四运动，南高学生热烈响应，绝大多数起来参加，表现出要求民主的激情，结束了这期的教育。

第二，从1921年到现在为大学教育时期。由东南大学、中央大学到南京大学，凡四十二年。五四新文化运动以后，教育界要求改革学制。时美国的资产阶级学者杜威来华讲演，说："教育界本身无宗旨。"于是全国教育会联合通过决议："废止教育宗旨，宣布教育本义案。"其实施项目：一、适应社会之进化；二、发挥平民教育精神；三、谋个性之发展；四、注重生活教育；五、注意国民经济力。高等学校注重"发展个性"，遂实行选科制，各系于必修课外，任选辅修科。遂改德、日式的军国民教育为美国式的自由主义的教育。

其时教育界的指导思想，在地下共产党领导之下的左翼一派，以反帝和反封建、科学与民主为号召；而右翼的思想则纷纭复杂，甚形混乱。兹举其较为显著的，则以东南大学和北京大学为代表，它们以立场观点不同，形成对立的两派。北大提倡新文学，主张用现代人的话写现代人的思想的文学，反对用死的话写死人的思想的文学，叫做"人的文学"。时胡适以官僚买办资产阶级立场、观点看中国古典文学，说："古代小说的文学工具是用白话写的，所以是文学；它们的思想实在不高明，够不上人的文学。"其前者陷于形式主义，后者是虚无主义，都是不正确的。东大西洋文学系的梅光迪、吴宓共办的《学衡》杂志，标榜人文主义，主张文学须用古典古语做工具，上承古代生活的真际，反对白话文，并进而反对新文化，时人目之为"学衡派"。

北大钱玄同、顾颉刚对史学主张疑古，以为古史上的三皇五帝多为堆积式的人物。这仅是消极的治史学的方法，至于怎样积极地利用地下发掘的材料来考古，他们尚未考虑到。东大历史系的柳翼谋则主张信古，以为古代的传说都是真实可信的。他既反对疑古，对于从地下发掘的石器、青铜器来考察古代人类的生活，他也反对，说：用一块砖头一片瓦谈古史，是荒诞无稽之谈。

上述东大和北大南北对立，近似流派争鸣。实则胡适的见解并不能代表北大，却有它的社会背景，不过是半殖民地思想意识的反映；柳翼谋、梅光迪也不能代表东大，而为半封建思想意识的反映。

东南大学的普遍学风，则在一班老年好学的教师，如秉志（农山）于动物学、张子高于化学、熊庆来（迪之）于数学、竺可桢于气象学、及吴梅（曲广）于中国词曲，都是笃实钻研，孜孜不懈，竭毕生的精力，从事专业的探讨，不轻易发表议论。同学如吴有训、金善宝等，那就不胜枚举了。

再就我所主持的国文系说，预科开设有各体文选，书目学：一年有历代散文、文学史、文字学；二年有历代诗选、音韵学；三年有两宋词选、词学通论；四年有元曲选、曲学通论。任教的先生都从事编选教材和讲稿，认真教授，学生也认真学习，有死读书之称。而进步的青年遇到1925年的"五卅运动"、"三一八运动"，也不放过所有的机会，借以锻炼自己，警告敌人，其追求民主的意志是坚强的。

1927年蒋介石叛变革命，在南京成立国民政府，实行法国制的大学区，一度改东大为第四中山大学。不久便废除大学区，改名"中央大学"。

当时大学院召集第一次全国教育会议，确定"以三民主义教育"为宗旨，务期"民族独立，民权普遍、民生发展、以促进世界大同"，这仅是敷衍门面的法令而已，实则蒋介石要实现专制独裁政治，便想统治教育，统治思想，特提出一个党、一个主义、一个领袖的口号。所谓"一个党"者，既不是那时国民党的左派和右派，而是他所亲手培植为自己利用的法西斯特务组织；所谓"一个主义"，也不是三民主义，而是他的法西斯独裁主义，人称之为一民主义——民死主义；所谓一个领袖，当然蒋介石本人，居之不疑了。乃特派他的心腹人物罗家伦、朱家骅等为校长，便于控制。迭次遭到学生的反对,蒋曾亲自出马,身兼校长,亲手来控制、迫害进步师生,使他们不能安于其职。在这样严密的防范之下,1935年"一·二九"、"一二·一六"等爱国抗日运动,进步力量所领导的大多数学生还是不怕任何牺牲,奋起参加,展开激烈的斗争。1946年后,反迫害、反饥饿、反内战等运动不断地进行,"五·二〇"更是突出的表现。

1949年解放以后,在共产党的领导下,我们已经把帝国主义的势力驱逐出大陆以外,把封建地主根本肃清,实现了新民主主义的政治,并于短期内即告完成,更向社会主义社会迈进,从事伟大的社会主义建设。我们全体师生历年所期望达到的四大目标,已经达到前三大项目,现在就着重第四项钻研科学了。

回忆我校60年的历史,前18年师范教育的时期,本校培养的师资,对东南几省的国民教育是有贡献的。后42年的大学教育,对各种科学也有相当的贡献,这是和60年来笃实钻研科学的学风是分不开的。我们现在为了加紧建设社会主义,应当继承并发扬这种优良的传统,那就是实事求是地刻苦钻研的精神,来建设教材,打好深厚的基础。在这深厚的基础之上,本着理论结合实际的原则,教育与生产劳动相结合的原则,努力培养为无产阶级政治服务的人才,从事社会主义建设,这就是我对本校60周年纪念从回忆过去所想到的一点体会。

(原载《新华日报》,1952年5月24日)

[作者简介]

陈中凡(1888—1982年),原名钟凡,字斠玄,号觉无,江苏建湖人。著名文学家。1907—1911年就读于两江师范学堂,受业于李瑞清、缪荃孙、陈三立诸名师。1914年考入北京大学哲学系,1917年毕业后留校工作。1919年在北京女子高等师范兼课,并任国文部主任。1921年南下就任国立东南大学教授兼国文系主任。1926—1928年任金陵大学教授,1935—1949年任金陵女子文理学院教授。1952年起任南京大学教授。1954年起聘为江苏省文史研究馆副馆长、馆长。陈中凡治学根基深厚,从研究书目学、诸子群经到文学批评史,以及先秦、两汉、隋唐五代、宋元金文学史。建国后致力于中国戏剧史的研究,在文学、历史学、哲学乃至目录学、古文字学、教育学、艺术史诸方面均有建树。早在20年代,他出版了我国第一部《中国文学批评史》,此后数十年内出版有《诸子书目》、《经学通论》、《诸子通谊》、《中国韵文通论》、《周秦文学》、《汉魏六朝文学》、《两宋思想述评》以及《中国民主思想发展史》、《民主与教育》等十余部专著。

高等学校应当成为"知识分子劳动化"的熔炉

郭影秋

自1958年9月中共中央、国务院发布《关于教育工作的指示》至今,已经整整两年了。在这两年中,我国的教育事业在党的"教育为无产阶级政治服务,教育与生产劳动相结合"方针的指导下,进行了深刻的革命,取得了辉煌的成绩,教学质量有了显著的提高,广大师生的精神面貌起了深刻的变化,他们正沿着"知识分子劳动化"的康庄大道继续大踏步迈进。

脑力劳动和体力劳动的分离和对立是生产资料私有制、阶级社会的产物。在阶级社会中,劳动人民被迫从事繁重的体力劳动,而所创造、积累的科学和文化却为统治阶级及其知识分子所攫占,劳动被视为羞耻的事情,劳动者被视为最卑贱的人,"劳心者治人,劳力者治于人"则成了剥削阶级的天经地义。要实现人类伟大的理想——共产主义,必须消灭一切剥削阶级、剥削制度及其残余,因而,消灭脑力劳动与体力的差别是无产阶级的共产主义建设的任务之一,是马克思列宁主义的基本原理之一。

早在100余年以前,马克思和恩格斯在第一个马克思主义的纲领性文献《共产党宣言》中指出：消灭脑力劳动与体力劳动的差别的根本途径在于"将教育同物质生产结合起来"。列宁坚持了这个原理，在《民粹主义空想计划的典型》一文中写道："没有年轻一代的教育和生产劳动的结合，未来社会的理想是不能想像的。"毛泽东同志坚持、保卫了上述马克思列宁主义的原理，早在1934年，他就明确地指出：苏维埃文化教育的总方针"在于使文化教育为革命战争与阶级斗争服务，在于使教育与劳动联系起来，在于使广大中国民众成为享受文明幸福的人"。1958年党中央总结了我国多年来的教育实践的经验，明确而系统地提出了"教育为无产阶级政治服务，教育与生产劳动相结合"的共产主义教育方针，从而进一步发展了马克思列宁主义的上述原理。

"教育与生产劳动相结合"的教育方针之所以是共产主义的教育方针，首先在于它从根本上抛弃了几千年来"教育脱离生产"、"理论脱离实际"的剥削阶级教育原理，贯彻了"理论与实际相结合"的马克思主义教育原理，从而为提高教学质量，为社会主义、共产主义培养既有理论又有实际工作能力，既能从事脑力劳动又能从事体力劳动的建设干部提供了必要的保证。党的教育方针的这方面的意义，已经为我国两年来的教育实践所证实，并已为多数知识分子所认识和接受。但是，它的另一个更为深远的意义却为许多人所忽视、怀疑或非议，那就是它是一个实现工农群众知识化、知识分子劳动化的方针，是一个实现脑力劳动与体力劳动相结合的方针。

有些知识分子，他们否认知识分子劳动化的重要意义，片面地认为消灭脑力劳动与体力劳动的差别的途径，只在于提高工农群众的文化水平，只在于工农群众向知识分子看齐，而知识分子是无须自我改造，无须参加体力劳动的。这是一种错误的看法。抱有这种看法的人，不懂得生产实践的过程不仅是改造客观世界的过程，而且是改造主观世界的过程。知识分子不参加体力劳动，就不可能彻底改变自己的资产阶级世界观，就不可能彻底清除轻视劳动、轻视工农的思想，就不可能改变他们与工农群众之间的关系，因而就谈不上脑力劳动与体力劳动的结合。

还有一种"理论"片面地认为：脑力劳动与体力劳动的差别既然是社会的一定生产力水平的产物，那么只要把社会生产力提高到相当的高度，它就会自行消灭，它与知识分子劳动化无关。这是一种否认意识能动作用的机械论观点。他们不懂得，意识落后于存在，鄙视劳动，轻社工农群众的资产阶级思想不经过斗争是不会自行消灭的，而作为社会主义上层建筑的一部分的社会主义教育，它的主要任务之一，就在于消灭一切剥削制度及其残余，其中包括消灭脑力劳动与体力劳动的差别，从而为实现"各尽所能，按需分配"的共产主义社会创造条件。

否认知识分子劳动化的理论虽然是形形色色的，但是它们的基本思想却是一个，反对知识分子参加体力劳动。不言而喻，这是一种资产阶级观点。林枫同志在全国文教群英大会上说："如果我们在将来普及了高等教育，但是培养的人不能参加体力劳动，那就只有亡国，难道我们还能到别的星球上去找一批奴隶来代替我们挑粪种地吗？"这是对种种否认知识分子劳动化的理论的有力驳斥。高等学校是知识分子集中的地方，它负有促进知识分子劳动化的重任。那么，应该怎样来促进知识分子的劳动化呢？

首选，应该积极组织广大师生参加生产实践、劳动锻炼。劳动锻炼是改造知识分子世界观、促进知识分子劳动化的根本途径，知识分子只有通过生产实践才能深切体会到劳动的伟大意义，只有在生产实践中与工农群众直接接触，才能深切了解劳动人民的丰富智慧和高贵品质，才能接受劳动人民的熏陶和教育，从而逐步抛弃资产阶级的思想感情，树立起劳动人民的思想感情，从根本上抛弃资产阶级世界观，树立起无产阶级世界观。

其次，组织广大师生参加社会主义革命的建设。当前我国社会主义革命和建设已经进入了技术革命和文化革命时期，这是广大知识分子为社会主义、共产主义贡献自己的才能和知识的大好时机，也是他们在各项工作中锻炼自己、改造自己的大好时机，因此，组织他们到热火朝天的社会主义建设中去，到轰轰烈烈的群众运动中去，把他们的业务与实践结合起来，服务与改造结合起来，在工作中培养他们的敢想、敢说、敢干的共产主义革命风格和不讲条件、不计报酬的共产主义劳动态度，是促使知识分子劳动化的另一种有效的方式。

第三，组织广大师生认真学习马克思列宁主义、学习毛泽东同志的著作。毛泽东思想是马克思列宁主义的普遍真理与中国革命、建设实践结合的光辉典范。是无产阶级社会主义革命时代全面发展了马克思列宁主义。学习马克思列宁主义必须与知识分子的思想改造结合起来，必须与批判各种各样的资产阶级唯心主义、形而上学观点和现代修正主义的观点结合起来，只有这样，他们才能通过理论学习，认识到马克思列宁主义的真理，树立起辩证唯物主义和历史唯物主义的世界观。

两年来，高等学校在促进知识分子劳动化的工作上已经取得了显著的成绩。首先，广大师生已经开始认识到劳动锻炼的重要意义。积极参加劳动已经成为广大师生的自觉行动。劳动光荣、热爱劳动的风气在学校已经形成，许多过去怀疑知识分子劳动化的人，今天成了劳动的热情的歌颂者，许多教师自觉地走出自己的小天地，同青年、工农群众一起，投入了劳动的行列。其次，生产劳动列入了正式课程，生产劳动同教学、科学研究相结合的经验和制度已经总结和建立，生产劳动已经经常化和制度化，生产劳动、教学、科学研究得到了全面的高涨。第三，通过生产实践以及同工农群众的联系和接触，提高了广大师生的思想觉悟，培养了广大师生的鲜明的阶级感情和劳动人民的优良品质。改变了他们过去脱离生产、脱离实际、脱离群众的落后状态，缩短了他们与劳动人民之间的距离，从而使他们在知识分子劳动化的道路上向前大大跨进了一步。不少教师和学生，通过劳动的锻炼和考验，光荣地加入了中国共产党。

但是，这并不是说在知识分子劳动化的工作上已经没有问题了，知识分子的自我改造已经完全自觉了。必须看到几年来知识分子的进步是不平衡的，他们中的一部分人自我改造的自觉性很高，不仅在思想上懂得了知识分子劳动化的必要性和迫切性，并且在行动上能积极、自觉地投身于生产劳动和工农群众中，认真地改造自己。他们是知识分子劳动化行列中的先锋。另有相当多的人，虽已认识到了知识分子劳动化的必要性，但在行动上还畏难怕苦，情绪上时高时低，对于这些人应该积极鼓励，耐心帮助，要帮助他们认清形势，鼓励他们继续跃进。至于对劳动锻炼抱有抵触情绪的人，在现在只是极不数，对于这种人也同样应该耐心等待，积极帮助、教育。

知识分子劳动化的过程就是改造知识分子的世界观的过程，世界观的改造是长期、曲折、反复的。毛泽东同志说："社会主义和资本主义之间的意识形态方面的谁胜谁负的斗争还需要一个相当长的时间才能解决，这是因为资产阶级和从旧社会来的知识分子的影响还要在我国长期存在，作为阶级的意识形态，还要在我国长期存在。"这说明改造知识分子世界观的艰巨性和长期性。因此，每一个知识分子必须认清当前的大好形势，鼓足干劲，积极、自觉地投身到生产劳动中去，投身到社会主义革命和建设的群众运动中去,认真学习马克思列宁主义、学习毛主席著作,尽快地把自己改造成为一个又红又专的工人阶级知识分子。

  两年来,高等学校在贯彻党的教育方针、促进知识分子劳动化的工作方便,已经取得了显著的成绩,但是这项工作才刚刚开始,我们必须以不断革命的精神,在已有成绩的基础上,再接再厉,把学校变成为"知识分子劳动化"的熔炉,为祖国培养出更多的工人阶级知识分子。

(原载《新华日报》1960年9月28日)

[作者简介]

  郭影秋(1909—1985年),江苏铜山人,1930年考入江苏教育学院,毕业后在沛县中学教书期间秘密加入中国共产党,后在湖西抗日根据地开创了湖西中学。从解放战争起,郭影秋历任中国人民解放军第十八军政治部主任、川南行署副主任、新中国云南省首任省长。1957年,郭影秋任南京大学校长兼党委书记。1963年任中国人民大学副校长兼党委书记,"文革"后,郭影秋为人民大学复校工作奔走呼告,为我国的教育事业殚精竭虑,是一位深受爱戴的教育家。

纪念南京大学建校六十周年

郭影秋

今天是南京大学建校60周年的纪念日。60年来,南京大学所经历的道路是曲折的。在此期间,中国人民同帝国主义和国内反动派进行了激烈的斗争,终于在中国共产党的领导下,取得了新民主主义革命的胜利。解放以后,又在我国的社会主义革命和社会主义建设事业中取得新的胜利。与此同时,南京大学也经历着自己的发展过程:由1902年创办的"三江师范"(后改为"两江师范"),到1915年的"南京高等师范学校",1923年的"东南大学",1928年的"中央大学",1949年以来的"南京大学"等几个发展阶段。今天的南京大学,是其发展史上的一个崭新阶段,也是最生动、最活跃、最富有生命力的阶段,它已经被改造成为一所为无产阶级政治服务的新大学。在这个有意义的日子里,回顾过去,展望将来,我们感到十分欣慰,同时也感到任重道远,需要继续努力。

南京大学的前身"三江师范",是在1902年即光绪二十八年创办的。它是清末的"废科举,兴学校"运动中,在我国南方最早建立的高等学校之一,是中国资产阶级的新文化和封建阶级的旧文化尖锐斗争的一种反映。它的诞生，在当时，虽然是封建统治阶级中的一部分人想借以富国强兵，用以挽救其垂死命运的一根救命草，但在实际上却起着同中国封建思想作斗争、为中国资产阶级民主革命服务的进步作用。后来在五四新文化运动的传播和影响下，"南京高等师范学校"作了一些改革，如开放女禁，增设新的学科和新的课程等等，这所学校有了一些新的发展。尽管在军阀混战时期，学校在政治上受压抑，设备条件很简陋，少数为反动统治阶级所利用的学阀、"文士"，幻想凭借这所学校同新文化运动相对抗，然而多数的师生仍然是勤勤恳恳地做学问，保持了严谨治学和艰苦学习的风气。它在教学和科学研究上有过一定贡献，培养出一批有很高造诣的知名学者，为国家积累了教育经验和科学文化知识。

从1927年"第四中山大学"（后改中央大学）成立起，直到1949年南京解放为止，在这一历时22年的时期里，是这所学校最最困难的时期。国民党反动派对这所"辇毂之下"的高等学校直接管理，实行特务控制，有一个时期蒋介石还亲自担任"中央大学"的校长，其目的自然是为了要把这种学校建成为反动统治阶级务的得力工具。这一时期，学校教育主要是抄袭欧美资产阶级的一套，美、英等帝国主义也通过国民党反动派极力散布他们的反动影响：如"国际联盟"、"洛克菲勒基金会"、"中英庚款董事会"、"中德文化教育基金会"等组织，都曾在"中央大学"开设过讲座，进行文化侵略活动。帝国主义的文化侵略和国民党的反动统治，使这所大学受到极为严重的折磨。

应该指出，在那最最困难的22年里，虽然国民党反动派用尽一切镇压手段，想来奴役这所学校，但是由于广大爱国师生的反抗，它的反动阴谋并没有完全得逞，不少教师和广大学生，在中国共产党的影响下，不满国民党的反动统治，有着强烈的反帝、爱国要求，在历史的严重关头，敢于挺身而出和国民党反派进行斗争，早在1931年"九·一八事变"和1935年"一二·九"学生运动以后，中央大学和金陵大学部分学生，就曾经组织"秘密学联"，领导着南京的大、中学生，冲破过国民党特务的重重包围，英勇地投入了要求抗日、停止内战的示威游行。1944年，当蒋介石的投降内战政策发展到极为严重的时候，中央大学的共产党员，曾经团结进步青年组织"救亡会"，提出"和平、民主、到抗日前线去"的口号，发动群众斗争。1945年3月，在中国共产党的领导下，中央大学"新民主主义青年社"成立了，统一了革命青年的组织与领导，接着于 1946 年 1 月，在蒋介石的脚底下（重庆）组织了"一·二五"示威大游行，同年 5 月，又参加了著名的"反饥饿、反内战、反迫害"的学生运动，和蒋介石展开面对面的斗争。这些斗争，虽然遭到国民党反动派的残酷镇压，但却赢得了蒋管区广大人民的同情，为开辟整个人民反对美蒋反动派的第二条战线，贡献了力量。

今年，我们在区别新旧大学发生根本变化的同时，必须珍惜这些严谨治学和反帝、爱国、民主的光荣传统。

1949 年南京解放，这所大学开始获得自己的新生命。解放伊始，人民政府接管了这所旧大学，以后又经过院系调整，和金陵大学的一部分合在一起改造成为科系比较齐全的南京大学。从此，南京大学便结束了它的旧生命，变成为一所为社会主义服务的新型大学。解放 13 年以来，我们师生数量有了很大发展，教学质量也在不断提高。1953 年进行了教学改革，学习苏联的先进经验；1957 年进行了整风反右派的斗争，改变了学校的政治面貌。在政治战线、思想战线取得决定性胜利的基础上，从 1958 年开始，贯彻执行了党的"教育为无产阶级政治服务，教育与生产劳动相结合"的方针。这个方针是完全正确的方针，几年来，在党的领导下，在三面红旗的光辉照耀下，全校师生意气风发，以史无前例的政治热情，进行着建设社会主义大学的艰巨试验，取得很大的成绩，也取得宝贵的经验。随着形势的发展，南京大学已和全国兄弟高等学校一样，进入我国高等教育事业发展的一个新时期。

我校 13 年来的主要变化是：

第一，贯彻执行了党的教育方针，确立了党在学校的领导。几年来，学生中的工农成分不断在增长，在党的不断教育下，师生的思想政治面貌有了很大的变化。全校师生努力学习马克思列宁主义和毛主席著作，自觉地进行自我改造；参加劳动实践，接近工农人民，对劳动观点和群众观点有了新的认识；绝大多数人都在认真教学，踏实学习，明确了为人民服务的思想，决心走又红又专的道路。

第二，教师人数增长了四倍多，新教师大批成长起来，他们通过教学和科学研究的实践，业务水平有了一定的提高。不少青年教师在教学和科学研究方面作出了贡献，成为教师队伍中大有希望的新生力量。老年教师也有很大进步，他们在教学和科学研究上起着带路作用和示范作用，不少老教师除掉担任教学任务以外，还在继续探索着新的课题，并着手整理自己多年的研究成果。

第三，根据国家需要和学校可能，一批新专业从无到有地建立起来，老专业也得到适当的巩固和发展，新老专业相结合，初步形成了我校的特色。目前我校的12个系，30个专业和64个专门化，已经有了自己的师资力量，开设了必要的课程，明确了发展方向，为今后的充实和提高打下了基础。

第四，基本建设和教学设备有了很大的增加，与1952年院系调整时相比，学校教学用房和生活用房增加了2倍，图书增加了64万册，各种仪器增加了6倍，实验室增加了6倍。虽然这些条件还赶不上学校发展的需要，但是，它已为教学和科学研究创造了远较过去任何时期还好的物质条件。

以上这些条件，大大有利于出人才、出科学产品。以培养人才而论，过去12年毕业的学生共达5900多人，为解放前47年来同科毕业生的2倍多，这些毕业生分配在全国各地，正在为我国的社会主义建设事业辛勤地工作着，在科学研究方面也取得了不少成果。

上述这些变化和成就，是过去历史上任何时期所不能比拟，只有在社会主义制度下才有可能。党的教育方针为我们指明了方向，社会主义制度为我们提供了发展和提高的条件，我们遵循着党的教育方针，继续前进，必将使学校教育事业获得更大更好的成果。

但是，我们也深切地理解到，要正确地贯彻党的教育方针，办好一所社会主义大学，还是一个需要长期努力的艰巨任务。我们的经验还不足，还需要认真地学习。学习一切有用的经验，通过学习和实践，不断地提高我们的认识水平。为了争取在不太长的时期内，把我校建设成一所具有先进科学水平的综合大学，当前我们要做好下面三项工作：

一、切实加强基础理论和基本知识课程的教学

几年来，学校的教学有了很多的变化，增设了许多新的专业和专门化，开了许多新的课程。目前需要在发展的基础上，加以巩固、充实和提高。为此，需要加强某些薄弱环节，调整教学计划，使基本理论和基本知识课程的教学切实得到加强。在文科，要重视阅读、写作、资料工作、调查工作和使用工具书的训练。理科要加强生产实践、实验、运算、绘图和基本操作的训练。通过这些训练,使学生在基础理论、基本知识和基本技能方面,打下一个扎实的基础,在这个基础上,继续培养他们独立思考和独立工作的能力。业务教学上是这样,在思想政治教育上也应该是这样。思想政治教育,除了应该进行经常的形势任务教育以外,对学生也要进行政治上和思想上的教育。要有步骤、有计划地进行马克思列宁主义的基本观点的教育、爱国主义和国际主义的教育、共产主义道德品质的教育。这些教育必须是说理的、理论与实际密切结合的、生动活泼的,而且应该是贯彻到学生的日常生活中去,使他们如沐春风,逐步地培养共产主义的道德品质。

二、正确贯彻"双百"方针,努力提高科学水平

提高教学质量的重要途径之一,是在学校积极开展科学研究,凡是教学已经过关的单位,都要加强科学研究工作。通过科学研究,可以探索新的科学领域,可以提高研究能力和科学水平,可以养成严谨踏实的治学态度。也可以用研究成果不断丰富教学内容,为了使科学研究工作进一步开展,当前的主要问题是正确贯彻党的"百花齐放、百家争鸣"的方针,提倡学术上的自由讨论,使各种学术见解互相尊重、互相合作、互相学习。科学工作是老老实实的事情。从事科学研究,必须敢于坚持真理又勇于修正错误,必须有刻苦钻研的治学态度和实事求是的科学精神。学校是以教学为主的,对各项教学和科学研究任务要作妥善安排;老年教师的专长要充分发挥,对他们从事研究所需要的条件应该予以支持;按照学校的惯例,把每年的"五二〇"作为全校性的学术活动节,必要的时候,还将视为我们力所能及,有重点地设置一些研究机构。这样坚持下去,争取逐步取得更好的学术成果,并培养出具有一定科学水平的师资队伍。

三、加强团结、克服困难,做好工作

过去,我们的团结基本上是好的,以后要团结得更好,我们要继续搞好党与非党的团结,师生之间的团结,青年、老年教师之间的团结。在学校里工作的共产党员,应该坚决贯彻党的方针政策,特别是知识分子政策,努力提高自己的政治觉悟和思想水平,戒骄戒躁,谦逊谨慎,虚心学习,和党外人士长期合作共事,并帮助他们

在工作上做出成绩。在教学和科学研究工作中，必须发挥老年教师的作用。学生要尊敬师长，教师要关怀和严格要求学生。青年、老年教师应该紧密团结。青年教师要尊敬老教师，虚心向老教师学习，老教师要把自己的学术专长和教学经验传授给青年教师，彼此取长补短，共同提高。只要我们努力学习马克思列宁主义和毛主席著作，不断地争取进步，互相帮助，互相学习，自觉改造，我们就能够团结得更紧密，就能够胜利地克服种种困难，在工作上做出更大的成绩。

解放13年以来，我们取得的成就是显著的，这是我们继续前进的基础，展望将来，还有更多的工作需要去做。南京大学的全体师生员工，决心在党和人民政府的领导下，更高地举起总路线、大跃进、人民公社三面红旗，坚持党的教育方针，同心同德，勤俭办学，鼓足干劲，发愤图强，为培养质量更高的社会主义建设人才，为搬掉横在我们面前的经济贫穷与文化落后这两座大山而努力。

（原载《新华日报》，1962年5月20日）

回忆与展望

韩儒林

每当我跨进宽敞明亮的元史研究室,每当我看到年轻同志孜孜攻读的情景,每当我与同志们一起筹划未来元史研究的规划时,我的心情总是很不平静的。在庆祝建国三十周年的日子里,抚今追昔,更是感慨系之。

我从事蒙古史元史研究快五十年了。五十年,这在漫长的历史长河里只不过是"弹指一挥间",然而,这期间整个社会却经历了天翻地覆的变化。蒙古史元史这门科学的兴衰,也是随着整个时代的脉搏跳动的。

二十年代我在北京大学念书时,那是军阀混战,社会动荡不安的岁月。后来,北伐胜利了,却换来了蒋介石的独裁统治。尽管我国有极其丰富的蒙古史元史典籍,前代学者也作过不少研究,但在国民党统治时期从事蒙古史元史研究的人却寥寥无几。当时我很喜欢读边陲民族和中外交通方面的史书,但是读中国老前辈学者的著作,却如同堕入云里雾中摸不到方向,偶尔读了外国学者的著作,如同进入了一个天朗气清的新天地。因此,我觉得必须跳出旧史学的框框,接受西方治学的方法。由于我当时还年轻，说话不检点，常常评骘中外学者的著作，议论其得失，这就触怒了我当时常接触的史学界权威，他们有的说："中国学者读外国人研究中国的文史著作，不免言之可耻。"有的说："我治学四十年，读经只敢说懂得十分之四，读史只敢说懂得十分之六。我不知道一个外国人读过几本中国书，能懂多少？"他们都是位高望重的著名学者，我这个大学才毕业的后辈自然不敢抗颜争论，只是心中暗想：你们太保守了，假如你们的思想能解放一点，肯低头读点外国同行的著作，决不致于发表这样的议论了。

后来在史料方面，我见到了更多的域外古籍，在学习方面，接触些国际著名的专家学者，深感研究学问不面向世界是不容易进步的。我阅读外国学者著述日多，兴趣逐渐收缩在元史和西北民族史的范围之内了，我开始购置这些方面的专门书籍，准备一步步进入深入的研究。可是"七・七事变"突然爆发了，为了逃避日寇只得离开北京逃往西南了。在八年抗战期间颠沛流离，穷病交加，书籍也大半散失。直到全国解放，才结束了这种狼狈的生活。

新中国成立后，长期盼望的和平治学环境实现了。党和政府对科学事业十分关心和支持。特别是一九五六年党发出向科学进军的号召后，我从个人单干发展为一个元史研究室，校图书馆为我们提供了馆藏有关书籍，学校专门拨出经费为我们提供科研条件，我作为中国元史蒙古史的工作者也不断和外国的同行们进行学术交流和讨论。以后我们元史室承担若干项国家任务，特别是在北方民族历史地理领域里作出了不少有益的工作。

罪恶滔天的林彪、"四人帮"使我们的工作中断了。使我最痛心的不是我个人所受的追害和摧残，而是我们的研究工作整整被耽误了十年！一个人一生能工作的时间，有几个十年啊！在林彪、"四人帮"横行期间，外国书刊被一刀砍光，以致我们对国外研究成果茫然不知；我们的研究人员被拆散，业务进修中断，研究水平自然远远落后于外人了。

"四人帮"粉碎后，对我来说是研究元史的道路上开始了新的历程。我这个年逾古稀的老人似乎病也少了，工作的劲头也大了。学校领导对我们元史室的工作十分支持，不仅使我们能够补充图书资料而且鼓励我们出版《元史及北方民族史研究集刊》。我们的研究队伍正在壮大，在老年中年和青年同志的密切配合，共同努力下，希望将以更多的研究成果贡献给伟大祖国的科学文化事业。

(原载《南京大学报》，1979年10月23日)

[作者简介]

韩儒林(1903—1983年)，河南舞阳人。历史学家、蒙古学家。九三学社社员，1958年加入中国共产党。1930年毕业于北京大学哲学系。后赴比利时、法国、德国留学。1936年回国后，历任燕京大学、辅仁大学历史系讲师，北平研究院(昆明)史学所副研究员，华西大学历史系教授，边疆语文编译委员会(重庆)副主任，中央大学历史系教授兼边疆政治系主任。1946年兼任中央研究院历史语言研究所研究员，并在东方语言专科学校兼课。1949—1982年，任南京大学历史系主任，其间于1965年任内蒙古大学副校长兼蒙古史研究所所长。50年代以后，他以大量精力从事教学行政、史学研究的组织和人才培养工作，但学术研究仍未停辍。1956年，创立南京大学元史研究室。1977年，创办《元史与北方民族史研究集刊》。又与翁独健等一起倡议建立了中国蒙古史、元史和中亚文化研究会。著有《穹庐集》、《韩儒林文集》，主编《中国大百科全书·中国历史·元史分册》、《元朝史》等。

高校怎样才能建成"两个中心"
——我的一点意见

戴安邦

　　实现四个现代化科学技术是关键，而教育则是基础。高等学校承担着培养各种专门人才的任务，这个任务完成得如何，直接影响四个现代化的速度和水平。邓小平同志提出，要把大学办成既是教育中心，又是科学研究中心。我体会，这就是高等学校的光荣职责。

　　大学必须成为科研中心，这是由于高等教育和科学研究是互相依赖，互相促进，密切相关的。科研本身就是培养人才的一个重要手段。高校培养的学生，如果光有书本知识，而没有从事科研的能力，那就很难适应现代化建设的需要。学生从小学到中学、到大学，掌握了必要的基础知识和基本技能，教师就必须把他们进一步带领到研究领域，让他们参加研究工作，这是培养科研能力的有效方法，既培养科学人才，又出科研成果。对教师来说，不从事科学研究，就很难有新的教材，就不能提高教学质量。教师自己不搞科学研究，又如何能训练学生的科研能力。大学已被任命为科研的一个重要方面军。大学师生就是这个方面军的指战员。在大学里有各种不同的学科，互相配合，协同作战，有较好的基础和条件，可以为科学技术的发展作出重大贡献。在国外，许多重大的科学发现，特别是基础性的重大成果，都是在大学里产生的。现在对大学的科研工作还重视不够，表现在订计划、拨资金、分配仪器设备上。应该迅速改变这种状况。

对于理工科大学的科技研究，敬爱的周总理早就指出，应当是基础研究与应用研究二者兼而有之。作为综合性大学应该侧重于基础理论方面的研究。科学研究可以有少数课题，有目前看来似乎和生产实际无直接关系，但是属于基础学科的研究，应可进行。科学技术史上有不少重大发明，在当时还看不出有什么意义，可是在若干年后，却酿成了一场重大的工业革新。电磁理论的研究就是一个例子。因此，应当允许有些科学研究按其学科的规律发展，作为社会资源的储备。当然，这类研究应该是少数，极大多数的研究应是结合生产实际进行的。

要把高等学校真正办成教育的中心，必须努力提高教育质量。目前，在教学过程中难免有一种偏向，就是不讲究教学方法，使劲地向学生灌注业务知识。实际上，自然科学的教学，不仅要使学生学到科学知识与技能，而且也要学到科学思维方法，也就是辩证唯物主义的方法。而辩证唯物主义的学习，主要是通过教学方法学到的。因此，我们的教学方法必须符合毛主席倡导的认识论，由感性认识到理性认识，又由理性认识指导实践，即实践、认识、再实践、再认识，不断循环往复，由浅入深，由简到繁，由现象到本质，由宏观到微观。这样，使学生不仅学到的内容有系统，而且在学习过程中学会了科学的方法，培养了发现问题，分析问题，解决问题的能力，成为高质量的专门人才。

为把学校真正办成两个中心，我提出以上一点意见，和大家讨论。我要以余生的全部精力，为早日实现祖国的四化而努力奋斗。

（原载《南京大学报》，1979年3月21日）

[作者简介]

戴安邦(1901—1999年)，江苏省镇江人。无机化学家、化学教育家，是我国配位化学的奠基人之一。1924年6月从金陵大学农科毕业，获理学士学位,因学习成绩全优,荣获金钥匙奖。同年留校任教。1928年获中国医学会奖学金赴美国哥伦比亚大学化学系深造,其间被选为美国荣誉科学学会会员。1931年6月,获博士学位,回国后任金陵大学副教授,1933年任教授。1932年,发起并参与中国化学会,1934年任金陵大学理学院化学研究所主任。创办中国化学会《化学》杂志,任总编辑兼总经理。1938年随校西迁四川成都,任化学系主任。1952年任南京大学教授,1952—1985年任化学系主任。1980年11月当选为中国科学院化学学部委员(院士)。1985年创办中国化学会《无机化学学报》,并任主编。

把青春献给地质事业
——写给地质系一年级大学生

郭令智

地质系一年级大学生们：

在你们开始大学生活的时候，我作为一个有多年经历的地质工作者，想和你们谈谈我们的专业。

我们居住在地球上，地球为我们的生存提供了无尽的生活和生产资料，使我们在衣、食、住、行、工、农、医各方面都有着妥善的安排。无怪诗人亲切地称呼："地球，我的母亲！"假如你要问：地球是怎样来的？它又怎样发展？矿产资源埋藏在那里？怎样开发？庄稼所需要的泉水从哪儿找寻？工程建筑怎样才能经久耐用？海洋里的宝藏又怎样利用？如此等等的一系列问题，这些问题，都是地质学研究的范围。它将给你一把钥匙，让你打开地球的迷宫，为人类的物质文明贡献力量。

自从本世纪六十年代以来，现代科学技术迅猛发展，人类对矿产资源的开发，地质灾害（例如地震）的预报和预防，以及环境保护措施等的需求日益迫切。同时，自然科学各种学科相互渗透和相互交叉，已成为突破和开拓科学研究新领域的一个重要途径，特别是物理学、化学、数学，计算技术等应用于大洋和大陆深部的综合调查、研究，取得许多卓越的成果，开阔了人们的思路和眼界，变革了地质科学理论，对地球内部结构和外部动态变化的研究迈进了一个崭新的发展阶段。对物理学、化学、数学、生物学等的前景也开辟了更为宽阔的视野。我国领土辽阔，地质情况复杂，对解决若干重大的地球理论和实际问题都有着举足轻重的作用。许多国外地质学家或与地质学有关的边缘学科的专家也都渴望来华访问或工作。由此可见，我国的地质工作者对于地质科学的研究，在今后不长的日子里将会作出重大贡献。

建国三十年来，我国地质工作者，热爱专业，忘我劳动，为社会主义建设事业作出了重大贡献。主要有三方面：

一、开展了大规模的矿产普查和勘探工作，发现和评价了许多矿产资源。诸如煤、石油、铁、铜、铅、锌、钨、锡、铋、钼、磷、黄铁矿、稀有和稀土等矿床，其中大部分矿种的储量已进入世界前列。为实现"四化"提供了坚实的物质基础。

二、大大地提高了地质科学基础理论的研究程度，如古生物地史学、矿物岩石学、矿床学、构造地质学、地球化学、地球物理学等方面都迅速发展，取得可喜成果，有些已达到或接近世界先进水平。

三、拥有和研制成功各种先进的仪器设备和分析测试手段，诸如扫描电子显微镜、电子探针、穆斯堡尔谱分析、原子吸收光谱分析、中子活化分析、质子激发X射线分析等等，为微观和超微观研究提供了条件。并开展遥感仪器的研制和遥感技术的应用。

上述成就都标志着我国地质科学事业已达到了一个较先进的水平，是十分令人鼓舞的。

三十年来，我国的地质教育事业，也有很大的发展，为青年学生学习地质科学创造了极好的条件。其中有相当数量的由新中国培养出来的地质学家和地质工程师，正在科研、生产、教学战线上攀登高峰，为人类的福利而贡献出自己的力量，为宏伟的共产主义事业添砖加瓦。

我十分欢迎青年同学们参加到我们的队伍中来。我热情地希望你们：

1. 勇于实践，勇于创新。地质科学是实践性很强的学科，一切课题必须从地质事实出发，一切课题必须从地质事实出发，十分重视搜集第一性资料，然后才能准确地认识自然现象，进行综合分析，探索其规律性。不仅善于学习并吸取前人的科研成果，而且要敢于闯出新路，奋勇前进。

2. 刻苦学习，重视基础知识。前已提及，现代地质学已经大量地渗透了数、理、化方面的研究成果，因此，首先要学好数、理、化基础知识，让这些知识为地质学服务，以提高研究水平。另一个基础，是外语和地质学入门课（比如普通地质学、古生物地史学、矿物岩石学、构造地质学等）。这些学科对增强地质思维能力，综合考虑地质问题十分必要。在此基础上，才能由浅入深，触类旁通地向专门性较强的其他地质课程攀登。基础广博，才能走向尖端。

3. 树立献身于地质科学事业的精神。由于地质科学直接跟实现"四化"紧密相关，例如能源和资源就是发展国民经济的重要环节，与国家的前途和命运联系在一起。所以，学习地质科学，为"四化"而献身，有着无限的光荣感和自豪感。

青年朋友们！为了祖国美好的明天，把我们的青春献给壮丽的地质事业。

（原载《南京大学报》，1980年10月21日）

[作者简介]

郭令智（1915年— ），地质学家，中国板块构造和地体构造研究的重要开拓者之一。1938年毕业于中央大学地质系，成绩优异，遂留校任教。1939—1940年，在云南大学矿冶系任助教，担任《普通地质学》、《光性矿物学》的教学和野外实习辅导。1946—1949年，任台湾大学地质系副教授、台湾省海洋研究所副研究员。1947年春，作为我国首批赴南沙群岛的科学家之一，对南沙群岛进行了实地考察，并于1948年在《台湾大学学报》上发表文章，总结和论述了南沙群岛珊瑚礁的成因。1949年赴英国伦敦大学皇家学院进行科学研究工作。1951年回国后，任南京大学教授、南京大学地质系水文工程地质教研室主任。1978年任南京大学校学术委员会委员。1982—1984年任南京大学副校长、代校长及校务委员会主任。1983年任教育部地学学科评议组组长、地学规划组组长。1990年，被国家教委和国家科委授予全国高等学校先进科技工作者的光荣称号。1993年，当选为中国科学院学部委员（院士）。1998年,任中国科学院资深院士。1999年,获第六届李四光地质科学荣誉奖及香港何梁何利基金会地球科学奖。

把南大办成名副其实的
社会主义新型大学

匡亚明

　　切实坚持毛主席提出的阶级斗争、生产斗争和科学实验三大实践（或叫"三大运动"），就能在中国这块土地上彻底挖掉修正主义的根子，就能顺利推进社会主义建设，就能促进国际共产主义运动的发展。

　　但这三大实践（或运动）在高校来说，很多还是间接的，对我们来说，最直接的就是如何进一步办好南大的问题。反修学习成果、三大实践的精神，在我们来说，都要集中表现在办好南大上。因为南大是整个社会主义事业的一个有机组成部分，党和国家交给我们全校师生员工的具体任务，就是办好社会主义的南大。因此要求我们南大的所有师生员工都能热爱南大。办好南大，就是热爱社会主义、促进社会主义建设的具体表现。

　　为了办好南大，我们必须做好五件事：

　　（一）从政治上、思想上和资产阶级划清界限，不断提高思想认识，正确解决红专问题。

　　学校是搞文化、科学、知识的，搞意识形态的地方。我们是唯物论者，首先是"存在决定意识"，我们又是辩证唯物论者，我们又承认意识能够反过来作用于存在。物质产生精神，精神反过来又变成物质力量。为了办好我们学校，首先必须注意又红又专的问题，解决这个问题。

强调红是否会影响专呢？不但不会，而且只要处理得当，就能促进专的发展。我们是红专统一论者，我们提供和坚持又红又专的方向。

这个问题，过去谈得多了，这里就不多谈了。

（二）坚持勤俭办校精神。

一方面提倡艰苦朴素，另一方面又要根据必要和可能，逐步改善教学、科研、工作和生活条件，尤其要逐步改善教学和科研条件。现在教学和科研用房特别紧张，我们已将实际情况向教育部反映，争取明年能动工盖一个教学和科研大楼，明年不能盖就争取后年盖，仪器设备也应逐步补充解决。我们是唯物论者，不注意必要的物质条件，是不对的。另一方面，我们又必须坚持艰苦奋斗、勤俭朴素的优良传统，厉行节约。节约应从实际出发，应是在保证必需、保证必要质量前提下的节约。我们任何时候都提倡这一种节约。

（三）在民主集中制基础上充分发扬民主，加强团结。

"双面问题"，工作中主动性、创造性问题，都与发扬民主问题密切相关。只有怕真理的人，才怕民主。

发扬民主就要允许发表一些错误意见，从某种意义上可以说，有错误才会有正确。

（四）学风、作风和校风问题。

学风——革命精神与科学精神相结合；雄心大志与埋头苦干相结合；三敢与三严。

作风——1. 密切联系群众，有事与群众商量，对上级和对群众负责相统一；走出办公室，主动解决问题，反对官僚主义。

2. 开展批评与自我批评，从善如流；反对高傲自大，学习兄弟学校的经验。

3. 注意工作效率，爱惜时间，反对拖拉，反对会议迷。

校风——风者，空气之动也。我们要形成这样的四种风气：高度的政治空气

（不是多开会），高度的学术空气，高度的团结友爱空气，高度的社会主义文明空气。

（五）不断提高教学质量和学术水平。

教学质量——培养又红又专的毕业生；

科学水平——多出又新又尖的科学成果。

南京大学已有六十一年历史。我们要在原有基础上把它办成一所名副其实的社会主义的新型的大学。我们一批一批学成离校的又红又专的毕业生，我们的一个一个又新又尖的科学成果，就是我们不断向祖国提供的建设社会主义的物质力量，就是我们向全国和向全世界提供的反对和防止修正主义的物质力量。

（此文为1963年6月22日匡亚明在南京大学反修学习总结大会上的讲话要点。原载《匡亚明教育文选》，南京大学出版社，2000年）

[作者简介]

匡亚明(1906—1996年)，江苏省丹阳人。曾先后就读于苏州第一师范学校和上海大学。1926年加入中国共产党。1927年曾以江苏团省委特派员名义领导宜兴秋收起义。后任中共江苏省委徐海蚌特委宣传部长、上海总工会秘书长兼宣传部长。先后四次被捕，受尽酷刑而坚贞不屈。1937年被营救出狱后历任中共中央社会部政研室副主任、华东局宣传部副部长兼《大众日报》社长、总编辑等职。新中国成立后，历任华东政治研究院党委书记兼院长、中共华东局宣传部常务副部长等职。1955—1963年任东北人民大学(后更名为吉林大学)党委书记兼校长。1963年起任南京大学党委书记兼校长。"文革"中备受迫害，1978年复出，担任南大党委书记兼校长。1982年起为南大名誉校长。1991年被任命为国家古籍整理出版规划小组组长。晚年主持编写《中国思想家评传》。著有《孔子评传》和《求索集》、《匡亚明教育文选》等。

《大学语文》序

匡亚明

全国文法理工农医师范财经等各类大学，近年来陆续开设大学语文课，惟苦于缺乏适当的教材。去年10月，全国二十所大学的代表云集上海华东师范大学，共同商讨大学语文课的教材建设问题。与会代表意气风发，敢于创新，一致决议立即编写教材，以解各校燃眉之急。筚路蓝缕，困难自多。然而在全国大学语文教学研究会及语文教材编委的积极努力下，历数月之功，编写工作已如期完成。这是解放后我国高等教育事业中的一件大事。借此机会，谨向参加教材编写的全体同志致以热烈的祝贺，祝贺你们在四化建设的征途中，为发展我国高等教育事业做出了贡献。

大学里开设语文课，意义重大。马克思曾经说过，掌握一种语言，就等于掌握一种武器。现在很多大学生，语文水平较低。试问，连祖国语文这一基本武器都不能掌握，如何能正确地理解科学知识和完善地表达科研成果？语文教师的光荣任务，首先就是要使大学生能普遍掌握这一打开科学领域大门的基本武器。作为人类灵魂的工程师，语文教师的任务不光在于传授语文知识。中华民族文化的精华表现在语文材料中数量最多、最集中，通过语文教学，教师应进一步把我国的优秀文化传统和民族精神传授给学生。

学校教育有三大社会职能，它通过各学科的教师来实现，其中很大一部分要通过语文教师来实现。因此，语文教师在学校里肩负的重任，是首屈一指的。

学校教育的第一个社会职能是继往开来，推陈出新。通过学校教育——当然也要通过其他方面——把科学、文学、哲学中的优秀遗产批判地继承下来，推陈出新。人类的文化是有继承性的。例如孔子，他是两千年以前的人物，由于历史的限制，他的有些言论和思想当然现在是不适用了。但是，为什么打来打去，到现在还是打不倒呢？就是因为他的言论和思想中，有的到现在还有一定生命力，还有一定的借鉴作用。中华民族并不因为有孔子这样一个人而感到耻辱；相反，我们大家还是因为两千年前有孔子这样一个祖先而感到光荣。打开《论语》，卷首三句话就驳不倒，今天还有生命力。第一句话："学而时习之，不亦说乎？"可谓字字皆碑。孔子一生，勤奋学习，孜孜不倦，临终前还说："假我数年以学《易》！"近代的革命先驱者，无不刻苦好学。李卜克内西在《回忆马克思》一文中曾说，马克思不仅自己刻苦好学，而且要求其他同志，要求恩格斯，要求李卜克内西等努力学习。李卜克内西在伦敦住了十二年，几乎天天和马克思见面，他很了解马克思。那时一八四八年革命失败，德国和法国的许多革命者流亡英国，他们天天喊着要打回去，马克思说不行，要好好学习。他天天跑大英博物馆，博览群书。列宁也是如此，他临时终前对共青团中央的指示是："学习，学习，再学习！"当然学习的内容可以不同。马克思什么书都要看，那里的书统统是封建主义、资本主义的东西，他在封建主义和资本主义文化遗产中批判地吸取精华，为人类，为无产阶级服务。马克思能整段地背诵莎士比亚的作品；恩格斯也是如此，能用俄语整段背诵普希金的名著《欧根·奥涅金》。马列主义的形成，是不能离开资主义和封建主义中的优秀成分的。《论语》第二句话："有朋自远方来，不亦乐乎？"孔子很关心国家大事，当时没有报纸、电台，各国诸侯的新闻大多是通过口耳传播的。所以远道来友人，孔子很高兴，他可以从朋友口中听到许多新情况，这在今天叫调查研究。《论语》第三句话："人不知而不愠，不亦君子乎？"我国的民族传统和西洋不同，讲究涵养，谈吐含蓄，喜怒不形于色。浅薄的人唯恐人家不了解，不赏识他。孔子认为人家不了解你，不要抱怨；如果你有学问，迟早会有人赏识的。两千多年前的孔子能提出这三句格言，不愧是一个伟大的教育家、思想家。继往开来的任务，就是要继承这些古代文化遗产中的优秀传统。鲁迅先生说过，中国人不能违背中国人作人的道德。列宁在《国家与革命》中也讲过，人类社会有一些共同遵守的准则。这里所说的共同准则，不因阶级、社会性质而异。道德虽有阶级性，但也有不完全受阶级的限制，而把人与人之间的关系摆在一个公共的基础上，作为人类共同生活的准则（例如不准随便骂人、爱祖国等），因此道德也有继承性。

我国古代是"政文合一"，因此历史上一些政治家留下了不少宣扬优秀道德品质的名篇，如范仲淹的《岳阳楼记》等；同时许多运筹帷幄和血战疆场的英雄人物，也写下了无数激动人心的杰作，如诸葛亮的《出师表》、岳飞的《满江红》等。道德文章，历代传诵。他们的影响已远远超越文学的范畴，进一步渗透到我国人民生活的各个方面。

优秀的古典文学作品，艺术性也很高。从《诗经》、《楚辞》到唐诗、宋词，词藻繁富精丽，读后不仅能提高文学素养，同时还是精神上的一种高级享受，能够陶冶人们的性情。王勃写《滕王阁序》时才二十岁上下。请看文中描写江南秋色："虹销雨霁，彩彻云衢。落霞与孤鹜齐飞，秋水共长天一色。渔舟唱晚，响穷彭蠡之滨；雁阵惊寒，声断衡阳之浦。"读后令人神往。辛弃疾原是一位文武兼备的爱国英雄，他所写的《水龙吟》以高超的艺术手法描绘了自己的爱国情思。上半阕句句以形象的比喻，刻画了仇恨敌人和恢复故土的心情，极具感染力。这些作品中的艺术菁华，也要继承发扬。

学校教育的第二个社会职能是培养人才。它是以继往开来、推陈出新为前提的。关于这一点，大家在思想上都很明确，不需要在这里作详细阐述。

学校教育的第三个社会职能，是移风易俗，树立正气，提高精神文明。我国要实现四个现代化，不但要提高物质生活，还要提高精神文明。精神文明当然包括科学技术在内，但很重要的一方面是语文教学。我们要通过它来陶冶、塑造新型的为四化建设服务的人才，使他们具有高度的精神文明和为共产主义奋斗的伟大理想。我们正处在一个新的"春秋时代"。全世界有一百几十个国家，各国在自然科学、人文科学方面，都在相互影响，百家争鸣。中华民族有十亿人民，五千年的悠久历史，我们要以祖国优秀的文化去影响别人，其中包括道德、理想和艰苦奋斗的精神。

中华民族艰苦奋斗的精神是闻名世界的。《诗经》里就有反映我国古代人民辛勤劳动的诗篇。古代作品中提出"先天下之忧而忧，后天下之乐而乐"、"先人后己"、"己所不欲，勿施于人"等名言，现在用之于人民内部还是适合的。石达开诗"扬鞭慷慨莅中原，不为仇雠不为恩；只觉苍天方聩聩，莫凭赤手拯元元……"思想境界是高的。这诗即使不是出于石达开亲笔，也是可以反映石达开其人的气概念的，读了还是可以令人振奋的。

实现学校教育的三大社会职能，语文教师肩负重任。为了完成这一历史使命，教师应如何来严格要求自己呢？

第一，语文教师是灵魂的工程师。灵魂是什么？毛主席说灵魂就是政治。因此，语文教师的灵魂深处要有社会主义的政治觉悟。古代作品中没有社会主义，但社会主义是有历史渊源的。大同世界的理想，空想社会主义，然后才有科学的社会主义。什么是作为共产主义第一阶段的社会主义？有的同志概括成八个字：没有剥削，按劳取酬。三中全会以后，拨乱反正，总结三十年的历史经验，根据我国政治经济情况，提出坚持社会主义道路，坚持无产阶级专政（即人民民主专政），坚持党的领导，坚持马克思列宁主义和毛泽东思想。这些原则，教师要明确，同时应通过语文感染和教导学生。

第二，语文教师要结合业务学一点马列主义。斯大林说过，不管你从事哪一行，都有一个共同的需要，这就是马克思主义。教师要用马克思主义的世界观、认识论、方法论，研究语文材料和教学方法，在课堂上讲得生动活泼，娓娓动听。语文课的内容丰富多彩，应该教育得比任何课程都生动。好的作品要背诵，做到书声琅琅，以加强学生的记忆。这样就能提高语文课在学生中的威信，使大家喜欢这一课程，从而通过它吸取中华民族古代哲学、文学、科学方面的优秀遗产。

第三，语文教师要认真钻研业务，学深学透。我认为做一辈子评议教师，历史是会承认他的价值的。教师要不断学习，调查研究，行万里路，读万卷书，增加感性认识，以亲身的感受去影响学生。语文教师要兼有语言文字、散文、诗歌之长，不仅能提高学生的欣赏能力，而且能提高学生的表达能力，当然更重要的是培养学生高尚的意志、理想和情操。

大学语文教材即将付印出版，大家要我讲几句话。作为一个语文爱好者，我只能谈谈自己的一点不成熟的感想，谨就教于到会的专家同志们和未来使用教材的广大师生同志们、读者们！

（此文为1981年匡亚明在全国语文教学研究会扩大理事会及大学语文教材定稿会上的讲话摘要，作为《〈大学语文〉序》。）

关于将50所左右高等学校列为国家重大建设项目的建议(835建言)

我们怀着极大的责任感和紧迫感,考虑到如何在保证质量的前提下加速发展高等教育,培养具有知识面广、水平高、能多事多方面创造性活动的人才问题;考虑到高教战线上的战略措施与战略重点问题,特就浅见所及提出如下建议:

(一)

第二次世界大战后现代科学技术迅速发展,学科的高度分化和高度综合是其重要特征,许多学科相互渗透,理工相通、文理结合,综合性趋势日益明显。世界上各国一些知名的高等学校,几乎全部是综合性、多科性的大学。我国现有高等学校主要分为综合大学(文理科大学)、多科性工学院、单科学院。三十年来实践经验证明,这种学校的设置不完全符合科学技术发展的规律,也不适应高等教育发展的趋势。就培养具有坚强理论基础、广阔专业知识、水平高、能独立研究解剖问题的人才来说,也是不是了有效的、最经济的。我国高等学校目前已出现向综合性多科性发展的趋势。我们认为这种趋向对加速发展高等教育、培养高级人才是有好处的，是符合科学技术和高教发展规律的，应予肯定和提倡。下面我们建议选择五十所高等院校作为全国重点建设项目来抓，就是指的这类多科性、综合性的大学。

（二）

目前我国教育经费太少，智力投资和经济建设投资不成比例、不相适应，使得高等学校多年来一直处于房屋少、条件差、教学科研活动和师生生活不够稳定的状况中，发展提高困难。扩大招生没有宿舍，开展科学研究和培养研究生缺乏必要的图书仪器和现代化设备。这种情况对学校工作是很不利的。

科学技术是关键，教育是基础，这是千真万确的真理。第二次世界大战后德、日遭到严重破坏，经济濒于破产，由于他们重视教育事业，重视智力投资，只用了一二十年时间，国民经济迅速得到恢复和发展。

我们建议，在我国当前情况下，从全国700余所高等院校中，选出50所左右基础较好、师资力量较强、教学质量和科学研究水平较高，既能培养质量较高的大学本科生，又能培养合格的硕士、博士研究生，规模也较大的院校，作为高等教育建设的战略重点，像国家的70个重点经济建设项目那样列为国家重点建设项目。

在今后五年内，在经常教育经费外，对这50所左右的大学，由中央另增加重点投资50亿元，即平均每年每所大学增加投资2000万元，用来增建校舍、添置图书和现代化设备，这将会推动这些学校迅速地扩大本科和研究生人数及科学研究工作的开展。初步预计，到1990年以前的七八年中，这50所左右大学将能培养高质量的各种本科生五六十万人，硕士研究生五六万人，博士研究生几千人，还能培养一大批相当于大学教授水平的各种学术带头人。如能培养出这样大量的各种高级专门人才，不仅对于90年代经济建设将起巨大作用，同时必将大大加速这50所左右大学本身的发展壮大，并将为全国其他高等学校提供高质量的硕士、博士和本科毕业生作为补充师资，为90年代我国高等教育大发展打下深厚基础。

我国每年经济建设项目投资几百亿元，一年挤出十亿元，五年中挤出50亿元来作为高等学校重点投资，对经济建设投资影响很小，但对高等教育发展却推动却很大。我们认为这是一项战略措施。争取五年内把50所左右的大学先搞上去，我国科学技术上就不会再像目前这样急迫地必须每年花大量外汇派许多人出国学习了（当然少量的还是需要的）。这也是符合国务院关于像抓重点经济建设项目一样抓教育建设这一指示精神的。

　　我们认为这样做是必要的，也是能办得到的。这不仅不会对我国的经济带来多大影响，相反却会大大加速和更加有效地促进重点经济建设。按照马克思主义认为生产力诸要素中人是最重要因素的理论，这些学校培养出来的各类高质量人才，将不仅是我国 90 年代高等教育进一步发展的基础，更将是我国在科技文化领域中赶超世界水平、加速社会主义高度物质文明和精神文明建设的骨干力量。他们所创造的价值，绝不是任何一个重点经济建设项目所获得的经济效益所能比拟的。因为作为智力投资的总效益是长远的，其意义是难以估量的。

南京大学　匡亚明

浙江大学　刘　丹

天津大学　李曙森

大连工学院　屈伯川

　　（本文是 1983 年 5 月 19 日由南京大学匡亚明、浙江大学刘丹、天津大学李曙森、大连理工大学屈伯川四位老教育家联名向党中央领导同志提出的建议，即著名的"835 建言"，其要点曾刊发于 1983 年 6 月 9 日的《中国教育报》。原载《匡亚明教育文选》，南京大学出版社，2000 年。文章略有删节。）

我国高等教育也能培养科学家

冯 端

当我听到自己被推选为中国科学院学部委员的消息后,作为一个新中国培养出来的科学工作者,首先要感谢多年来党对我一贯的培养和教导,感谢校系对我工作的关怀和支持,提供了一定的工作条件,使我个人微末的才能有施展的机会。感谢在进行科研和教学活动中的许多合作者,正是由于集体的智慧才使这些工作取得一些成绩。还要感谢许多良师益友经常的指导和切磋。下面谈谈自己的一些感想。

我是 1946 年毕业于中央大学(南京大学的前身),毕业以后就留校任教至今,对于新旧大学的情况有长期的切身的体会。旧中国的大学的确也出了不少人材,有许多人成为国际上知名的科学家,甚至有几位是诺贝尔奖金的获得者。这些情况可能会给人以错觉,认为旧中国大学教育还是很成功的,其实旧中国的大学虽然开出了一些基础课程,可是缺乏进行科学研究的条件,教授们基本上是不进行科学研究的。只有出国留学才能得到必要的科学研究的训练。因此说旧中国的大学实质上只是留学预备学校,这一点也不过分。由于中国留学生的聪明和勤奋,许多人在国外做出了相当出色的成绩，但一旦回国以后，科学研究工作也就难以继续进行下去了。当时就有不少人长期定居在国外，其中一些后来成为居留国科技界的明星和台柱。总之，旧中国高等教育的体制是盖上了半殖民地的烙印。它本身不能构成培养人才的完整体系，特别是缺乏培养高级科研人才这一重要环节。我在前年访美期间，曾经见过许多在台湾读过大学的华裔科学家。据他们所述，今日台湾的大学正如我们昔日的大学，教授们为了生活，往往多处兼课以增加收入，基本上不搞科研。即使是比较有名的台湾大学亦复如此。当然去美国的留学生是异常多的。听说台大物理系有一届毕业生40名，其中39人去美留学，而大多数也就留在美国工作，不回台湾了。这也从侧面反映了半殖民地教育体制的实质。

解放以后高等教育事业所取得的成就是巨大的。其中很重要的一点，就是大学里开展了科学研究。这样，不一定要留学，在国内也能培养出高级的科研人才。在这次增补的学部委员中有许多同志都是新中国自己培养出来的科学家，这是十分可喜的。但是由于"左"的干扰和破坏，我国高等教育事业也出现了挫折和逆流，以致进展不很理想，培养人才的质和量也还存在许多问题，学科也有许多缺门。尽管如此，还是可以这么说，已经形成了比较完整的培养人才的体系。当然，闭关自守是愚蠢的，科学界的国际交流也是完全必要的，派出一定数量的留学生去学习国外先进的科学技术将有助于进一步发展国内的科学技术。但是盲目地依赖外国，将留学视为培养高级科技人才的唯一途径就并不恰当。归根结底，要洋为中用，派留学生也好，请外国学者也好，都应如此。

我长期以来，除了进行科研工作以外，一直承担了比较繁重的教学工作。在1961年以前，我经常是交叉地，有时甚至同时地在教基础课和专门化课。近年来教课少了一些，但有机会我还是去教基础课。一个大学教师一定要做科学研究，同时也必须承担教学任务。据我的体会，两者是相互促进的。例如，当我开始从事位错研究之时，正好在教电磁学这门基础课。表面上看起来是各不相干的，但通过电磁学的教学和编写讲义使我对于这门学科的内在结构和各部分的相互关系，了解得比较透彻，结果有助于我对位错理论的掌握。

和解放前对比，我感觉到学生的学习条件有了明显的改善，几乎所有的课程都有了中文的教科书或讲义，教师的备课也比从前要认真得多。但是有利的学习条件也带来了新的矛盾。突出的问题是教师灌输得过多,讲解得过细,存在有抱着学生走的现象,这就不利于发挥学生学习的主动性。因为大学里毕竟只能给学生打好基础,教学生以治学的方法,许多东西是要学生毕业后自己来钻研掌握的。以我自己为例,我曾教过许多门专门的课程,也曾在不同的研究领域内进行过科学研究,但这些几乎全部都不是在大学里学过的。后来我也没有机会出国进修,甚至在国内也没有脱产进修过。那么怎么办呢?主要靠自己阅读大量的文献,了解国际上的动态,并且认真研读一些关键性的论文,追溯他们进行工作的来龙去脉,通过自己的科学实践,敢于独立思考,提出自己的看法和见解,再通过进一步实践来考验它。当然我也不能因为取得一些初步的成果而沾沾自喜,同党和人民的要求对比起来,我所做的还微乎其微。我一定要戒骄戒躁,继续努力,为祖国的四化建设作出新的贡献。

(原载《南京大学报》,1981年4月26日)

[作者简介]

冯端(1923年—),浙江绍兴人。著名固体物理学家。于1942年考入中央大学理学院物理系,1946年7月毕业,获学士学位并留校任教。1949年起任南京大学物理系助教、讲师、副教授、教授及固体物理研究所所长,南京大学研究生院院长。1985年任固体微结构物理国家重点实验室主任兼学术委员会主任。1980年11月当选为中国科学院数学物理学部学部委员。他在凝聚态物理领域特别是晶体缺陷研究方面做了大量开拓性的工作,澄清了金属和氧化物晶体中缺陷的组态和起源,开辟了非线性光学晶体微结构化新领域。2009年,获南京大学终生成就奖。

重理轻文与研究生培养问题

程千帆

在我国高等教育中，重理轻文的情况，确实是存在的，南大也不例外。理科有的系占有几幢大楼，还正在盖十几层的新楼，而文科各系合用的一座大楼至今还未上马。我主持的一项重点科研——编纂《全清词》，是国务院古籍小组委托给南大的，已经进行了一年，现在连一间办公室都没有，复印了大批资料，只好塞在教师狭小的住宅里。这就是我们文科不得不面对的现实。

建国以来三十多年，轻视文科的后遗症是明显的。我们对社会主义的社会学和资本主义的社会学不加区别，一概排斥，其结果是：人口问题、职业问题乃至婚姻、家庭问题都缺乏研究，不能根据科研成果及时地帮助党和国家制定有关这方面的政策；再如，我们对祖国的历史、地理教育不够重视，以至于很多青少年都不知道祖国是如何伟大，可爱又在什么地方。

我建议：中央应当认真地研究一下重理轻文给我们的社会主义革命和社会主义建设带来了多么大的危害性，用什么方法才能迅速有效地扭转这个局面。当前已经引起普遍重视的精神污染问题，不能说与忽视文科教育没有关系。

至于说到学位制度，显然对我国科学的发展起了良好的促进作用。我们引以自豪的是，我国培养出来的硕士、博士决不比外国的差。我们南京大学对研究生的培养是很认真的，毕业出来的研究生是过得硬的。主要有这么几条：一是要求学生作到又红又专；第二是导师全面负责；第三是注意基本功。对于学习虽好而品行不端的学生，我们是不同意授予学位的。大至政治思想，小至生活作风，导师都管（我新招了一个研究生，留着长头发小胡子来见我，我立刻叫他剃掉了）。对于基础知识、基本操作，我们都特别重视，再加上导师言教身教并重，效果是显著的。当然，我们还有很多不足之处，需要改进。

但是也不能不指出，在全国培养研究生的工作中，存在着不平衡状态：有的"放羊"，有的"全托"，有的"护送过关"。这样做恐怕不能达到为四化培养高级人才的目的。

一方面，研究生的人数应当增加；另一方面，研究生的培养方法应当改进。这也是迫切需要研究解决的。

（原载《南京大学报》，1983年10月30日）

[作者简介]

程千帆(1913—2000年)，湖南长沙人。1936年毕业于金陵大学中文系，后曾在四川乐山中央技艺专科学校和武汉大学中文系任教。1942年8月至1943年7月任成都金陵大学中文系副教授。1943年8月至1944年7月任成都四川大学中文系副教授兼金陵大学副教授。1945年8月起在武汉大学中文系工作，曾任副教授、教授、系主任等职。1978年8月被聘为南京大学中文系教授，曾任第五、第六届江苏省政协委员、九三学社江苏省委员会委员、国家古籍整理出版规划小组顾问、江苏省文史馆馆长、南京市文联主席、中国唐代文学学会会长、中国旅游文学研究会会长、中华大典编纂委员会副主任委员等职。他在校雠学、历史学、古代文学、古代文学批评等方面都取得了卓著成就。在1978年起重新开始教学和研究工作后的短短十多年间，出版了十多部重要的学术著作，其中如《校雠广义》、《史通笺记》、《文论十笺》、《程氏汉语文学通史》、《两宋文学史》、《唐代进士行卷与文学》、《闲堂文薮》、《古诗考索》、《被开拓的诗世界》、《古诗精选》、《读宋诗随笔》等,以精深的学术造诣受到国内外学术界的重视。程先生也是一位杰出的诗人,存世作品有《闲堂诗文合钞》和《新诗少作》两种,其中以五七言诗的成果最为杰出。

文科教师的重任

陈瘦竹

王震同志问起国家制订研究生学位条例是否可以促进研究生的培养,根据实践我认为这肯定是有促进作用的。国家对于博士和硕士研究生,在德智体诸方面都有明确要求,如果不合要求就不能取得学位。这不仅加强了导师的责任感和激发了研究生的积极性,而且可以保证取得学位的研究生在政治和业务上符合四化的要求。

大学文科的使命,就是要在建设以共产主义思想为核心的精神文明方面作出贡献。我们南京大学文科各系,在党的领导下,无论在教学和研究中,都高举着马克思主义旗帜,贯彻党的教育方针,努力培养又红又专的人才。但是学校不是世外桃源,不断受到外界影响。自十一届三中全会以来,我国社会主义文艺确有很大成就,但是资产阶级自由化现象并未完全消灭。一九七九年七月,邓小平同志的《关于思想战线上的问题的谈话》传达贯彻以后,大家对于资产阶级自由化的危害有了更明确的认识。近年以来,无论文艺创作或理论研究仍有资产阶级自由化现象,成为精神污染,腐蚀着广大人民,尤其是青年的心灵,中央提出的防止和清除精神污染正是我们文科教师的紧迫任务。

防止和清除精神污染，这是一场严肃的思想斗争。我们应该坚决执行党的"百花齐放，百家争鸣"的方针，既要反对软弱迁就，又要反对简单粗暴。摆事实，讲道理，明辨是非，使犯错误的同志彻底悔悟。

最后，我还想就"重理轻文"问题发表一些意见。中央对于大学文科和理科都很重视，王震同志这次到南大来和文科教师见面，就表明中央领导对于文科的重视。但在实际工作中，大学文科的经费和设备以及房屋方面，相对来说，都远不及理科充裕。我希望教育部能对这一问题作些调查，帮助各校及早解决这一问题。

（原载《南京大学报》，1983年10月30日）

[作者简介]

陈瘦竹（1909—1990年），江苏无锡人。1933年毕业于国立武汉大学外文系。历任南京国立编译馆编译，内迁四川的国立戏剧专科学校教师兼中央大学中文系教授。南京解放后，陈瘦竹任南京大学中文系主任。曾被推选为南京市文学艺术工作者联合会常务委员、南京市人民委员会委员、江苏省文学艺术工作者联合会副主席、江苏省戏剧家协会副主席等。1961年加入中国共产党。他致力于文学教学，用自己的心血培育了一批又一批文学新人，其中不少人已经成为文学界、戏剧界的知名作家和戏剧家。陈瘦竹对国内外若干著名剧作家进行了系统深入的研究，写出了《论田汉的话剧创作》、《易卜生〈玩偶之家〉研究》、《现代剧作家散论》、《悲剧、喜剧及其他》等几种颇有见解的专著。

学风点滴忆当年

王德滋

1946年,我离开家乡苏北泰兴,进入母校南京大学的前身国立中央大学地质系学习。时光流逝,转眼之间,已经五十多年过去了,回忆往事,当年在中央大学学习的情景,仍萦回脑际,犹如昨日,现追忆一二,以期对我校优良学风的由来,提供一鳞半爪的资料。

入学考试难 当年的国立中央大学,号称全国最高学府,包括七个学院、几十个系科,拥有众多的名流学者,素以严谨求学的学风著称。它面向全国单独招生,单独命题,把关很严。抗战胜利后,1946年恢复在南京招生,这年报考人数激增,超过了三万人,而录取名额仅有五百名,平均六十多人中才录取一名,足见进入中央大学何等不易,像这样"高门槛"在当时全国大学中是罕见的。

高淘汰率 中央大学实行严格的淘汰制,低年级的淘汰率几乎达到三分之一。主要是"英语关"和"数学关"难以通过,成绩不合格,重则退学,轻则留级。我刚入学,同班同学共有十八人,但几经变化,由于成绩差或转学等原因,到毕业时仅剩下六人，淘汰率之高，可见一斑。

教授上基础课　中央大学重视基础课教学，教授上基础课已成为传统。"普通地质学"是地质系的入门课程，由系主任张更教授亲自讲授。我清楚地记得在第一堂课上，他开宗明义地讲："普通地质学是地质系的启蒙课程，非常重要，学好这门课，可以启发你们学习地质学的兴趣，使你们懂得如何认识地质现象，从而正确解释地质现象。"短短几句话，言犹在耳，印象十分深刻。还有一件事，至今记忆犹新。当时中央大学校长吴有训，是著名的物理学家，我们作为刚入学的新生都渴望见到仰慕已久的校长。后来听老同学说，要见到吴校长并不难，主要是在课堂见面，因为他亲自给物理系一年级讲授普通物理。于是，我们预先打听清楚教室和上课时间，早早地守在教室门口。上课铃响了，吴校长夹着厚厚的书走到我们面前，他身材颀长，面容慈祥，向我们频频点头。他的讲课娓娓动听，配以优美的姿势，不时停下来亲切地询问："听懂了没有？"吴有训校长的音容笑貌，至今历历在目。他以自己的实际行动，为全校师生树立了重视基础课的榜样。

注重外语训练　中央大学四年学习期间，多数学生都掌握了两门外语。其中，英语是第一外语，属必修课，实行强化训练，分为英语阅读和英文作文两门课程，学分差不多占一年级学分数的三分之一。除此而外，外语训练几乎贯穿整个四年过程，各门课程都指定外文参考书，教师讲课同时介绍中、英文名词，我们记笔记也采取"雨夹雪"的办法，即中、英文混合记录。到了高年级时，教师更进一步要求学生自己选题，自己查阅外文文献，然后归纳整理成论文。我写了一篇《白云石的成因》，是看了几十篇英文文献后写成的。论文写成后由学生轮流上台报告，教师坐在台下听讲并提问。这种教学相长的办法，有效地培养了学生英语阅读和文献综合的能力。经过多种形式的外语实践，中央大学学生毕业后一般都具有较强的英语阅读和写作能力。

严谨踏实的学风　在中央大学学习期间，我们时时受到严谨踏实学风的熏陶，这对于我后来的治学方法有着深刻影响。这种学风，既表现在教的方面，也表现在学的方面，是教师严谨教学与学生勤奋学习的综合。举例来说，普通生物学是地质二年级学生的必修课，做实验时，教师要求我们在显微镜下一丝不苟地描绘细胞的结构、草履虫的形态等等。担任实验的助教认真批改实验报告，仔细地审阅我们的素描图，发现画得不正确的地方，就用红笔作个记号，要求我们对照实物重画，直至逼真逼肖为止。 我永远不能忘记已故李学清教授的治学态度，他讲授"岩石学"非常顶真，不仅执行讲课计划像时钟一样准确，而且每次实验必定亲自到场指导，真是做到了言传身教，不遗余力。 对于重要的定理、定律以至一些重要的数据，他要求我们在理解的基础上熟记，甚至达到背诵的程度。 当时对这种教学方式我颇有点不以为然，甚至有些反感。但后来我自己毕业留校任教，也讲授"岩石学"，由于我在学生时代打好了基础，加上自己的独立钻研，初次讲课即取得较好效果，这时才感到李学清教授的治学方法使我得益匪浅。 在中央大学地质系读书期间，最令人难忘的莫过于系主任为了保证野外实习而"囤积"汽油这件事。 野外地质实习是地质系学生最重要的基本功之一。 宁镇山脉发育了典型的地质构造，是从事地质实习的理想地区。 但由于在国民党统治之下，教育经费奇缺，每月的行政经费只够订几份报纸，根本谈不上提供实习经费，只能望"山"兴叹。 在这种情况下，系主任绞尽脑汁，组织教师为一些私营矿山干活，出卖"智力"，得到一点报酬和资助。 又担心通货膨胀，不得已买了一桶桶汽油"囤积"起来，利用学校提供的汽车，保证了学生野外基本功的训练。

1949年南京解放了，国立中央大学改名国立南京大学。 1952年院系调整，去掉"国立"二字，改名南京大学，迄今经历了近半个世纪。 南京大学除了继承以往的优良办学传统之外，更重要的是明确了办学目的和办学思想。 作为社会主义的高等学府，以培养有理想、有道德、有文化、有纪律的人才作为自己的根本任务，一个体现社会主义精神文明建设的严谨、求实、勤奋、创新的学风在南大越来越浓。

(原载《光明日报》，2001年11月8日)

[作者简介]

王德滋(1927年—　)，中共党员，江苏省泰兴市人。南京大学地球科学系教授。1950年毕业于南京大学地质系，留校任教至今。1978年由讲师越级晋升教授，1984年被批准为博士生导师。1997年当选中国科学院院士。曾任南京大学副校长、地学院院长、国务院学位委员会学科评议组成员、中国地质学会副理事长、中国矿物岩石地球化学学会岩浆岩专业委员会主任,现任《高校地质学报》主编、《岩石学报》副主编。出版专著、教材、译著10部,在国内外刊物发表论文100余篇。代表性著作有:《光性矿物学》、《火山岩岩石学》、《晶体光学》、《中国东部中生代火山·侵入杂岩与成矿关系》等。《华南花岗岩地质地球化学与成矿关系》1982年获国家自然科学二等奖;《中国东南部次火山花岗岩与成矿关系》1990年获国家教委科技进步一等奖;《中国东部中生代火山岩与金矿床关系》1995年获国家教委科技进步二等奖;《华南s型火山岩与成矿》1995年获国家教委科技进步三等奖。

南大精神之我见

魏荣爵

我是1951年夏由美返国，应聘于南大，迄今已半个世纪；明年五·二〇校庆，恰是我校一百周年大庆，校报嘱我谈谈：大学精神、南大精神。

我觉得前者，包括国内外大学，多少有些共同之处；而南大却是经历过三江和两江师范，南京高等师范，东南，第四中山，江苏，中央大学各个长短不同的历史时期，才有解放后的南京大学。可嗣后不久，1952年，又有全国高校院系调整。因此，今天的南京大学巍然屹立于昔日"三院嵯峨，南国之雄"，实际上是累积和传承了各个历史阶段的学府，并根据时代的需要加以调整、改革和发展的结果。所以，南大的精神不仅在学术及人才培养上的表面，更应当包括过去反帝、反封建、抗日救国的历次学生运动影响等等。我们还不应忘记我们曾经在古典文学、自然科学以至美术等许多方面，均有过学冠全国的师资，并培养过难以胜数的优秀和拔尖人才[注]的光荣史。我们更不应该忘记，自院系调整以来，我们历届的学校领导人，曾为办好南京大学，付出全部精力，他们皆严于律己、平易近人，体现出优良品质和精神风貌；我们也不该忘记，自新南大成立以来，若干治学严谨的年长教授，有些现已离开人世。有的缺乏继承，所学竟成绝响！我们认为老一辈的这种治学精神也属于南大精神范畴。

上述有关学习精神也延伸到年轻一代。我已发现为了一个未很好解决的声学或物理学问题，有的同学锲而不舍，连续钻研几个星期。我有一次在浦口对一个系的同学作介绍声学的谈话，竟引起事先完全没有意料到的若干有兴趣又很有启发的提问，这又使我联想到：还是在五十年代中期，有一位波兰声学权威给声学专业同学作报告，而学生的提问之多及其深度竟使这位权威叹为观止，这种不厌其详，不也是南大精神的一种表现吗？

今天看到刘荣川同志"励精图治、再铸辉煌"的报告，其中提到"历史记录了南京大学的百年辉煌，在新千年开始的时候，历史又为南京大学的事业发展提供了前所未有的机遇和挑战……"我们具备了南大精神，应该愉快地来迎接这一挑战，从而进一步励精图治，再铸辉煌！

[注]仅举两例说明：

(1) 上世纪30年代，当时中大物理系毕业生吴健雄博士(当时中大的地址是四牌楼今东南大学)号称中国居里夫人，其与杨振宁、李政道合作建立了"宇称守恒定律在原子核基本粒子弱相互作用下不能适用的理论"，在实验上有重大贡献，曾于生前数访南大、东大。

(2) 东南大学时入学，中央大学1930年毕业的李国鼎先生，庚款留英，师从物理学大师罗瑟福(Lord Rutherford)于剑桥大学，归国后不久去台湾省，为该省经济起飞起巨大作用，曾访问南大与东南大学，其兄李小缘先生曾任聘金陵大学(今南大合并)，故自称是三校校友。

(原载《南京大学报》，2001年3月20日)

[作者简介]

魏荣爵(1916—2010年)，湖南隆回人。1937年毕业于金陵大学物理系，1938年起，任教于重庆南开中学；1942年，受聘于重庆金陵大学理学院。1945年，赴美国芝加哥大学深造，于1947年获美国芝加哥大学硕士学位，

1950年获美国加州大学博士学位,并任加州大学研究员。1951年,克服重重阻挠回到祖国,在金陵大学任教。1952年,全国院系调整后,担任南京大学物理学系主任。1954年,在南京大学创建了我国第一个声学专业。1962年,南京大学成立声学研究室,兼任室主任。该研究室被国家教育部列为全国重点研究基地。1980年当选中国科学院学部委员(即中国科学院院士)。他一生奉献于我国声学事业,在大气声学和微粒声学、语言声学和信号处理、建筑声学和电声学、分子声学、微波声学、非线性声学、低温声学和量子声学等方面均做出重大贡献。他重视国内外学术交流。改革开放30多年来,累计出访10余国30多所大学,介绍中国物理学和声学事业的发展情况,沟通校际之间学者互访的渠道,并在南京大学主持召开了11次国际性声学学术交流会议。他一生发表科学论文200余篇,获奖多项,其科研成果"声波在水雾中传播特性的研究"于1989年获国家自然科学二等奖,1999年获"何梁何利"科技进步奖。他是第三届全国人大代表,第五、六、七届全国政协委员,历任中国物理学会理事,中国声学学会名誉理事长,美国声学学会高级会员,国际声学教育、非线性声学、声子物理等学术会议的顾问委员会委员。

与青年朋友谈学习和工作方法

任美锷

近来常有青年朋友问我如何学习，学习有什么妙法，有什么捷径。这里我谈谈个人的一些学习经验和体会。

我认为要在学习上成功，首先必须树立一个思想：即学习无止境，必须不断学习，继续吸收新知识，才能赶上科学发展的步伐。我很赞成周恩来总理的名言："活到老，学到老"。当然，周总理所说的"学"主要指政治思想学习，但科学上也是一样。学校毕业典礼（包括大学或博士毕业）英语也叫做 Commencement，意谓开始，指人们即使大学毕业了，或获得博士学位了，也只是学习的开始。牢记以上这些，我们才有动力发奋继续学习，不断前进。我所以能在学习上、科研上取得一些成绩，就是因为这个缘故。

其次，必须工作需要什么，就学什么。现在，大学里专业分得很细，你毕业后走到社会，可能要做你在大学里没有学过的项目，那时你必须毫不犹豫，认真重新学习，很好地完成当前任务。这对个人一生事业的发展非常重要。我早年在英国留学时是专门研究地貌学的，我的博士论文也是讨论英国地貌发育的。1939年，我回国到浙江大学教书，当时浙大规定每位教授每学期必须教两门课（都是一人单独开课，没有别人与你合教），因此，我除地貌学外，必须教一门我不熟识的课程。我选择了经济地理，因为这也是地理系的一门重要课程。于是我就开始自学经济地理学，到浙大图书馆遍阅中外文经济地理书籍，但发现这些书籍的内容都是叙述性的（即某地产什么等），缺乏理论，比较枯燥无味。我不愿按这种老内容去教经济地理课，于是又在浙大图书馆查阅经济学方面的书籍，发现了德国经济学家韦伯的工业区位理论和杜能的农业区位理论。我对它们认真学习，把它们引进到经济地理课程中去，使该课成为一门同学较有兴趣的课程。我在教课之余，还结合中国实际，对工业和农业区位理论进行研究，发表了中国工业区位方面的论文，并用这些研究成果，不断充实经济地理课程的内容，这样，我的经济地理讲课的内容就更加丰富。后来给复旦大学经济系同学讲这门课，也受到他们的普遍欢迎。1943年我改任前中央大学地理教授，当时中大已有丁马肃教地貌学，于是经济地理就成为我在中大的主要课程。

上面这段故事说明天下无难事，只怕有心人。只要我们勤于学习，并且善于学习，很多事都可以从不懂到懂，并且还有所创见。1949年全国解放后，我们全面学习苏联，要执行莫斯科大学或列宁格勒大学的教学计划。他们的课程设置与我们解放前有很大不同，许多课程，如地理学史、地理学概论、经济地理概论、地貌学基本问题等我们过去都没有开过。1952年前中央大学改名为南京大学，我受命担任南京大学地理系系主任，当时系里虽然有几位教授，但他们都不愿意讲授这些新课。从历史发展上来说，南京大学地理系过去就是竺可桢副院长任系主任的东南大学地学系，现在我继承竺老传下来的事业，觉得肩上担子很重，我不愿南大地理系在解放后全面学习苏联方面落后于北大，只好自己来讲授这些课程。这是非常繁重的工作。因为第一，这些课的内容都是新的，我不了解。第二，这些课的参考书都是俄文，我的俄文只是最近才突击学习的，水平不高，读俄文书籍相当困难。第三，在全盘学苏联的方针下，经济地理学中的工业和农业区位理论及西方科学家的一些地貌学理论都被批判，认为它们都是资产阶级反动理论，在课程中都不能教，必须找俄文书里所述的理论来代替。虽然有上述种种困难，但因任务在身，我只好日以继夜地查阅俄文字典，准备课程讲稿，开出这些课程。开这些课对我的科研毫无好处，完全是一种牺牲。但事物总是辩证的，我过去对历史地理没有兴趣，通过讲授"地理学史"课,逐渐对中国历史地理发生兴趣,经常阅读中国历史地理书刊,这对我后来研究黄河输沙量的历史变迁大有好处,也有助于我与美国密立曼(J. D. Milliman)合作撰著黄河输沙问题的英文论文。坏事往往会变成好事,这也是事物发展的一条规律。博与专是对立统一的,一个人学习博了,不利于专,但广博的知识有时也有助于深入研究专门问题。

1952年以后,我曾根据1956年全国12年科学规划会议指出的"任务带学科"的指导思想,按照国家不同时期的需要(任务)接受性质不同的研究任务。包括云南综合考察,三峡坝址和三线铁路的岩溶问题以及海港选址问题。这些都是我过去没有接触过,或知之甚少的问题,但我因国家需要,都勇敢接受。我的工作方法首先是认真学习有关新知识,充实自己,并虚心向有关专家、地方工作人员等学习。其次是坚持自己亲临现场考察,把实地考察所见情况与学习材料所得知识仔细比较研究,然后才下结论。这样做,以上三个任务,都取得较好成果。通过这些工作,可以总结出下列几点学习方法:第一是要知难而进,刻苦学习。要取得科研成功,没有捷径可走,只有下决心刻苦学习。第二是要坚持理论与实际结合。古人说,应"读万卷书、行万里路"。毛主席说,你要知道苹果的滋味,必须亲自尝一尝,都是这个意思。这对地学研究人员尤其重要,现在虽然有遥感等先进勘测手段及计算机技术,仍必须有现场实地观测材料相对比,才能得到更精确的结论。第三是要善于学习。接受一项新任务后,应先通过对有关材料的分析研究,确定主攻方向,重点突破,才能在较短时间内得到成果。我一生就是照上述方法进行工作和学习的。在工作中我认真向有关专家学习,扩大知识面。例如,在云南综合考察中,我常向植物学家和土壤学家请教,获得不少热带植物和土壤的宝贵知识,在最后总结时非常有用。我还不耻下问,经常向当地父老和行政人员了解当地情况,也获得可贵材料,如知道大勐龙地区的春季大雾情况。总之,要随时随地不放过可以学习的机会。例如1984年我随山东省黄河河务局牟总工程师考察黄河下游,沿途就向牟总工程师及其他水利工程人员学习了不少黄河下游的水利知识,这些对我现在写论著都是很有用的。

确定一项任务的主攻方向比较难一些,必须先有广博知识。例如我确定三峡和三线铁路岩溶研究的主攻方向是深部岩溶问题,不但在理论上有新发现,并且对实际工程也很有用。

1972年，大庆油田邀请我去讲油田的沉积相及用沉积相找油，这对我来说更是一个全新的任务。接受任务后，我首先详细阅读了南大图书馆所有关于石油地质和沉积学的外文杂志，作了详细的摘记，并写好准备讲的五次讲稿，然后才动身去大庆，做到有备而去；到大庆后，又向油田地质人员请教了许多问题，了解到不少实际情况及石油沉积尚未解决的问题。然后详细看了岩心，去一些主要油井参观，并在现场向钻井工人和技术人员学习请教。回到大庆油田招待所后花一夜时间，把大庆的实际情况和存在问题补充到讲稿中去，使讲稿不纯粹是介绍沉积学新理论（由于"文化大革命"十年动乱，此时大庆油田地质人员对国外沉积学新进展所知甚少），而且是结合大庆油田的实际和问题。

这次讲习会规模较大，国内主要油田的一些主要地质人员也出席，所以影响较大。我讲完后，听众反映良好，认为很有收获。大庆油田还将我的讲稿打印，发给听讲人员。

我在大庆讲演所以成功，原因第一是来大庆准备充分。因我在英国留学时学过岩石、构造等课程，地质学基础较好，故对石油沉积书刊的内容理解较快，能在短时间内通读许多外文地质杂志，并写好讲稿。第二是到大庆后，深入实际，研究，使讲稿能结合大庆实际情况。这也证明了理论结合实际是地学工作取得成功的重要条件。我在大庆讲演后，吉林、长庆、玉门、辽河等油田纷纷与地理系联系，邀请我到这些油田考察，讲课并解决油田沉积实际问题。当时南大地理系由工人宣传队领导，他们认为研究石油沉积，"是不务正业"，对于邀请一概谢绝。因此，我的石油沉积研究没有继续下去。虽然如此，这次大庆之行对我个人研究工作仍不无好处。1983年，胜利油田请我去研究黄河海港建设，我到油田后与地质人员接触，他们中有人曾听过我大庆讲课，对我十分热情，向我介绍油田地质情况，并让我参观标准岩心。又因我熟识油田地质的术语，他们用很短时间就把胜利油田的地质情况介绍清楚了。同时，我和胜利油田党委书记李晔同志谈话时，也多了一些共同语言。

总结我个人学习经验，我认为要学习取得成绩，关键还是一个勤字，个人天资尚在其次。只有勤奋学习，锲而不舍，才能在科学上和事业上有所成就。例如，我在1939年回国到浙江大学任教以前，从来没有教过书，可谓对教书毫无经验，但我在浙大授课，受到听课同学的普遍欢迎和赞扬，其原因主要是由于我在上课前肯刻苦学习，不怕多花时间，在讲每节课以前，先写好讲课讲义，然后在宿舍里试讲，看能否在一节课50分钟内讲完，如果讲不完或不够讲，就在讲义中相应删去和补充一些材料，然后再试讲，直到一节课的内容恰好50分钟讲完为止。因此，我能在一节课里讲完一个问题，使同学易于学习，受到欢迎。中科院院士施雅风同志当年在浙大听过我讲课，最近在回忆录中还提到此事。当年我准备讲一节课，起初往往要花10小时或10小时以上时间，是付出巨大劳动的。后来有了经验，备课时间减少了一些。我十分理解时间的宝贵，"一寸光阴一寸金，寸金难买寸光阴"。所以我授课从来不迟到、早退，因为如果有20位同学听课，我迟到或早退一分钟，就浪费了别人20分钟时间。养成了这个习惯，对我工作有很大好处。后来在各种学术会议作大会报告或宣读论文都能在规定时间内完成，不使会议主持人为难。直到现在，我在作大会学术报告前，仍坚持在家里试讲一遍。由上可见，我从不会讲课，到会讲课，并且讲得很好，并不是因为我天赋特别聪明，而是因为我肯下功夫刻苦学习、锲而不舍。所以，只要勤奋学习，天下没有办不到的事。

我一生曾从事若干不同学科的研究工作，在专字上显然不够，但却有广博的知识，可以适应新的学术热点的研究工作。例如，可持续发展是近来世界学术界的一个研究热点，对21世纪我国国民经济发展十分重要。它是一个巨大的综合性研究课题，需要有全面知识和综合能力的科学家参加工作，我就很适于做这种工作。1996—1997年，中国科学院进行"长江三角洲可持续发展战略"研究，由严东生院士和我为正副组长，负责此项工作。工作中一项"上海国际航运中心研究"，它不是一个单纯的工程问题，因为它并不研究码头、防波堤等的设计，而主要研究港口布局问题。港口布局就是港口区位，我过去研究过中国工业区位问题，又在铁炉港和黄河海港工作中从港口专家们学习了一些港工知识，1962年响应海军领导"陆地科学家下海"的号召，研究海岸科学后，又向物理海洋学家学习了浪、流基本知识，因而能提出"加速建设太仓港为上海国际航运中心副港"的中肯建议，得到江苏省领导采纳。当时的江苏省委书记陈焕友同志对我的建议评价很高，认为"任老的建议，既有战略眼光，又切实可行"。

以上讲了这许多，最后可以用下面12个字来概括，即"若问学习妙法，关键在于勤字"。

(原载《南京大学报》,2001年3月30日)

[作者简介]

　　任美锷(1913—2008年),自然地理学与海岸科学家,中国科学院院士。1934年毕业于中央大学地理系。南京大学教授,中国地理学会、中国海洋学会名誉理事长。地理学界最高奖——维多利亚奖唯一的中国得主。长期从事自然地理学与海岸科学的研究与教学工作。所撰写的中国自然地理著作已被译成英、西班牙和日文出版发行。他为我国地貌学与海岸科学的研究和教学工作做出重要贡献。1965年参加华南某军港的整治工作,首次应用潮汐汊道理论,解决了海港整治问题。1974年应邀赴大庆油田做系统的沉积相学术讲演,并应用沉积相理论,解决了油田提出的一些理论和实际问题。1979年—1984年领导江苏省海岸带综合调查,对淤泥质潮滩沉积动力过程作了较深入研究。1984年以后主要从事黄河三角洲研究,对该区海港建设及区域发展做出了贡献。晚年曾建议建设太仓港为上海国际航运中心副港,受到有关部门重视。2008年11月4日因病在南京逝世,享年96岁。

我的教学观

江元生

目前开展的教育、教学思想大讨论，应认为具有很强的时代特点，国家进入了"不惑"之年，教育事业已经有了丰富的积累和经验；通过讨论，人们有能力判断哪一种模式是最为优越的。人们不难发现，50年代建立的"苏联模式"，最大问题是专业分工过细，忽视宽基础教育和学科之间的可能交叉融合，滋长了科学短视倾向，如物理专业不学化学，化学专业淡漠数学，一定程度上影响了新兴学科在我国的顺利发展。当然，苏联的教育模式也有值得借鉴和学习的地方，尤其是教材建设给人以深刻印象，其科学水平普遍高，科研与教学高度结合，不乏科学巨匠写下成套丛书，后人不断改版更新，对全球青年科学家的培训产生了极其深刻的影响。

我们首先要认清我国现有教育模式中尚存的弊病，正确地确定教育目标，也要爱惜数十年中积累起来的宝贵经验和文化遗产，深入地进行高等教育教学内容和课程体系的改革。

教育、教学思想的讨论应落实在人才培养目标上，在"三个面向"的思想指导下，进行教学内容与课程体系的改革。应继续把握住加强基础、更新拓宽知识面的培训，通过知识的传授及配套措施培养学生的自学能力、动手能力和社会适应能力。

我校具有重视教学、重视基础的传统,教师队伍实力雄厚,学校各级领导在抓好日常教学工作的同时,强调在更高层次上以新的教育思想和教育观点指导教学改革,确定了一些指导性原则,提出了"基础厚、知识宽、能力强、素质高"的人才培养目标和两种规格人才培养模式,并不断地进行试验和总结经验,取得了强化班的办学成果,令社会瞩目。 在教学中引入竞争机制,大范围地推行奖数金制度,调动了广大教师献身教学的积极性,稳定了教学秩序,促进了教学改革。 教学改革工作应以教学内容和课程体系的改革为导向。 首先应做到教学内容的不断更新,基础不应当削弱,而且还应适时地加强,观点更新,面上知识要广,要有好的教材,更重要的是要有好的教师去启发和培养学生的自学能力、科学思维能力。

最迫切的问题是要有计划地培养师资,尤其是中青年教师,一个好的教师只有经过日积月累的磨炼才能达到炉火纯青的境界,其中根本问题乃是科学水平的提高。中青年教师要在从事教学工作的同时深入开展科学研究,特别是基础性研究。 将教学与科研结合起来,不但易于改进教学,更新教材,提高教学质量,而且有利于扩大研究领域,适应未来世纪的需要。

(原载《我们怎样培养面向 21 世纪的人才》,南京大学出版社,1997 年)

[作者简介]

江元生(1931 年—),江西宣春人。物理化学家。1953 年 7 月毕业于武汉大学化学系,同年 8 月保送吉林大学化学系研究生,1956 年 7 月留校任教,1981 年批准为博士生导师。1983 年 3 月作为交换学者赴美国康乃尔大学进行合作研究,1984 年 4 月回国,继续执教吉林大学,1985 年为博士后导师。1992 年起,任南京大学化学系教授、博士生导师。他长期在高校从事教学和科研工作,在高分子统计理论、配位场理论、分子轨道图形理论等方面取得了一系列开创性成果,先后当选为中国化学会第 20、21、22 届理事,第 23 届常务理事兼物理化学专业委员会副主任、计算化学专业委员会委员。曾任南京大学教学委员会主任,《化学学报》编委,《有机化学》编委,《物理化学报》副主编,复旦大学、华东工学院等校兼职教授。1984年应聘为世界理论有机化学家联合会特别理事。同年被授予国家级有突出贡献的中青年专家,1991年当选为中国科学院化学部委员。

文理平衡,中西融合
——从学科建设角度谈南大的传统

茅家琦

谈论南大传统,首先要确定讨论的角度。 从不同的角度出发,会得出不同的结论。 从政治的角度看,南大有优良的革命传统,不仅在新民主主义革命时期学生运动蓬勃发展,即使在旧民主主义革命时期,赵声等革命党人也在学校内外开展大量活动。 从校纪的角度看,南大有良好的校风,学生遵守校纪校规,重视个人道德修养。

我这篇短文是从学科建设的角度谈一谈南大的传统精神。

很早以前,有一位知名校友说:母校很早就形成一种精神——"调和文理,沟通中西"。 我个人认为,这个概括是符合实际的。 不过,我还认为,将这八个字改成"文理平衡,中西融合",可能更准确一点。 这两句话是一件事的两个方面:从学科设置看要文理平衡;从学科内容看要中西融合。

三江师范一开学就聘请11位日本教习教授西洋科学。 当时在全国是一个创举。 两江师范监督(校长)李瑞清是一位国学大师,但他主张中西学术互相交流,融会贯通。 他勉励学生说:"勿溺于守旧，宜立志力学，学习西方教育之长，以期成中国之培根、笛卡儿、洛克、休谟。"

南高建于1915年，一开始就成立国文、理化两部，文理平衡。自然科学家的学术团体——中国科学社也建立于1915年。中国科学社的发起人从美国回国后大多数到南高任教。有人说"南高是中国科学社的大本营"。在南高任教的科学家不仅研究自然科学而且了解中国传统文化，注重个人道德修养。他们与在校的国学大师们建立了很好的共事合作关系。国学大师们也注意了解西方文化和科学的研究方法。

到东南大学郭秉文长校期间，这个特点更加明显。据1992年版《南京大学史》记载，一位曾在北大任教的教授说："东大所设文史地部、数理化部、……皆极整齐，尤以所延教授，皆一时英秀，故校誉鹊起。"又说："北大以文史哲著称，东大以科学名世，然东大文史哲教授，实在不亚于北大。"

这种精神突出地表现在《学衡》杂志上。

对中西融合的看法，在自然科学方面分歧不大，在人文科学方面就有很大分歧。问题出在如何看待中国传统文化。新文化运动期间，全盘否定传统文化、"打倒孔家店"，成为一股巨大的思潮。既然"打倒孔家店"，就谈不上中西文化融合。1922年1月东南大学教授们创办了一个学术刊物《学衡》。创办人有梅光迪、吴宓、刘伯明、胡先骕等知名教授，他们都在哈佛大学读过书。胡先骕是生物学教授、梅光迪是西洋文学教授、刘伯明是校长室副主任，当时的职权相当于副校长。关于吴宓，我着重介绍了3月15日《报刊文摘》摘载《中华魂》第二期的一篇文章。这篇文章说，1952年6月，邓小平曾经说过，吴宓"是文科领域的李四光，早在20年代他就在国内外享有盛名"。《学衡》杂志反对全盘否定中国传统文化，反对全盘西化，主张采择并融贯中西文化精华。《学衡》创刊号正文前的插图依次是孔子与苏格拉底像，象征它采取中西文化精华的主张。《学衡》杂志还提出中西文化融合的方式：彻底研究，明确评判。继承中国传统文化、吸取欧西文化，需要对两者进行深入的研究、评判，区别其精华、糟粕，有用、无用，然后才能决定取舍，从而融合成一种新的文化。吴宓还明确提出，使西方的柏拉图、亚里士多德与东方的释迦、孔子之学说，"折中而归一"的观点。

《学衡》杂志曾发表胡先骕的一篇文章，提出一个很有趣味的观点："吾辈于求物质学问之外，复知求有适当之精神修养，万不可以程朱为腐儒，以克己复礼为迂阔。一人固可同时为牛顿、达尔文、瓦特、爱迪生与孔子、孟子也。"作为生物学家的胡先骕提出如上观点正是对文理平衡问题的深入阐述。

再说一下金陵大学的传统。金陵大学"三院鼎立"，文理学科相当平衡。金陵大学是一所美国教会办的大学，但它却十分重视中国传统文化的教学与研究。1930年得到美国富商霍尔的资助，金陵大学创办了"中国文化研究所"。许多知名专家被聘为研究所的教授，对中国传统文化的教学与研究作出了贡献。金大校董福开森又将收藏的近千件文物捐赠给金大。金大图书馆收藏的中国古籍特别是地方志，亦十分丰富。这些对研究中国传统文化提供了很好的基础。

20世纪后半期，由于种种原因，与全国情况一样，南京大学的这种传统精神受到压抑。"拨乱反正"以后，得到一定程度的恢复。学校要走向世界，如何弘扬这种传统精神，我个人认为，仍然值得同仁们讨论。

（原载《南京大学报》，2001年4月10日）

[作者简介]

茅家琦(1927年—　)，江苏镇江人。国际知名历史学家，南京大学终生成就奖获得者。1947年考入中央大学，1951年毕业于南京大学经济系，后留校任教。历任南大历史系教授、博士生导师、系主任、历史研究所所长、台湾研究所所长等职。任《中国思想家丛书》副主编兼终审组召集人、江苏省文史研究馆馆员。从上个世纪50年代伊始，茅家琦师从罗尔纲、陈恭禄等前辈史家研究太平天国史。80年代起侧重研究晚清及1949年以后的台湾历史。

百年树人

冯致光

大学的任务是继承、发展、传播人类文明，大学的主要成员是教师和学生。大学的任务和知识分子所具有的本质特征，决定了大学的基本精神是追求真理，探索真理，服从真理。通过实践和认识的积累，这一基本精神转化为一所大学的传统，也就是这所大学的人们普遍认同的稳定的价值观念。传统的内涵是相互协调、激励和发展的，是大学赖以生存和发展的精神力量。

百年南大，有着怎样的优秀传统，确切地表述是困难的，但至少有以下几方面。

一、崇尚学术，兼融中西。南京大学的前身，主要有两支，一是中央大学，二是金陵大学。这两支源头的主事人都明确地以"崇尚学术，兼融中西"作为自己的立校原则。在办学的实践中，都极力延聘学术精深的硕儒名士为师，倡导学术研究，实现"国学大师与留学生的合作"，重视学生研究能力的培养，邀请海内外名家来校讲学，营造优良的学术环境，并且都较早地建立校内的研究机构和培养研究生。南京大学崇尚学术更着重于基础学科的建立和基础科学的研究。长期积累，南京大学的众多基础学科已成为国内的奠基者和领先者。由于学融中西，南大在学科建设中不断吸纳世界先进科学成就，使自己的研究工作紧跟科学的前沿发展。在这种传统的影响下，南大的学生也被公认为基础坚实，颇具研究能力。注重基础研究为南大带来了严谨、求实、创新的学风，并成为南大传统中的一个突出的特征。

在南高师、东南时期，一些著名的学者举办了一个当时颇有名气的刊物："学衡"，开办之初就明确宣布以"阐明真理，昌明国粹，融化新知"为宗旨。金陵大学是一所教会大学，注重西学自不待言，但是早期曾有一所"中国文化研究所"延揽了一批国学大师，在研究中国传统文化方面很有建树。今日南大校园是昔日金大校址。中国古典式建筑反映出当时"中西融合"的办学理念。崇尚学术，兼融中西，是大学精神的核心，大学传统中的许多内涵都从中衍生出来。

二、人才荟萃，勤奋成才。翻开南大校史，看看近代中国的名师名录，我们会发现有不少学界泰斗都曾任教于此。在他们的耕耘下，南大许多学科由之兴起，在他们的培育下，薪火相传一个个学术梯队建立起来，历久不衰。众多学科的交融，相得益彰，形成了南大这一片学术发展的沃土，促进了新兴学科的生长。大师们对南大的贡献不止于学术方面，更由于他们治学严谨、高瞻远瞩的科学精神加上他德行修养的人格魅力，影响了一代代人。勤于治学，继承师业，立志创新成为一种风尚。个人的勤奋，导师的严格要求和循循善诱，一批批优秀人才脱颖而出，中国科学院的院士中，南大学子占有相当的比率。他们成长的过程有着共同的特点，一是受过名师的指导或影响，二是勤奋成才。时至今日，南大学生仍因受到这种影响而有较好的素质，为世人称道。

三、艰苦奋斗，朴实无华。百年南大由于经费短缺，教师待遇偏低，可以说是历经艰苦磨难而奋斗不息的百年。但是，南大师生坚持不渝地"以天下为己任"的信念鼓舞着自己"为国育才"，"为国成才"。对南大人而言，艰苦奋斗还不只是克服物质条件的困难，另外还有从事基础科学研究、在探索科学真理方面的艰辛的一面，在南大一些著名学科的发展过程中都有着"耐得十年寒窗"的故事。抗日战争爆发后，中大、金大两校内迁四川，办学条件异常艰苦，广大师生生活清贫，在这样条件下两校仍紧张办学培养人才，曾有过在破庙里上课的感人佳话。近年来，南大在经费明显少于一些兄弟院校的条件下，仍然艰苦奋斗从事科学研究并取得丰硕成果。SCI的连年夺冠为海内外学界所瞩目。艰苦奋斗的精神衍生出南大在办学和治学上朴实无华的作风。历史上，南大的领导和众多学者都有"敢为天下先"、追求卓越的壮志，但却无哗众取宠之心。许多教师默默地奉献于学术建树、人才培养，一生都没有享受过一点清福。这种国士的气节成为他们做人的价值观而受到后人的赞誉。在这些老一辈的身上，体现出李瑞清倡导"嚼得菜根，做得大事"的高风亮节。

四、顺乎潮流，铁骨铮铮。崇尚学术，自不乏其儒雅之气；淡泊名利，自远离世俗之风。但是，南大师生在事关民族大义方面，却能顺乎潮流拍案而起，表现出铁骨铮铮的气概。百年南大的历史也是中国知识分子投身革命的历史。"五四运动"，南大前身两校都积极响应，走向社会、参与革命，成为南京的学生革命运动中心，接受马克思主义学说，成立了"南京马克思主义研究会"。继后，无论是"五卅惨案"还是"一二·九运动"，两校都是南京革命运动的中心。抗日战争前，金陵大学旗杆的树立，高扬中华民族的气节，至今还带着历史的记忆，挺立在校园之中。"五·二〇运动"，两校师生向反动政权发起了最后冲刺而载入史册。一批革命志士投身于中国的解放迎接新中国的诞生。社会的发展道路是曲折的，在反对"四人帮"的斗争中，南大人的国士气概又得到一次发扬，悼念周总理，反对"四人帮"的"南京事件"和"实践是检验真理的唯一标准"的产生，说明南大威武不能屈的铁骨精神继续存在，南大的革命传统以新的形式表现出来。

崇尚学术，崇尚气节；严谨治学，注重基础；海纳百川，坚持真理；朴实无华，艰苦奋斗；历百年沧桑而不堕其青云之志。这些内容所体现出的南大传统内涵，反映了南大民族的、民主的、科学的办学精神，是谓南大精神欤！

（原载《南京大学报》，2001年4月20日）

[作者简介]

冯致光(1927年——　)，1952年毕业于南京金陵大学物理系。后到吉林大学物理系任讲师，并兼教学管理工作，历任教研室主任、系副主任。1961年调回南京大学物理系任讲师、教授，并历任教研室主任、系副主任、南京大学副校长,并任南京大学发展与政策研究委员会副主任,1996年退休。旋返聘为南京大学"中国思想家研究中心"主任,受命主持由匡亚明校长主编的《中国思想家评传丛书》(200部、6000万言,获首届中国政府书出版奖)未竟部分的组编工作。完成后,于2006年10月正式退休。曾获国家级教学成果特等奖、二等奖各一次,江苏省、南京市先进工作者称号暨金质奖章各一。

体会科学精神

闵乃本

我毕生从事科学实验，从科研实践中深深体会到，科学工作者不具有科学精神，就不可能得到重要的科学成果，只能得到像美丽的肥皂泡一样的昙花一现的"成果"。我不能给出科学精神的确切的完美的定义，只能说出对科学精神的一些体会。

科学精神是进取精神。迄今，人类对客观世界的认识与其本身相比实在是沧海一粟。要永远不满足已有的成就，永无止境的进取。开拓创新，可以说是种反映科学本质力量的精神。

科学精神是奉献精神。科学的追求旨在对全人类的奉献，从来不以科学家本人的功利为目的。也只有不以功利为目的，科学家本人才不致患得患失，随风摇摆，才能不怕艰难险阻一往无前地追求科学真理。

科学精神是坚持真理修正错误的精神。科学研究的实质，是不断地修正错误和接近真理的过程。真正的科学家发现在自己实验基础上构建的理论与别人的实验不符时，总是将它视为完善理论的机遇，废寝忘食地直到更完善更普适理论的建立。这是一个令人激动不已的过程，也是科学家崇高的精神享受。

科学精神是坚持到底精神。科研成果或是为零，或是为一。一百步走完了九十九点九步，仍然无法得到准确的结论。历史上不少伟大发现与某些人擦肩而过，是屡见不鲜的。前辈科学家经常告诫我们，对于一个课题的研究，只有得到彻底的结论才能松一口气，否则您的一切努力只能等于零。

科学精神是平等精神。科学中的权威是相对的，真正的权威是真理，真理的探索永无止境。学术领导人不专横，不武断，青年人不迷信，不盲从，一切以事实为依据，只服从真理，在科学面前人人平等。这样，学术思想就会活跃，民主宽松的学术气氛就会形成。在民主宽松的学术气氛中，经常的交流讨论乃至争论，就会不断撞击出创新的火花。

科学精神是协作精神，需要群体的智慧。人类科学的积累与技术的进步，使当前科学家只能是某领域的专家，不可能是各领域的专家。没有充满活力的群体，就谈不上重大研究的突破。群体精神表现在自由活跃的学术气氛和取长补短的团结合作。历史上玻尔物理研究所正是由于自由活跃的学术气氛，吸引过海森堡、泡利、德布罗意、薛定谔、狄拉克、朗道等一大批世界顶尖的物理学家前去工作，从而形成了20世纪最负盛名的物理学派——哥本哈根学派，为量子力学的建立作出巨大贡献。

(原载《人民日报》，2007年2月27日)

[作者简介]

闵乃本(1935年—)，江苏如皋人。1955年至1959年就读于南京大学物理系金属物理专业。中国科学院院士，第三世界科学院院士。1959年起在南大任教，其间，1986年至1987年赴日本东北大学任访问教授，并获博士学位，1990年至1991年赴美国阿拉巴马大学任访问教授。1989年至2002年历任国家人工晶体联合研究与发展中心主任，国家攀登计划和国家973计划光电功能材料首席科学家，中国科学院数理学部副主任。1994年至今任国家教委、教育部科学技术委员会副主任。1995年加入九三学社。现任江苏省自然科学基金会主任，南京大学固体微结构国家重点实验室学术委员会主任，南京大学固体物理研究所所长,南京大学材料科学研究所所长等职。曾获1964年"工业新产品"二等奖、1982年国家自然科学二等奖、1983年美国犹他大学及习弹公司颁发的"大力神"奖、1986年国家教委科技进步二等奖、1994年国家教委科技进步二等奖。1995年被评为全国优秀教师,1997年获国家级教学成果一等奖。编著的《晶体生长的物理基础》一书获国家优秀科技图书一等奖。在2006年度国家科学技术奖励大会上,由他领衔完成的"介电体超晶格材料的设计、制备、性能和应用"获国家自然科学奖一等奖,这也是自1999年国家奖励制度改革以来内地高校独立完成的首个国家自然科学一等奖。

以人为本，努力培养创新型人才

吴培亨

科学发展观的核心就是可持续性发展，为了实现可持续性发展一定要有优秀的人，一定要造成人才辈出的局面。这种人才不是普通的人才，都是创新型人才。所以为了做到可持续发展就一定要以人为本，而且要培养创新型人才。另一方面，要真正做到培养创新型人才就一定要尊重各个人的特点，根据各个人不同的特点有目的地加以引导、加以启发、加以培养。

对人才这个问题，我们党历来非常重视，把人才放在非常高的位置。胡锦涛同志在第十三次院士大会报告里提到："我们必须坚持人才资源是第一资源的战略思想，把培养造就创新型科技人才作为建设创新型国家的战略举措，加紧建设一支宏大的创新型科技人才队伍。"所谓战略就是最重要的，是管全局的。国家有许多的资源，人才资源是第一资源。只要把创新型人才培养好了，创新型国家的这盘棋也就下赢了。在第十四次院士大会上，胡锦涛同志又提出："努力造就数以亿计的高素质劳动者、数以千万计的专门人才和一大批拔尖创新人才，把优秀人才集聚到国家科技事业中来，开创人才辈出的生动局面。"由此构造出由高素质劳动者、专门人才及拔尖创新人才组成的我国的人才金字塔。这两次讲话把人才和培养人才说的非常到位、非常精辟、非常科学。南京大学是全国第一流的、而且要建设世界一流的大学，在学习科学发展观的过程中，就要着重在培养这三种人才的过程中做贡献，而最需要我们做的就是培养大批的拔尖创新人才。这也是我们学习科学发展解决培养什么样的人，怎么样培养人的一个关键的问题。今天的汇报内容大致有四方面，第一，我所理解的创新的意义；第二，我所认为的创新型人才应该具备的基本素质；第三，培养创新型人才我们着重在哪些方面对学生提出要求；第四，在本科生或者研究生培养过程中，为了要做到培养创新型人才，几个值得我们思考的问题。

第一，什么叫做创新？

根据我所理解的，一个创新过程应该有三个环节。第一个环节，对于前人的创造，充分的消化，充分的吸收，充分的继承。我们所说的创新不是脱离实际的，不是脱离前人的，更不是凭空乱想的。第二个环节，我们要敢于问一些前人没有问过的问题，提一些前人没有提出的事情，特别是前人没有提到的一些建议和想法。第三个环节，我们要通过比较严密的理论或者实验的手段来验证所提出的想法是否有道理。如果通过这些检验，那就完成了一个创新的过程。这就是我所理解的什么叫做创新。

在科学的发展方面，这类事情非常之多。可以举出很多的例子，而且这些例子和上面所提到的模式是完全符合的。比如说在理科里面，我们用的广播、电视、雷达、微波炉等等，这些东西的起源都是在电磁场理论，这个理论在科学史上是很大的创新，它充分继承了前人，一个理论的创造者提出了前人没有提出的思想，然后这些思想和想法经过实践检验。因此，从这个理论发展到了许多的产业、派生出许多实际应用的产品。电磁学里面的法拉第电磁感应定律的核心是变化的磁场可以产生电场，然后在载流导体中，比如一个导体中有电流，这个导体的周围就有磁场产生。这些是前人的结果。麦克斯韦充分的继承了前人，并在此基础上面提出新的问题：第一，既然变化的磁场可以产生电场，倒过来，变化的电场能否产生磁场？第二，载流的导线通有电流可以产生磁场，但是当电流通过一个电容器的时候，电流就不连续了，这样会出现什么情况？在问题基础上，麦克斯韦提出前人没有过的位移电流变化的概念,并在实验上得到了充分验证。 位移电流的变化不仅回答了电流连续的问题,也回答了变化的电场也会产生磁场的问题。 这样就完成了一个创新的过程。 这个例子和刚才提到的三个创新环节是完全符合的。 在文科或者社会科学里面也有很多类似的例子。 马克思在写《资本论》时,有许多故事讲述了马克思如何研究在他之前的经济学家、哲学家的理论思想,充分消化吸收,充分继承前人,然后通过自己的研究,提出剩余价值的观点,这是很大的创新,随后,马克思主义的理论为以后的许许多多实践所证实。

我所理解的创新就是充分继承前人,在前人基础上提出新的问题和假设,敢于突破前人所做的,当然要经过实践的检验。 我们自己要创新,要引导学生创新就要做这样的几方面。

第二,一个创新型的人才应该具备三方面的基本素质。

第一个基本素质是具有比较宽阔的学术视野。 没有宽阔的学术视野很难达到创新的境界。 我们遇到的学生,包括教师,有一个比较大的弊病,就是有的时候思想比较局限,这样就无法创新,不利于创新成果的产生。 反过来,要培养创新型的人才,一定要让这些人有比较宽阔的视野,宽阔的境界,才能结合多种学科的交叉,多种学术的综合,完成比较大的创新。 例如,北京奥运会男子百米赛跑冠军的成绩是九秒六九,大概而言,成年男子的身高2米左右,看来百米跑的极限速度是每秒钟五个身长。 最近有人研究发现,某种昆虫运动速度的极限是每秒其身长的十倍,比人要快很多,这种理论可以在如何提高人体运动等方面指导我们。 这就是放在比较宽阔的视野中所得到的成果。 我们的学生往往是毕业论文里面做的是一件事情,到他念硕士、念博士的时候是做的还是同样的事情,我们的教师也常常是习惯于此,这样的话绝对是做不好的。 物理界非常有名的卡文迪许实验室,在一个公共的房间里面陈列了研究小组历届博士论文的题目,仔细观察会发现,成名的人当中所研究的领域与博士论文题目不相符合的很多。 所以说,我们的学生现在在一个范围里面做,毕业以后还在同样的范围里面做,对培养创新人才来说有很坏的影响。

第二个基本素质就是要有细致入微的观察能力。 许多人对很多事情是视而不见,或者听而不闻。 培养创新型人才,就是使其具有细致入微的观察能力,在科学实验中,不轻易放过一些事情。 比如,在做超导器件时,先做超导薄膜,再做绝缘薄膜，最后再做超导薄膜，一般概念上，在这种三层结构里，上下电极间是不能通电流的。上世纪三十年代，有人做这个实验时发现，上下电极间居然可以有电流存在，但是并没有细致入微的去观察思考，只是猜测可能是绝缘层做得不好、有漏洞。后来，有人从理论上预言、从实验中证明，这是完全新的物理效应，当绝缘层很薄的时候可以有电流通过，并在七十年代获得诺贝尔物理学奖。所以，要培养创新型人才，细致入微的观察能力是很必要的。

第三个基本素质就是要有专业的敏感性。只有在专业上足够的敏感后，才会有可能做出创新性的成果。在科学史上也有很多这样的例子，例如，最初用无线电波通信时的频率比较低，传输范围不远，在做越洋通信时偶然发现，频率高时，几千公里以往都能接收到。有人觉得这里肯定有新的东西，这就是专业的敏感性。然后就联想起在他之前有人提出过，在空气上方有一个电离层，能反射电子。为什么频率高传的远，频率低传的近？他认为可能频率高的有部分信号达到天上并反射，然后，设计实验验证了设想。抓住了科学上面的偶然的现象，并和已知的联系起来。这一系列的科学发现起源于抓住了一个实验偶然的观察，加以研究得到了创新性的成果。所以，培养学生一定要培养他们学科、专业上的敏感性。科学发现有一定的偶然性，但是只会降临给有准备的人。

第三，在培养创新型人才方面我们着重在哪些方面对学生提出要求？

王国维表述了成大业的三种境界：第一种是"昨夜西风凋碧树，独上西楼，望尽天涯路"，要成就大业，一定要有比较宽厚的基础，站得高才能看得远；第二种是"为伊消得人憔悴，衣带渐宽终不悔"，强调的是一种献身精神，为达到某种目的锲而不舍；第三种是"众里寻他千百度，蓦然回首，那人却在灯火阑珊处"，说的是经得起挫折、经得起失败，不断的从失败和挫折中吸取教训，总结经验。要培养创新型的学生，一定要在这几方面对学生有所要求。特别是学生现在不大吃得起苦，越是条件优越越是要强调这些。王国维的这三种境界对于今天培养学生来说也是非常有益的。

第一种境界强调要有宽厚的基础才能站得高看得远。对于文科学生来说，非常赞成学校文科专业开设大文科的课程。对于理科的学生来说，有许多非常要紧的事情，比如说实验技术，理科绝大多数学科是实验性学科，即使是搞理论的，也要懂得实验的语言，懂得理论要到实验中去验证。但是，现在的学生很多都喜欢做模拟，喜欢做仿真，喜欢利用计算机，但是最终还是要到实验中来。实验有三种层次，第一种层次是教师安排好的，教一些基本仪器的用法，这是最基本的。现在常常是一个人做，很多人相互抄实验数据，这样是不行的；第二种层次是根据老师的要求去设计实验；第三种层次是学生自觉隔离非主要因素，突出主要因素，并观察他们是怎样影响实验结果的。所以实验技术是非常重要的。再如，数学基础也是非常重要的。我们学校有个杰出的校友程开甲先生，他在年轻的时候把所能找到的微积分高等数学题目都做了，后来，在碰到任何具体问题时，数学主动跳出来帮忙，从来没有因为数学的障碍而影响他解决问题。现在的书太多了，但像程先生这样努力打好基础的工作是很重要的。另外是语文基础。开设大学语文课是很有远见的。讲一个问题，给两分钟的时间如何说清楚，给两小时又该如何表达，给两天时间要知道从哪些方面阐述，现在的学生这方面的训练太少，在表述能力和思维能力方面较欠缺。外文的基础也很重要，学外文要把它当成外文来学，而不能当成中文的直译品来学。我们要培养创新型人才，没有这些基础是万万不行的。

第二种境界是献身精神，不达目的不罢休，废寝忘食，锲而不舍。例如，以前做针线，穿针引线是针尖在前，穿线孔在后，缝纫机的发明人在研制缝纫机的时候，冥思苦想，一直找不到解决方法，睡觉时梦见有人用前面带孔的针头戳他，惊醒后想到可以在针尖上打一个孔用来引线，最终获得了成功。所以，要锲而不舍，"为伊消得人憔悴"。白天做什么事情，晚上做梦的时候也在考虑这个事情，苦恼不已，那么可以说已经渐入佳境。

第三种境界是经得起挫折、经得起教训，在困难面前不能退缩。现在往往是一遇到挫折就往后退，就不干了，经不起教训，经不起挫折。我们作为教师应该大力培养学生经得起失败、不断的从失败和挫折中吸取教训，总结经验的能力。

第四，对于现在研究生、本科生培养几个问题的思考。

在研究生方面，研究生院在"985"建设期间非常重视研究生交叉学科的培养，专门有资助研究生交叉研究的项目，做得非常好。因为，要让一个人学术的视野比较开阔，就要让他在学习的阶段有充分接触各方面的机会。现在，有真的交叉也有假的交叉，所以，在评审时的第一条判据就是项目交叉程度如何。目前还没有看到文理科之间的交叉。其实，文科和理科之间的交叉是大有作为的。比如说理科中所提出的建立模型，文科里面许多问题的模型远比理科里面的复杂、远比理科困难、远比理科的高级。如果能够将文科和理科组织起来交叉做这些事情，创新性成果很可能会很显著。为什么这么说？社会现象要建立模型变数非常的多，这些变数的取值范围都是非常广的，另外取值是随机的。就以上三条就可以说明文科里面的这些比理科要难。现在，如果我们在这方面做一些事情，不正是发挥了南京大学多学科的优势吗？那样，学生既在文科上面有很深的造诣，又掌握了理科的研究方法。交叉学科的研究是一个非常好的举措，研究生院现在的领导眼光比较开阔。另外，对于现在的研究生，学校将专门提供研究生活动场所，开展一些学术沙龙等活动。

从培养研究生的角度，要大力推行和培养多种学科之间的交叉，这种学科之间的交叉要是真正的跨学科，而不是形式上的跨学科，这是一个思考。另一个思考是在研究生培养上要提倡小题大做，力戒大题小作。在做科学研究的时候，希望抓住一个问题不断的深入，这样才能够有所创新。如果这里做一点，那里做一点，大题小作，也许可以发表文章，可以毕业，但是从创新型人才或者人的成长来说是不可行的，所以要提倡小题大做。

本科生方面，第一，在培养上要充分尊重每个学生的特点，在保证必要的教学次序、教学制度下，创造一个比较宽松的环境，让学生能够充分发挥自己的特点，让学生在比较大的范围里面充分发挥主观能动性。第二，从教学的角度，不仅要教会什么事情怎么样，而且要提出目前什么事情还不知道的，留给学生回味的空间，留给他们思考的问题。就像看一本小说、一部电影要有让人回味和思考一样。教师讲课时有没有可能也达到这种境界，可以试一下。这里就牵扯到一个问题，就是教师的水平问题。我个人认为，教师和科研是同等重要的，如果南京大学所有的教师不好好教课，那南大肯定要关门；如果南京大学的所有教师只是教课，南大再好也只是三流大学。教学中给学生留下很多回味的空间，很多思考的余地，引导学生进一步研究，对于提高教师水平也是非常有益的。第三，可以考虑把一些重头的基础课分成几部分，分别请精通有关内容的名家给学生授课，让学生充分领略名家的风采。同一门课今年一个教师讲，明年换一个教师授课，名家轮流授课，给学生更多学术上的享受。

(原载《南京大学报》,2009年4月20日)

[作者简介]

吴培亨(1939年—),上海人。超导电子学家。1961年毕业于南京大学物理系。现任南京大学超导电子学研究所所长,兼中国电子学会超导电子学分会主任。2005年当选为中国科学院院士。长期从事超导电子学的研究,尤长于超导电子器件的高频(微波到太赫兹波段)应用。在探索有关物理过程的基本规律、发展新型的超导电子器件、推动超导电子器件的实际应用等领域展开研究工作,主要成就涉及高温超导体内的隧道过程;多种低温和高温超导结的制备、表征、高频特性与应用;超导混频器和高灵敏接收机、频率精密计量、高精度高频信号源;高温超导薄膜的制备、加工、性能优化等多个领域。

改革　开拓　提高

曲钦岳

南京大学已经走过八十四年的历程，现在，正进入一个新的发展时期。特别是近年来通过贯彻中央关于科技、教育体制改革的决定，各方面的积极性得到充分调动，学校各项工作呈现出生气勃勃的局面。

在人才培养上，我校已形成从本专科、硕士、博士研究生到博士后的完整序列。我们坚持"全面培养、强化基础、因材施教、增强活力"的原则，从抓六十五门主干课的教学基本建设入手，采取加强基础课师资力量、分档开设公共基础课、选拔培养富有创造能力的学生、建立本科生中期学力考核制度、举办系列科学讲座、开办暑期学校等一系列措施，推动教学改革不断深入，收到显著成效，几项单科性全国高校统测成绩都名列前茅。在科研工作上，我们坚持"加强应用、注重基础、发展边缘、促进联合"，也取得引人瞩目的进展。一九八五年，我校获国家科技进步奖8奖23项，总数居全国高校之首。此外，建立了石油和天然气、环境科学和海洋科学三个跨学科的研究中心，生命科学、信息科学、材料科学、美国学以及近现代中国问题等五个研究中心也在积极筹建之中。

置身于历史新时期，不能不使我们激起一种庄严的历史感和强烈的责任心：作为一所国家重点大学，我们的发展战略是什么？怎样面向现代化、面向世界、面向未来，努力成为国家培养高级专门人才和发展科学技术的基地，为实现党的十二大所提出的宏伟目标与下一世纪经济科技发展和社会进步作出应有的贡献？

我们的思考和回答是——改革，开拓，提高。

在学科建设上，要抓紧传播学科的更新改造，注入新的活力，加强学科间的联系、交叉与渗透，促进新兴、边缘和应用学科的发展，以适应国家现代化建设的需要和世界新技术革命的潮流，尽快把我校建成人文科学、社会科学、自然科学、生命科学、技术科学和管理科学等多学科协调发展的、具有重要国际影响和自己特色的综合大学。

在人才培养上，要努力改革不适应培养现代人才的传统教育思想、教学内容和教学方法，在提高人才培养合格率的同时努力提高优才率，培养有理想、有道德、有文化、有纪律的人才。在抓好"基础，能力，学风"的同时，要注意全面提高学生的素质，尤其要注重培养学生基于社会责任感和科学事业心的顽强毅力，使他们既有"九天揽月"的雄心，又有"面壁十年"的韧性；要根据"高级专门人才的培养立足于国内"的战略目标，增加高层次人才培养的比重和完善研究生培养制度。

在科学研究上，要面向社会主义现代化建设的需求，面向世界科学技术的发展，既要重视为当前经济服务的应用、开发研究，又要坚持旨在为下一世纪科技和社会发展作准备的基础研究，也要开拓与高技术发展相关的综合性研究，争取在某些方面有所突破。要通过抓好重点学科、重点实验室和一批跨学科的科研联合体的建设，切实加强对重大科研项目的组织领导。六十年代，南京大学曾出现过科研联合攻关的"五朵金花"，二十年后的今天，应该开出更多的金花，夺取更多的科研金牌。

坚决改革一切与社会主义现代化建设不相适应的东西，不断提高人才培养的质量和科学研究的水平，努力开拓各项工作的新局面，把南京大学办成真正高水平的综合大学——这就是我们新时期的发展之路。让我们放眼未来，把握现在，迈出新的步伐！

（原载《南京大学报》，1986年5月19日）

[作者简介]

曲钦岳(1935年—)，中国科学院院士、第三世界科学院院士。1957年从南京大学天文系毕业后留校任助教，1964年任讲师，1978年任南京大学天文系教授，1979—1980年任天文系主任，1984—1997年任南京大学校长。1982年以来连续四次任国际天文学联合会高能天体物理专业部组织委员会委员。1985—1988年间连续三次担任"中美大学校长讨论会"中方大学校长代表团团长。1992年任攀登计划项目《天体激烈活动多波段观测与研究》首席科学家。1987年起历任六、七、八届全国人大代表，1993—2003年间当选第八、九届江苏省人大代表和人大常委会副主任，1998—2005年当选为江苏省科协主席，是第九、十届全国政协委员、常务委员。经国际天文小行星命名委员会批准，国际编号为3513号小行星被命名为"曲钦岳"星。1984年起在高等教育领域积极从事研究，出版有《大学的使命与目标》、《曲钦岳教育文选》等。

南大精神：
爱国精神　科学精神　开放精神

曲钦岳

南京大学 90 年来的发展历程，虽然是有坎坷、有起伏的，但基本上是连绵不断的。在漫长的历史岁月里，一所大学能保持这种连绵不断的发展，总是与它特有的传统有关的。这种传统，就是学校的办学思想和教师、学生的治学精神在长期实践中不断凝结、积淀、叠加、融会而形成的具有鲜明性、稳定性、渗透性、延续性的心理倾向和行为方式。南京大学在 90 年的办学实践中，也形成了自己的传统，这种传统，归纳起来，就是它的爱国精神、科学精神和开放精神。

（一）爱国精神

大学在社会发展中，承担着培养人才、昌明科学、服务社会的使命，但在不同的历史时期、不同的社会环境下，它所诞生的动因却是不尽相同的。欧洲中世纪大学最初是作为一批自由职业者的行会组织出现的；美国最早的大学则是为了移植欧洲的文化传统以形成统一民族意识而产生的；早期的南京大学和中国最早的一批高等学校在很大程度上却是带着教育救国、科学救国的希望和理想而问世的。

这种希望和理想必然延续在此后学校的办学思想中。如南高师时期提出以"诚"为校训，因为"演言之诚，则有信心，有信力；有信力，乃知非教育不足以救国"。校长郭秉文则明确提出要发扬民族精神，强调教师要有两种修养，既能精研教材教法，又能给予学生器识抱负的培养，使学生以天下兴亡为己任。

这种希望和理想也反映在当时学校的广大教师矢志于祖国的教育、科学事业和学生为民族振兴追求科学知识的孜孜努力上。从南高师到中央大学，都一直云集着一批国内优秀的学者和科学家，其中许多人都是从国外留学回国的。他们放弃国外优裕的工作生活条件，回到当时极端贫穷落后的祖国，致力于培养人才、发展科学，其爱国之心，可谓"贫贱不能移，富贵不能淫"。如曾获哈佛大学博士学位、当时任东南大学地学系主任竺可桢就曾发表《地学家之责任》一文，呼吁"天下兴亡，匹夫有责"。当时的许多学生，也大都是带着科学救国的理想入学的。在当时那种民生凋敝的社会，学生生活自然格外清寒，但许多学生学习都倍加勤奋。特别是中央大学西迁重庆时期，教学条件极为简陋，生活也殊为艰苦，学生中曾诙谐地用"顶天立地"、"空前绝后"来形容自己当时衣衫鞋帽破旧不堪之状。在忍饥受寒之时，还频遭敌机空袭、疾病滋扰，但校内学习气氛却格外浓郁。

当然，这种教育救国、科学救国的思想不能不带有很大的历史局限性，它也往往会不可避免地使人们陷于失望、痛苦的困境，但它又是那一时代的必然产物，也是那一时代许多正直、爱国的知识分子曾普遍具有的思想倾向。正是在这种希望和理想下，一批进步知识分子的苦心支撑、惨淡经营和步履维艰、筚路蓝缕的努力，以及一批爱国人士的勉力支持，维系了学校当时的生存和发展。他们为我国高等教育事业和科学事业奠基、拓荒而作出的贡献，是功不可没的。

同时，也正是这种希望和理想的不断凝结和不断升华，形成了学校中的爱国主义传统。这种传统，一方面与广大师生为民族振兴而对科学的追求结合在一起；另一方面，又必然和当时中国人民反帝反封建的斗争，特别是和中国共产党领导下的新民主主义革命运动联系在一起。

在两江师范学堂时期，就曾爆发过反对沙俄军队滞留东北的学生运动。"五·四"运动中，南高师的学生积极响应北京学生的爱国运动，在南京举行了游行示威，南高师职员杨贤江曾担任我国最早的马克思主义组织之一"少年中国学会"南京分会书记。1921年，南京高师即成立了社会主义青年团组织，以"马克思主义研究会"进行活动。东南大学学生谢远定、吴肃、宛希俨等曾是南京地区早期的共产党员，为南京地区党组织的建立和发展作出过重要贡献，后被国民党政府杀害。从南高师时期到中央大学时期，先后为革命献身的烈士就有18人。从"五卅"惨案到"九·一八"事变、"一·二九运动"，东南大学、中央大学都曾一次次掀起反帝爱国民主运动。1947年5月20日，中央大学学生发起一场"反饥饿、反内战、反迫害"运动，波及全国数十个大中城市，震惊中外。毛泽东主席曾评价它标志着人民运动高涨的"第二条战线"的出现。梁希、潘菽等教授也曾加入学生的爱国民主斗争行列并慷慨悲歌："起看星河含曙意，愿将热情荐黎明。"

金陵大学尽管当时是一所教会大学，但同样的历史时代和社会环境，也同样培育了广大师生中的爱国主义传统。陶行知年青时期曾就读于金陵大学，在他为学生刊物《金陵光》所撰的宣言中就呼吁，要"由感立志，由志生奋"，奋而御侮，戮力同心，"使中国大放光明于世界"。金陵大学第一任中国校长陈裕光，一上任即认为"立案之事，当刻不容缓"，在他筹划下，金陵大学最先在国民党政府定都南京后呈请立案并获批准，推动了当时为维护民族尊严和教育主权的教会大学立案。"九·一八"事变后，全国抗日情绪高涨。1934年，与金陵大学毗邻的日本领事馆竖起一根与金陵大学当时最高建筑北大楼相齐的旗杆，金陵大学师生为表示要与日本侵略者针锋相对之意，踊跃捐款，在校内竖起一根更高的旗杆。在南京历次学生革命运动中，金陵大学的学生也都站在斗争前列。

新中国的成立，是许多人梦寐以求的，但通过教育救国、科学救国的道路并没有达到的国家独立、民族解放的理想，终于在中国共产党领导下的人民群众的伟大革命斗争中得到实现。在新的时期，南京大学在历史上形成的爱国主义传统则被赋予了新的内涵。在中国共产党领导下，学校坚持为社会主义服务、为人民服务的办学方向，努力为国家培养德、智、体全面发展的人才，积极开展科研工作，推动国家科学技术水平的提高。特别是近十年来，学校主动适应国家经济建设和社会发展需要，想国家之所需，急国家之所急，在发扬原有优势的基础上加强应用人才培养，把科研工作的重点转向为国家经济建设服务的主战场，使南京大学在社会主义现代化建设中发挥了更大作用。广大教师教书育人，奋发攻关，为祖国的教育事业和科学事业努力贡献力量。即使在"文革"期间，许多教师凭着一腔爱国热忱，在困境中仍然坚持科研工作，因而在"文革"结束后不久召开的全国科学大会上，南京大学就有48项科技成果获奖，居当时全国高校之首。广大学生则为振兴中华，刻苦学习，努力掌握现代科学文化知识，立志攀登科学技术高峰。他们关心国家兴衰，1976年3月的"南京事件"，就是他们为反对"四人帮"篡党篡国而义无反顾进行的斗争，这场斗争，作为伟大的"四·五"运动的先声，在南京大学的历史留下了光辉的一页。许多学生自觉服从国家需要，南京刚解放时，许多学生踊跃参加西南服务团，随军南下解放大西南；50年代，南京大学大批毕业生主动到边远地区和艰苦的岗位上去工作，1984年中国科学院授38人"竺可桢野外科学奖"，其中就有6人是南京大学地理系50年代的毕业生；80年代，又出现了志愿到西藏工作的地质系毕业研究生夏斌等。

（二）科学精神

特定的时代孕育了南京大学的爱国主义精神，也孕育了它的科学精神。

南京大学90年来前半段的发展历程，也是一批爱国知识分子，带着救亡图存之愤、卧薪尝胆之志，向科学寻求希望之光的历程。当年南高师郭秉文校长就曾提出"不发扬民族精神，无以救亡图存；非振兴科学，不足以安邦立国"。因此可以说，科学精神和爱国精神是时代在南京大学孕育的孪生子。

科学精神，简单地说是一种热爱科学、尊重科学、追求真理、服从真理的强烈情感和自觉意识，但体现在学校办学和师生治学中的科学精神，却有着更丰富的内涵。

科学精神体现在办学中，首先表现为一种注重科学教育，重视让学生受到良好的科学训练和掌握最新科学知识的教育思想，同时也表现为对于现代科学发展趋势的敏感性和洞察性，对于发挥大学在科学发展中作用的责任感和使命感。办学中的这种科学精神在南京大学历史上是一以贯之的。南高师时期，主持行政的刘伯明教授就提出："我们正处于科学昌明之世要，想成为真正的学者，必须严格科学训练。"中央大学时期，提出要开展对高深学术的研究，并注意开拓前沿性的科研工作。如1945年吴有训就任校长后不久，即建立了原子核研究室，延聘赵忠尧、吴健雄等专家任研究人员，并与中央研究院合作，建立了我国最早的原子能研究实验基地。 社会主义时期的南京大学，则一直强调加强对学生基础知识、基本理论和基本技能的训练，强调要把学校办成教学、科研中心。 60年代，匡亚明校长曾提出要把学校办成具有强烈的政治空气、浓厚的学术空气、高度的文明空气、活跃的文体空气的一流大学，并特别强调要提高学校学术水平。 近十年来，南京大学努力适应现代科学技术发展趋势，致力于学科建设，积极改造传统学科，发展新兴学科特别是高新技术学科。 所有这些，实际上都贯穿了这样一种科学精神。

高等学校的办学是有其客观规律的，努力探索这种客观规律和遵从这种客观规律，是科学精神在南京大学办学中另一方面的体现。 在南高师时期，就曾推行了一系列改革，如改教授法为教学法；首先打破男女不同校的旧习，公开招收女生入学；同时注重校风建设，刘伯明教授曾发表《论学风》、《学者之精神》等论文，将校风建设系统化；并倡导民主办学，注重发挥教职员工的办学积极性。 在探索建设社会主义综合大学的道路上，南京大学的这一传统得到继承和发扬，形成了勇于改革思考和尊重科学、实事求是的办学作风。 如50年代，孙叔平副校长就曾对当时学习苏联而进行的教学改革作过认真的反思，提出要"从中国实际出发，实事求是办教育"；60年代初，郭影秋校长在总结大跃进时期学校办学的经验教训时，也提出办学"不能凭一股热情"，"必须克服盲目性"，尊重办学的客观规律。

近十多年来，南京大学在吸取过去正反两方面的办学经验、教训的基础上，努力从实际出发，在坚持不断改革中积极探索办学的客观规律，使办学逐步纳入系统化、科学化的轨道，如在教学上提出了"全面培养、拓宽基础、因材施教、增强活力"的方针，在科研上提出了"加强应用，注重基础、发展边缘、促进联合"的方针。 由于学校各方面改革的不断深入，近几年南京大学被国家教委作为高校综合改革的试点学校。

科学精神在学校中还反映为师生所具有的科学的治学态度和科学的治学方式。这种科学的治学态度和治学方式在今天的南京大学，集中表现为学校所倡导的"严谨、求实、勤奋、创新"的学风。 这里，所以提倡"严谨、求实"，是因为"知识的问题是一个科学的问题，来不得半点虚伪和骄傲，决定地需要的倒是其反面——诚实和谦逊的态度"；所以提倡"勤奋、创新"，因为"在科学上是没有平坦的道路可走的",科学本身是一种充满艰辛和探索性的事业,只有在具有对科学的执著追求和赤诚热爱,只有在付出勤奋的汗水和创造性的努力时,"才有希望到达光辉的顶点"。而事实上,这种学风也正是南京大学传统的一部分。两江师范学堂时期,以"嚼得菜根,做得大事"为校训,提倡勤勉、刻苦的学风;南高师和东南大学时期,提倡"以诚为训、以诚修身、以诚修业"的诚朴、勤奋、求实的学风;中央大学时期,提倡"诚、朴、雄、伟","诚"即诚实、真挚的治学态度,"朴"即质朴、崇实的治学方法,"雄"即雄浑、阔大的治学眼界,"伟"即崇高、伟岸的治学目标;金陵大学也提倡"诚、真、勤、仁",即求知之诚、治学之真、习业之勤、修德之仁。南京大学过去各个历史时期所倡导的这些学风,形成了南京大学严谨、求实、勤奋的治学传统。改革开放十多年来,由于建设有中国特色的社会主义对于创造性的需求,由于现代科学技术发展对科技人才创造能力越来越高的要求,南京大学师生的创新意识也更加强烈了,学校也积极鼓励教师开拓教学、科研新路,注重对学生创造能力的培养,从而正在形成一种"严谨、求实、勤奋、创新"的新学风。

正是治学中的这种科学精神,滋育了南京大学的一批批优秀人才和科研成果。曾对思想理论战线的拨乱反正起了重要启动作用,由当时南京大学哲学系教师胡福明撰写的《实践是检验真理的唯一标准》一文,也正是这种科学精神的结晶。

(三) 开放精神

中国近代史上早期的一批大学,是在原来闭关锁国的中国被西方列强的大炮轰开国门,不得不放眼看世界,向西方寻找武器,以求"师夷所长而制夷"的背景下诞生的。这使它们一诞生就处于中外文化的某种汇合点上,同时也赋予它们特殊的开放意识,即一种与民族自强意识相伴的、急切而又有选择地吸纳外国文化的意识。而对于南京大学的前身来说,由于特殊的社区位置和特殊的历史渊源,它所具有的这种开放意识又更为强烈、更为突出。

这种开放意识在当时办学中的表现,一是努力吸取西方先进的科学技术。如南高师和东南大学时期,除延聘大量留学欧美的教师外,还先后聘请许多国外著名学者如杜威、罗素等来校讲学。二是注重借鉴西方教育思想和学校办学模式。从三江师范学堂到中央大学,办学上曾先后仿效日本和欧美,金陵大学在办学上则基本参照美国模式，其中虽有生搬硬套之痕、简单模仿之迹，但也不乏注意结合国情之处，如金陵大学除文、理学院外，另外还设农学院，这在一定程度上也是出于中国当时是一农业大国，不改良农业则无以为出路的考虑。三是致力于中外文化交流。如东南大学时期，校长郭秉文曾多次出席世界教育会议，并连任三届副会长；中央大学时期，注重培养学生对外文化交流的能力，把外语列为全校三大必修课之一，并规定学生必须修两门外语。四是兼容并蓄，博采众长。如南高师和东南大学在办学中强调"人文与科学的平衡"、"国际与国内的平衡"，既注重继承优秀的民族传统文化，又注重吸取国外先进的科学技术。

值得一提的是，任何文化的汇流点，也往往是深层次的文化冲突最集中的地方。"五·四"运动后，在中国许多高校都曾发生中学和西学的冲突，但在当时的南高师和东南大学却是"留学生和国学大师合作"的局面。所以如此，当然是与其兼容并蓄的开放意识、把清醒的开放意识和强烈的民族自强意识相融通的"平衡"办学分不开的。

在社会主义改革开放的新时期，南京大学历史传统中的这种开放意识，无论在深度上和广度上，都有新的开拓，形成了新时期南京大学新的开放精神。

这种开放精神，既包含着"引进来"的意识，即努力引进国外智力和先进的科学技术，促进学校教学、科研趋近世界前沿水平的意识，又包含着"走出去"的意识，即努力阐扬中华民族的优秀文化，把学校的学术活动推上国际学术舞台，积极参与国际学术竞争的意识。

从这种意义的"引进来"和"走出去"出发，从1978年至1990年间，南京大学先后聘请长期文教专家和一般外籍教师370人，聘请短期讲学专家496人，聘请外籍兼职教授23人，并向其中部分著名国际学者，如吴健雄、李政道、李远哲、陈省身、贡泽尔、弗里采、普里高津、许靖华、林圣贤等授予了名誉教授或名誉博士称号；先后派遣1700多人次出国留学、进修，其中先后学成回国的有800多人；先后十多次组团出访海外；先后接受来自五大洲38个国家和地区的长期留学生约1300人，举办汉语学习班80多期，接受学员1500人；先后与国外有关大学进行了69项人才培养和科研上的合作，建立了中美文化研究中心这一中国高校间的教学、科研合作实体；同时，先后派出400多人次参加各类国际学术会议。

此外，这种开放精神，也既包含着向国外开放的意识，又包含着向社会开放的意识，即使学校教育与社会的政治、经济、文化等各方面都更好地相沟通、相联系的意识。

贯穿着南京大学90年历程的这三种精神，即爱国精神、科学精神和开放精神，是相互渗透、相互交织、相互融通的。正是它们相互渗透、交织、融通所形成的优良传统，使南京大学深深植根在中华大地和现代科学的沃壤中，并不断从世界文化宝库中吸取着新的营养，从而使南京大学始终与社会进步和科学发展之间保持着不可割断的联系，始终在它的历史进程中保持着不会干涸的动力。也正是这样的优良传统和时代精神的结合，使今天的南京大学，形成了体现着"热爱祖国和献身科学统一，严谨求实和勤奋创新结合，三个面向（面向现代化、面向世界、面向未来）和三项功能（人才培养、科学研究、社会服务）并举"这样的办学思想，呈现出更加蓬勃的活力和更加崭新的风貌。

（原载《南京大学学报》，1992年第2期）

诚朴雄伟　励学敦行
——百年传统与南大校训

蒋树声

　　大学的灵魂是什么？ 是它的独立思想和传统精神。 创新之意识，自由之思想，科学、人文之传统等等，这些都是大学最重要的、共同的精神支柱，缺少了这些，大学就失去了灵魂，就不能称之为真正意义的"大学"。 由于历史的不同，以及地域文化与学科差异的影响，不同大学之间又形成了各自的传统和精神，如北大之自由民主，南大之诚朴坚毅，这是大学在共性之外的特色与个性。 最能反映一所大学传统和特色的是校训，因为校训是学校制定的对全校师生具有指导意义的行为准则，是对学校办学传统与办学目标的高度概括。 校训对激励全校师生弘扬传统，增强荣誉感、责任感，继续奋发向上，具有特别重要的意义。

　　一百年来，南京大学历经沧桑，校名屡经更迭，校址也一再搬迁，但学校诚朴坚毅、自强不息的传统精神和严谨求实、勤奋创新的校风在一代又一代南大人身上传承延续，并不断发扬光大，历久弥新。 正是这种优良的传统和校风，将南京大学扎根于中国和世界文明的沃土，形成了南大深厚的文化底蕴，塑造了南大人诚恳朴实、坚毅自强的品格，使学校在百年办学过程中始终保持青春活力，各项事业不断发展壮大，在人才培养、科学研究、社会服务、学术交流等方面都取得了令人瞩目的成就，为中国的科学文化与教育事业作出了不可磨灭的贡献！

最能展现南大传统精神的是学校不同时期确立的校训和校风。早在两江师范学堂时期，学堂监督李瑞清先生提出了"嚼得菜根，做得大事"的校训，以"俭朴、勤奋、诚笃"为校风。"嚼得菜根，做得大事"是南大校史上最早的校训，奠定了南大百年传统的基础，生动体现了南大人艰苦创业、追求卓越的风骨。南高师时期江谦校长以"诚"字为校训，希望全校师生为人、为学都要以诚为本，并在此基础上确立的校风是"民族、民主、科学的精神，诚朴、勤奋、求实的态度"。东南大学时期，郭秉文校长提出了"三育并举"和"四平衡"的办学方针，要求师生树立理想，以天下为己任，在人文与科学、通才与专才、传统文化与西方文化之间寻求平衡发展。中央大学时期，罗家伦校长提出以"诚朴雄伟"四字为学校的校训和校风，他希望中大学子承担起复兴民族的重任，埋头用功，不计名利，诚心向学，并集中精力，放开眼界，努力做出伟大事业。我认为，"诚朴雄伟"的校训立意高远，气势磅礴，对中央大学及其继承者南京大学的传统和校风产生了深远影响。南京大学另一个重要源头金陵大学，将"诚真勤仁"作为校训，这个校训与中央大学的传统和校风在本质上有类似之处，都将"诚"作为精神内核。

1949年，中央大学更名为南京大学，1952年南京大学与金陵大学合并，组建为新的南京大学。新的历史时期，中央大学、金陵大学的优良传统和校风在南京大学得以继续发扬光大。1978年，刚刚复职的匡亚明校长针对"文革"时期南大校风、学风遭到破坏的状况，提倡重新整顿校风、学风，提出南京大学的校风、学风应该具有"高度的政治空气、高度的学术空气、高度的文明空气、高度的文娱体育空气"。1991年，在广泛征求师生意见和总结南大办学传统的基础上，曲钦岳校长确定将"严谨、求实、勤奋、创新"作为南大校风，体现了学校优良传统与时代精神的统一。可见，南大历史上确定的校训校风，都从不同侧面反映了学校的办学传统与特色，激励着一代又一代的南大人锐意进取，成为国家与社会的栋梁之材。但遗憾的是，由于种种原因，1949年以后的南京大学一直没有确立自己的校训。

去年学校在筹备百年校庆过程中，在全校开展了"南大传统和大学精神"的讨论，广大师生积极参与讨论，或撰写文章，或参加座谈，抒发自己对南大传统精神的感受，许多人在讨论过程中建议学校在百年校庆之际确立南京大学新的校训。根据广大师生员工的要求，为了进一步弘扬南大优良传统与校风，学校决定在百年校庆前夕进行校训的征集工作。学校对这一工作极为重视，我提出了三条基本原则：一是校训要承上启下，继往开来，既要反映传统，又要面向未来，与时俱进；二是校训要能概括南大的办学传统和办学理念，具有南大特色和个性；三是征集工作要广泛听取全校师生员工的意见。根据这三条原则，经过广泛征求意见和反复遴选比较，学校决定将"诚朴雄伟，励学敦行"作为南京大学新的校训。

"诚朴雄伟，励学敦行"八字校训，不仅言简意赅，琅琅上口，易于传记，而且端庄大气，寓意深刻，富有哲理。"诚朴雄伟"原是中央大学时期的校训，"励学敦行"是我从中国古代前贤名句中选取而来。"励学"二字在古文中常有出现，宋真宗写过一首名为《励学篇》的诗，劝勉人勤奋学习。"敦行"见于《礼记·曲礼上》："博闻强识而让，敦善行而不怠，谓之君子。"将"诚朴雄伟"与"励学敦行"两句合为一起作为今日南京大学的校训，既反映了我校的优良传统与特色，又能体现学校办学的理想追求和实现途径。八字校训既各自独立成意，各有侧重，又相互联系，浑然一体，涵盖了教育思想、科学精神、品格修养等各个方面。

"诚朴"是南大传统精神中最本色的东西，我校校史上大多数校训、校风中都有这两个字出现。"诚朴"是诚恳朴实的意思，其中"诚"是核心，是根本。"诚"是维系人类社会的最高道德规范，也是中国传统文化的精神内核。诚者，真也，"诚"的对立面是"欺"，"真"的对立面是"假"。为人要诚朴，就是要诚心正意，朴实无华，以诚相待。"诚朴"要求人有独立人格，得势时不要霸道，不要仗势欺人，失意时不要媚俗，不要趋炎附势。"诚"是个人和社会一切道德准则与行为规范的基础，如果个人与社会都不讲究"诚"，那么任何道德准则与行为规范都会成为无源之水，无本之木，个人信誉乃至整个社会的基础就会动摇。大学绝不仅仅是传授专门知识与技能的场所，更应该是教人诚实端正、求真求善的精神家园，如何做人比传授知识更为重要，正如我校校友、著名教育家陶行知先生所说："千教万教，教人求真，千学万学，学做真人。"做学问要"诚朴"，就是要有实事求是的科学精神，严谨、勤奋的治学态度，不把学问当作升官发财的途径和获取文凭的工具，诚心诚意，求真求实，不弄虚作假，不投机取巧，不急功近利，只有这样，才能获得真才实学，才能担负振兴中华的重任。

"雄伟"是雄壮而伟大的意思，为人、为学要有远大志向，立志"做得大事"，养吾浩然之气，要有崇高的责任感、使命感，将个人奋斗的目标与国家的发展、人类的进步紧密结合起来，只有胸怀宽阔、志存高远的人，才会超越自我，永不满足已有的成绩，从而不断取得进步。实现远大抱负，一定要有大雄无畏、不惧困难、坚毅自强、开拓进取、敢于争先的精神和气概。一百年来，南京大学之所以能战胜各种艰难困苦，不断取得辉煌成就，靠的就是这种不屈不挠，坚毅自强的传统精神。毫无疑问，南京大学在新世纪建设世界高水平大学的进程中，更加需要将这种传统精神继承下来并不断发扬光大。

如果说"诚朴雄伟"体现的是办学理念与目标，那么"励学敦行"强调的是实现目标的途径与手段。"励"是勉励、激励的意思，"励学"就是勉励师生勤奋求学，要求为学者勤于自勉，刻苦磨砺，注重知识的学习，素质的提升，品格的塑造，精神的超越，心灵的净化，思维的创新。"敦"是敦促、勉力的意思，"敦行"就是勉力去做，强调动手的能力、实践的作风和对道德的践履。坐而论道、光说不做，只能是语言的巨人、行动的矮子。为学者不光要志存高远，而且还要身体力行，在实践中展现自己的知识与品格，远大抱负只有通过脚踏实地的行动才能实现，只有认认真真、实实在在地行动并在行动中勇于开拓创新，只有将知和行、理论和实践、认识世界和改造世界统一起来，才能算是完美意义上的人，才能算是对社会有贡献的人。

所以，"诚朴雄伟，励学敦行"的校训，既继承和反映了南大百年办学的优良传统，又面向未来，体现了办学理念的更高追求，同时还阐明了实现远大目标的途径。我相信：在百年校庆到来之际，学校确定"诚朴雄伟，励学敦行"的校训，对于激励全校广大师生员工进一步弘扬传统，增强对学校的荣誉感、使命感，继续发奋努力，把南京大学早日建成世界高水平大学，一定会起到重要的推动作用。

（原载《南京大学百年史》，南京大学出版社，2002 年）

[作者简介]

蒋树声(1940年—),江苏无锡人。物理学家。原南京大学校长。现任第十一届全国人大常委会副委员长、民盟中央主席。1963年7月毕业于南京大学物理学系,获学士学位。毕业后,留校工作四十多年。历任南京大学固体微结构实验室副主任,南京大学物理系主任,副校长等职。1997年4月,出任南京大学校长。在南大工作期间,他先后在英国、澳大利亚、意大利学习工作五年多。其间,分别于2002年和2003年获美国约翰·霍普金斯大学和英国布里斯托尔大学的名誉博士学位。自1985年以来,他先后承担了国家自然科学基金、教育部的多项重点科研项目。曾获国家教委科技进步二等奖、江苏省科技进步一等奖、国家自然科学奖三等奖等荣誉;他还曾获得"国家有突出贡献的中青年专家"的称号。2003年4月加入中国民主同盟,2005年12月,在民盟九届四中全会上,他接替丁石孙出任民盟第九届中央主席。2007年12月,在民盟十届一中全会上,他连任民盟中央主席的职务,并于2008年3月第十一届全国人民代表大会第一次会议上当选为十一届全国人大常委会副委员长。

承前启后，把南京大学建成世界高水平大学
——在庆祝南京大学建校 100 周年大会上的讲话

蒋树声

尊敬的各位领导、各位嘉宾、各位校友、老师们、同学们、朋友们：

今天，是所有南大人无比振奋和激动的日子。各位长期关心与支持南京大学事业发展的领导、嘉宾和校友，怀着对这所百年老校的深情厚谊，从四面八方汇集到这里，举行隆重的集会，庆祝南京大学建校 100 周年。在这里，请允许我代表南京大学全体师生向今天到会的各位领导、各位嘉宾，向远道而来的海内外校友们表示最热烈的欢迎和最衷心的感谢！感谢你们在这个百花争艳、生机勃发的五月里来到南京大学，与我们共同分享节日的喜悦，共同见证这个激动人心的历史时刻！

一个世纪前，中华民族面临积弱积贫、内忧外患的危急形势，兴学育才、求强思变成为国人的心声，南京大学的前身三江师范学堂在虎踞龙蟠的金陵应运而生。其后，南京大学历经两江师范学堂、南京高等师范学校、国立东南大学、国立第四中山大学、江苏

大学、国立中央大学、国立南京大学、南京大学等历史沿革，走过了内忧外患的晚清和民国，迎来了生机勃勃的社会主义革命和建设，并于1952年与我国另一所著名大学金陵大学合并，组成文理结构的综合性大学，仍名南京大学。

新中国的建立，尤其是改革开放的20多年，使南京大学进入了她发展进程中的"黄金时期"，在学科建设、人才培养、科学研究、社会服务等领域取得了一系列重大的突破和进展，逐渐发展成为一所拥有16个学院、41个系，人文科学、社会科学、自然科学、生命科学、技术科学和管理科学等多学科协调发展的重点综合性大学。

大学是探究真理的营地，是民族灵魂的反映。南京大学的发展，记载了一个世纪以来有识之士对民族高等教育和科技事业的探索与追求，已经成为近代中国高等教育和民族科技发展史浓墨重彩的一个缩影。回首一百年来的风雨历程，南京大学的校名虽屡经更迭，校园也数次搬迁，但其追求真理、实事求是的科学精神和博采众长、融会百家的办学方针却一脉相承、绵延不断，激励和鞭策着南大人励精图治、奋力拼搏！

一百年来，作为中国最著名的大学之一，南京大学的命运始终与国家和民族的命运紧紧相连，与时代和社会的变革息息相关。1947年，中大师生发起的声势浩大的"五·二"爱国学生运动，"促进了整个人民运动的高涨"，被毛泽东同志誉为解放战争的"第二条战线"；1949年南京解放之后，中大、金大百名师生组成西南服务团赴云南，为解放和建设大西南贡献青春和热血；1976年，南大师生发起"三·二九"学生运动，反对"四人帮"的倒行逆施，成为北京"四·五"运动的先声。

一百年来，南京大学虽几经风风雨雨、几番离合，但却始终有一种巨大的精神力量，如金线穿珠、一以贯之、与时俱进、历久弥新！从李瑞清倡导学生"以不欺为本"到郭秉文号召"以诚植身、以诚修业、以诚待人"；从两江时期的"嚼得菜根、做得大事"到金陵大学的"诚真勤仁"；再到中央大学"诚、朴、雄、伟"的泱泱大校之风，直至南京大学近期确立的"诚朴雄伟、励学敦行"的校训，我们从中不难发现，一种崇实务本的精神和传统跨越时空、薪火相传。正是这种精神和传统，陶冶塑就了一代又一代的南大学子，滋润培育了一批又一批中华英才，成为推动南京大学进步和发展永不枯竭的力量。也正是这种诚朴和坚韧的精神和传统，这种众志成城的凝聚力和向心力，支持着南大人走过了许多困窘和曲折，在最艰难的时候卧薪尝胆、发愤图强，终于成就今日辉煌。

一百年来，南京大学俊彦云集、英华荟萃、青蓝相继、桃李芬芳。著名的美国教育家弗莱克斯纳说过，"大学靠的是思想，靠的是伟人"。翻开南京大学的校史，我们激动地看到一连串高标硕望、彪炳史册的名字。1948年产生的我国最早的院士中，四成以上为中央大学校友；1999年党中央表彰为"两弹一星"作出突出贡献的23名科学家，其中6位曾在南大工作或学习过；在中国科学院和工程院院士里，有230多位南大校友；还有一批著名的哲学家、文学家、历史学家、艺术家、法学家、语言学家、经济学家和社会学家，在各自的领域出类拔萃，为国家富强和民族进步做出了卓越的贡献！还有一大批校友在祖国的大西北、边远山地区、贫困地区，在世界各地、各条战线上兢兢业业、无私奉献！在这里，请允许我向所有在世界各地、各行各业的岗位上辛勤劳作、建功立业的南大人致以崇高的敬意！正是因为你们的努力和成绩，才使南京大学在海内外享有了今天的声誉！你们，是母校最大的光荣和骄傲！

一百年来，南京大学在科学研究领域积极进取、硕果累累。南京大学的前身一度被誉为"中国科学社"的大本营和"中国科学发展的主要基地"，一种浓厚的学术氛围、一种以"研究高深学问"为职责的科学精神在这个古老的校园里传承延续，始终不曾中断。新中国成立以后，南大继续保持在基础研究领域的优势和传统，连续七年在国际公认的SCI论文排行榜上列中国高校榜首，论文被引用数也连续七年居全国高校第一。从新中国第一架战斗机到第一架核潜艇的总体设计，从我国第一根半导体器件碲镉汞晶体到第一个杂交高粱品种，从我国第一台电子数字计算机到第一台超音速扩散氟化氢激光器，从我国第一批青霉素到世界上首次人工合成结晶牛胰岛素、酵母丙氨酸转移核糖核酸，从新中国国旗的设计到1978年《光明日报》发表南京大学哲学系教师胡福明为主要撰稿者的《实践是检验真理的唯一标准》一文……在共和国科学和经济社会进步的长河中，南京大学和她的校友们占有重要一席。这些成果，无不记载着南大人在科学殿堂里孜孜求索、攀高攻坚的足迹，南京大学为近代中华民族科技的发展和进步做出的重要贡献，值得我们所有南大人为之无比自豪！

一百年来，一个宏大的理想和规划一直执著地萦绕在历代南大人的心头！早在上个世纪20年代，郭秉文校长就萌生了建设"东方剑桥"梦想；中央大学时期，罗家伦校长带领师生十年苦干，在烽火连天之际将中大发展成国内规模最大、系科最全的大学，并将当时的世界著名大学作为中大追赶的目标；1983年，匡亚明校长提出了著名的"八三·五"建言，呼吁在科教尚不发达的中国重点50所高水平大学，使之成为我国在科技文化领域赶超世界水平的骨干力量；80年代中期，曲钦岳校长在办学中率先引入国际指标，将目光投向世界，号召南大师生要有参与国际竞争的意识、有敢于争先的勇气，弄涛立潮头、逐鹿世界；1999年7月26日，教育部和江苏省共同签订了重点建设南京大学的协议，标志着南大昂首迈入国家重点支持和建设的若干所大学的行列，将致力于建设具有重要国际影响的世界高水平大学！ 今天，我们终于可以信心百倍的宣告：几代南大人建设世界高水平大学的目标已不再遥远！

百载春秋，今逢盛世，知识经济的到来为我们搭起了一个广阔的舞台，科教兴国的战略为我们指明了前进的方向！ 在这跨越世纪的历史时刻，为早日实现创建"世界一流大学"的战略构想，我们提出了"综合性、研究型、国际化"的奋斗目标，立志以邓小平理论和江泽民同志"三个代表"的重要思想为指导，以学科建设为龙头，以队伍建设为核心，进一步解放思想、深化改革，继续提高办学效益和教学质量，力争在人才培养、科学研究、技术创新、社会服务等方面取得突破性进展。

我们要继续调整学科总体布局，优化学科结构，促进各学科之间的综合和融通，构建学科创新体系，采用学科群、学科特区等形式集中力量建设一批在国际上具有重要影响和较强竞争力的学科。

我们要进一步深化人事制度改革，建设一支高素质的教师队伍。 南京大学及其前身素有广延名师的传统，我们将致力于营造有利于创造性人才脱颖而出的环境，加大高层次人才引进的力度，经过五到十年的努力，在这里筑起一道人才高地。

我们要以学生为中心，继续完善宽基础、文理通融的创新人才培养模式，全面深化教育教学改革、积极推进全面的素质教育进程，提高人才培养工作的质量。 我们要发扬基础研究的优势和传统，开拓应用研究的新领域，使南京大学真正成为探索、解决国家和人类发展中面临重大理论和实际问题的科学基地与思想库，成为推动科技创新并向现实生产力转化的重要力量！

我们要适应全球化的挑战，以开放的精神和胸怀，继续坚定不移地走国际化的发展道路，使南京大学成为国际学术交往与中外文化交流的桥梁和窗口。

各位领导、各位来宾、各位校友、老师们、同学们、朋友们：

回首一路风雨，我们将永远铭记为南京大学的事业呕心沥血、无私奉献的先贤和前辈！我们要衷心感谢长期关注和支持南京大学发展的各级领导、各界朋友！感谢所有对母校赤子情深、关爱备至的校友们！感谢所有曾经和正在为母校的建设和发展甘苦备尝、矢志不渝的离退休老同志和南京大学的全体师生！

我们有幸处在新千年、新世纪的起点，这将是中华民族实现伟大复兴、科教腾飞的时代，它给南京大学的发展提供了一个空前广阔的舞台，作为承前启后、继往开来的一代，我们任重道远。让我们积极行动起来，在党中央、国务院科教兴国战略的指引下，在教育部、江苏省委省政府的领导下，在社会各界、广大海内外校友的关心与支持下，继承和发扬优良的传统和校风，保持忧患意识和拼搏精神，锐意进取、开拓创新，早日实现历代南大人不懈追求的宏伟目标和梦想！将南京大学建成具有重要国际影响的世界高水平大学！

（此文为时任南京大学校长的蒋树声教授在南大百年校庆庆典上的讲话，原载《南京大学报》，2002年5月30日）

图书在版编目(CIP)数据

大学之魂：南京大学精神传统文存 / 洪银兴，陈骏主编. —— 南京：南京大学出版社，2012.5(2012.10重印)

ISBN 978-7-305-09819-2

Ⅰ. ①大… Ⅱ. ①洪… ②陈… Ⅲ. ①南京大学—纪念文集 Ⅳ. ①G649.285.31-53

中国版本图书馆CIP数据核字(2012)第065075号

出版发行	南京大学出版社
社　　址	南京市汉口路22号　　邮　　编　210093
网　　址	http://www.NjupCo.com
出版人	左　健
书　　名	大学之魂——南京大学精神传统文存
主　　编	洪银兴　陈骏
责任编辑	田雁　　　　　编辑热线　025-83596027
照　　排	南京南琳图文制作有限公司
印　　刷	江苏凤凰扬州鑫华印刷有限公司
开　　本	787×960　1/16　印张20　字数322千
版　　次	2012年5月第1版　2012年10月第2次印刷
ISBN 978-7-305-09819-2
定　　价	45.00元
发行热线	025-83594756　83686452
电子邮箱	Press@NjupCo.com
	Sales@NjupCo.com(市场部)

* 版权所有，侵权必究
* 凡购买南大版图书，如有印装质量问题，请与所购图书销售部门联系调换